河北省哲学社会科学规划研究项目
河北省科学技术研究与发展计划(软科学)项目

工业化与服务业发展

——区域服务业竞争与合作发展研究

Gongyehua Yu Fuwuye Fazhan

王小平 李素喜 等著

人民出版社

序

　　随着工业化的进展,人类社会正在从工业经济社会转向服务经济社会。服务业竞争与合作在越来越广泛的区域内展开;通过合作实现服务业竞争力的提升与共赢发展已成为当今世界服务业发展的一大重要特征。

　　党的十七大报告指出:"全面认识工业化、信息化、城镇化、市场化、国际化深入发展的新形势新任务,深刻把握我国发展面临的新课题新矛盾,更加自觉地走科学发展道路。"报告同时指出,"实现未来经济发展目标,关键要在加快转变经济发展方式、完善社会主义市场经济体制方面取得重大进展"。其中,加快转变经济发展方式、推动产业结构优化升级的重要内容是"发展现代服务业,提高服务业比重和水平"。《国务院关于加快发展服务业的若干意见》(2007 年 3 月 19 日)指出,"必须从贯彻落实科学发展观和构建社会主义和谐社会战略思想的高度,把加快发展服务业作为一项重大而长期的战略任务抓紧抓好"。

　　从科学发展观的角度看,加快服务业发展有着非常重要的意义。第一,是促进生产和消费协调发展。服务业是联结生产和消费的载体。扩大服务消费规模,对满足需求、扩大需求和创造需求有不可替代的重要作用,有利于促进生产与消费协调发展。第二,增强可持续发展能力。加快服务业发展是实现可持续发展的必然要求;加快服务业的发展,提高服务业对经济增长的贡献程度,能够减少增长对资源的消耗,减轻增长产生的环境与生态压力。第三,促进经济社会和人的全面发展。农业和工业生产的物质产品被人民群众所消费,人们的需求向旅游休闲、医疗保健、文化娱乐、教育培训等方面拓展,都需要相应的服务行业加快发展。第四,扩大就业的主要渠道。加快发展服务业是缓解我国日益严峻的就业压力的主要出路。第五,提升我国产业整体竞争力。服务业中的重要部分是生产性服务业。提供高效率的生产性服务,成为我国产业竞争力能否进一步提高的重要因素。

《国务院关于加快发展服务业的若干意见》指出:"我国正处于全面建设小康社会和工业化、城镇化、市场化、国际化加速发展时期,已初步具备支撑经济又好又快发展的诸多条件。加快发展服务业,提高服务业在三次产业结构中的比重,尽快使服务业成为国民经济的主导产业,是推进经济结构调整、加快转变经济增长方式的必由之路。"我国已初步建立了社会主义市场经济体制,而竞争是市场经济的基本特征,也是区域服务业发展的根本要求。同时,改革开放以来,中国服务业增长迅速,但也出现地区差距逐渐扩大的现象。不断扩大的地区发展差距必然会影响到中国经济的可持续发展能力。因此,非常有必要通过加强区域服务业的合作,提升区域服务业竞争力水平,推动我国社会经济发展。国务院《关于加快发展服务业的若干意见》中同样明确提出:"鼓励部门之间、地区之间、区域之间开展多种形式的合作,促进服务业资源整合,发挥组合优势,深化分工合作,在更大范围、更广领域、更高层次上实现资源优化配置。"

正是基于上述背景,王小平等学者撰写了《工业化与服务业发展——区域服务业竞争与合作发展研究》,对工业化进程中服务业发展问题,特别是我国目前工业化加速发展时期区域服务业竞争与合作发展问题进行了有益的探索。多年来,王小平教授对服务业发展问题进行了多角度的深入研究,包括服务业竞争力问题、服务业发展政策环境问题、生产性服务业发展问题、区域服务业梯度问题、区域服务业合作发展问题、服务贸易竞争力问题、服务业利用外资问题、服务贸易周期波动问题、服务价格周期波动问题等,发表了数十篇相关学术论文,出版了多部著作。本次由人民出版社出版的著作是在课题研究的基础上,进一步系统化的创新之作。

该著作至少有三个特点:一是突破了就服务业谈服务业的局限,将服务业的发展置于工业化的大背景下,通过缜密的文献梳理,深入系统地探讨了工业化与服务业的关系。有些观点和理论虽然散见于有关文献，但是本著作从服务业发展的视角进行的分析研究是卓有成效的。理论界关于工业化与服务业关系的主流观点主要是认为，服务业的发展是建立在工业化基础上的，甚至认为只有在完成工业化之后才能实现服务业的发展。本著作的研究表明，服务业革命是工业革命的前奏，服务业（特别是生产性服务业）发展是工业化的先导，服务业发展不仅是工业化过程的重要组成部分，而且服务业终将成为国民经济的主导产业。二是对区域服务业竞争理论的系统阐述。目前理论界关于区域服务业竞争的研究主要是从竞争力的角度展开的，包括服务业竞争力的评价指标、评价模型、评价结果等，而对于区域服务业竞争本身的理论研究严重不足。对竞争的深入理解是竞争力研究的前提。本著作从区域服务业竞争的内涵、背景、动因、实质、类型、理论基础、内容和特征等方面对区域服务业竞争问题进行了比较全面系统的论述。三是对区域服务业合作的深入阐述。在目前的区域经济合作的文献中，专门针对区域服务业合作的研究不仅很少，而且仅有的研究也是直接针对某一区域或某一服务行业实践的对策研究。本著作通过对中国国内区域服务业合作实践的总结，如"泛珠三角"、"长三角"、京津冀经济圈等区域的服务业合作，提炼出相应的理论，对区域服务业合作的内涵、意义、理论基础、影响因素、主要类型、合作模式、存在问题、政策建议等进行了深入研究，并对七个主要服务业领域的区域合作问题进行了专门分析。

　　总之，该著作对工业化与服务业发展关系的分析研究，并在此背景下对区域服务业竞争与区域服务业合作的系统研究，在相关研究中尚属首次，具有重要的理论价值和实践意义。

中国社会科学院财贸经济研究所所长、研究员、博士生导师

裴长洪

2008 年 11 月

目　　录

中　篇　区域服务业竞争研究

下　篇　区域服务业合作研究

1 绪 论

1.1 研究背景与问题的提出

从研究背景来看,本书的研究具有重要的历史背景、现实背景和理论背景。

顺应工业化发展的基本规律。随着工业化的进展,人类社会正在从工业经济社会转向服务经济社会;发达国家已经进入服务经济时代。服务业竞争与合作在越来越广泛的区域内展开;通过合作实现服务业竞争力的提升与共赢已成为当今世界服务业发展的一大重要特征。

科学发展观的战略要求。党的十七大报告指出:"全面认识工业化、信息化、城镇化、市场化、国际化深入发展的新形势,深刻把握我国发展面临的新课题新矛盾,更加自觉地走科学发展道路。"报告同时指出,"实现未来经济发展目标,关键要在加快转变经济发展方式、完善社会主义市场经济体制方面取得重大进展";其中,加快转变经济发展方式、推动产业结构优化升级的重要内容是"发展现代服务业,提高服务业比重和水平"。服务业是国民经济的重要组成部分,服务业的发展水平是衡量现代社会经济发达程度的重要标志。《国务院关于加快发展服务业的若干意见》(2007年3月19日)指出,"必须从贯彻落实科学发展观和构建社会主义和谐社会战略思想的高度,把加快发展服务业作为一项重大而长期的战略任务抓紧抓好"。

工业化加速发展时期的结构调整。从我国国内社会经济发展进程来看,服务业在中国社会经济中的地位日益重要。《国务院关于加快发展服务业的若干意见》指出,"我国正处于全面建设小康社会和工业化、城镇化、市场化、国际化加速发展时期,已初步具备支撑经济又好又快发展的诸多条件。加快发展服务业,提高服务业在三次产业结构中的比重,尽快使服务业成为国民经济的主导产业,是推进经济结构调整、加快转变经济增长方式的必由之路。"该文件首次明确提出"尽快使服务业成为国民经济的主导产业"。这是对新时期服务业战略地位的高度评价。

竞合是区域服务业发展的主题。我国已初步建立了社会主义市场经济体制,而竞争是市场经济的基本特征,也是区域服务业发展的根本要求。同时,改革开放以来,中国服务业增长迅速,但也出现了地区差距逐渐扩大的现象。不断扩大的地区发展差距必然会影响到中国经济的可持续发展能力。因此,非常有必要通过加强区域服务业的合作,提升区域服务业竞争水平,推动我国社会经济发展。《国务院关于加快发展服务业的若干意见》中同样明确提出:"鼓励部门之间、地区之间、区域之间开展多种形式的合作,促进服务业资源整合,发挥组合优势,深化分工合作,在更大范围、更广领域、更高层次上实现资源优化配置。"

理论界关于工业化与服务业关系的主流观点主要认为,服务业的发展是建立在工业化基础上的,只有在完成工业化之后才能实现服务业的发展。

理论界关于区域服务业竞争的研究主要是针对服务业竞争力的研究,包括服务业竞争力的评价指标、评价公式、评价结果等。而对于区域服务业竞争本身的理论研究严重不足。

理论界虽然对区域经济合作问题给予了高度重视,但对于区域服务业合作这一重要问题却严重忽视,鲜有相关研究文献。

基于上述研究状况,本书主要研究了如下问题:如何正确认识服务业在工业化进程中的重要性? 服务业与产业结构演进以及经济发展阶段是怎样的关系? 服务业如何成为主导产业? 如何充分认识区域服务产业竞合在当代中国经济发展中的重要性？区域服务业竞争对区域经济发展有什么重大意义？区域服务业竞争的背景、动因、内容、特征及其理论基础是什么？区域服务业合作对促进区域经济发展有什么重要意义？区域服务业合作的影响因素是什么？区域服务业合作模式是怎样的？我国国内区域服务业合作的现状是什么、存在哪些问题？推进区域服务业合作需要怎样的机制设计？这些问题包含了工业化与服务业发展的关系，以及区域服务业竞争与合作的理论、实践和对策等方面的内容。

1.2 服务业的概念与分类

服务业是一个内涵十分庞杂的产业，包括为居民生活服务方面的行业，如餐饮、娱乐、旅游等；为社会生产服务方面的行业如物流、商务服务、资产评估等。服务业通过其各种服务功能，有机联结社会生产、分配和消费诸环节，加速人流、物流、信息流和资金流运转，推进工业化和现代化进程的快速发展。

服务业包含的行业种类繁杂，数量庞大，并且各类行业在性质、功能、生产技术和与经济发展的关系等方面都存在很大差异。学者们为方便理论和实证的研究，从不同角度对服务业进行了分类，从而产生了许多服务业的分类方法。服务业分类的多样性从不同角度揭示了服务业自身性质的多样性，使人们对服务业有了更加深刻的理解和认识。

服务业被当做一个完整的概念提出并进行系统的理论研究是从20世纪开始的，但迄今仍没有一个得到广泛认可的关于服务业定义和范围明确界定的理论描述。

服务业的概念最早源于西方"第三产业"概念，1935年英国经济学家费雪（A. Fisher）在《文明和安全的冲突》一书中，最早提出了"第三产业"概念，第三产业泛指旅游、娱乐、文化、艺术、教育、科学和政府活动等以提供非物质性产品为主的部门。

　　1940 年,柯林·克拉克(C. Clack)丰富了费雪第三产业概念的内涵,主张用"服务性产业"即包括建筑业、运输业、通讯业、商业、专业性服务和个人生活服务、政府行政和律师事务服务、军队等替代第三产业的概念。

　　从 20 世纪 50 年代后期开始,世界通用三次产业分类方法,第三产业主要是提供非物质类产品的部门。

　　富克斯(Fuchs,1968)在《服务经济学》一书中指出:"本书把服务部门的范围规定为包括批发和零售商业,金融、保险和不动产经营等行业,政府一般部门(在许多情况下包括军队),以及传统上称做服务行业的行业,包括专业服务、个人服务、企业性服务和修理服务等行业。"①

　　经济学家辛格曼(Singlemann,1978)使用了一种四类分类法,其经济基础主要是按服务的功能分类,包括:流通服务(交通、仓储业,通讯业、批发业,零售业,广告业以及其他销售服务);生产者服务(银行、信托及其他金融业,保险业、房地产业,工程和建筑服务业,会计和出版业、法律服务,其他营业服务);社会服务(医疗和保健业、医院,教育,福利和宗教服务,非营利机构,政府、邮政,其他专业化服务和社会服务);个人服务(家庭服务,旅馆和饮食业,修理服务,洗衣服务,理发与美容,娱乐和休闲,其他个人服务)。②

　　国内学者对服务业内涵的界定和分类也是多种多样的。从我国政府有关部门的界定来看,近几年,中央正式文件和政府主管部门主要使用与国际通用的"服务业"概念。根据国家统计局制定并于2002 年 10 月 1 日正式实施的国家标准《国民经济行业分类》(GB/T 4754 - 2002),我国的服务业包括了除第一产业(农、林、牧、渔业)和

　　①　V. R. 富克斯:《服务经济学》,商务印书馆 1987 年版,第 26~27 页。

　　②　Joachim Singelmann, *From Agriculture to Services: The Transformation of Industrial Employment*, Sage Publications, Inc. , 1978, Tab. 12. 转引自黄少军:《服务业与经济增长》,经济科学出版社 2000 年版,第 150 页。

第二产业(指采矿业,制造业,电力、煤气及水的生产和供应业,建筑业)以外的所有其他行业,共分为 14 个分类:交通运输、仓储和邮政业,信息传输、计算机服务和软件业,批发和零售业,住宿和餐饮业,金融业,房地产业,租赁和商务服务业,科学研究、技术服务和地质勘察业,水利、环境和公共设施管理业,居民服务和其他服务业,教育,卫生、社会保障和社会福利业,文化、体育和娱乐业,公共管理和社会组织。《中国统计年鉴》中的第三产业(即服务业)的分类采用的正是上述标准中的 14 个类别。这也是目前国内学术研究中比较普遍采用的服务业界定标准。

1.3 研究思路与价值

虽然从总体上看中国已进入工业化加速期,但是,由于中国是一个大国,区域工业化进程差异较大。提升区域工业化水平有多个视角,而在现代社会经济条件下,发展服务业是重要的选择,正如《国务院关于加快发展服务业的若干意见》中指出的,"服务业的发展水平是衡量现代社会经济发达程度的重要标志"①。这涉及对工业化与服务业关系的正确理解。特别是各区域主体,如果仅仅把工业化理解为工业的发展,出现如《国务院关于加快发展服务业的若干意见》中指出的"一些地方过于看重发展工业尤其是重工业,对发展服务业重视不够"②,则失之偏颇。因此,本书上篇的研究将表明,工业化是一个工业生产方式的生成、演进和渗透过程;在这一过程中,服务业不仅对工业发展具有先导、支撑和外溢作用,而且其自身发展也具有演进规律性,并通过服务业革命,成为国民经济的主导产业。

在正确认识工业化与服务业发展之间关系的基础上,如何发展

---

① 《国务院关于加快发展服务业的若干意见》(2007 年 3 月 19 日)。
② 《国务院关于加快发展服务业的若干意见》(2007 年 3 月 19 日)。

区域服务业则成为必须研究的问题。在这一问题上,传统的区域经济理论,无论是区位理论还是大推进理论、无论是梯度与反梯度理论还是增长极理论、无论是区域空间结构理论还是区域经济布局理论、无论是区域分工理论还是区域经济联系理论等,基本上都忽视了区域竞争机制的重要作用。而区域竞争机制是区域经济发展的重要动力机制,这是由市场经济体制背景所决定的。近年来,随着竞争理论研究的兴起,对区域服务业竞争力的研究也随之增加。但这些研究主要是评价指标、评价模型、评价结果等内容,而对区域服务业竞争机制本身的研究严重不足。而这正是本书中篇所研究的内容。

马歇尔在《经济学原理》中指出,"竞争可以是建设性的,也可以是破坏性的:即当建设性的时候,竞争也没有合作那样有利"①。区域服务业发展同样需要区域服务业合作,这与区域服务业竞争并不矛盾,两者相辅相成,共同促进区域服务业发展。这一观点可以从合作博弈论中得到证明。区域服务业合作问题已引起我国学者的重视,并进行了一定程度的研究。但这些研究主要是针对具体区域或具体服务行业进行的,缺少从总体上、从理论层面对区域服务业合作实践的抽象和概括。当然,由于服务业内部行业种类性质的高度复杂性,使得这一抽象和概括具有相当的难度。但是,本书下篇仍然要结合我国区域服务业合作的实践,对区域服务业合作进行深入的理论分析、模式分析、重点服务业行业分析、问题分析和对策研究。

总之,本书紧密结合产业经济理论、服务经济理论和区域经济理论,认真总结国内外相关研究成果,运用思维逻辑与历史逻辑相结合的方法、制度经济学与博弈论方法、定性分析与定量分析相结合的方法、规范分析与实证分析相结合的方法、静态分析与动态分析相结合的方法,深入研究工业化与服务业关系问题,以及工业化进程中区域服务业竞争与合作发展的理论问题;针对我国区域服务产业竞争与合作的实践,特别是"泛珠三角"、"长三角"、环渤海经济圈等区域服

---

① 马歇尔:《经济学原理》(上卷),商务印书馆1964年版,第26~27页。

务业竞争与合作案例分析,提出规范服务业竞争与促进区域服务业合作的政策建议。

从内容结构上来看,本书共包括 17 章,其中第 1 章为绪论,其余 16 章分为工业化过程与服务业、区域服务业竞争、区域服务业合作等内容。

关于工业化过程与服务业的研究,包括第 2 章至第 6 章。研究了对工业化性质的再认识、产业结构演进与服务业的关系、工业化阶段与服务业的关系、服务业革命理论以及服务业主导产业论等。

关于区域服务业竞争的研究,包括第 7 章至第 11 章。研究了区域服务业竞争的内涵、背景、动因、实质、类型、理论基础和特征等问题,对区域服务业竞争理论进行了系统的阐述。

关于区域服务业合作研究,包括第 12 章至第 17 章。对区域服务业合作的内涵、意义、理论基础、影响因素、主要类型、合作模式、存在问题、政策建议等进行了研究,并对七个主要的服务业领域的区域合作:区域金融合作、区域科技合作、区域物流合作、区域信息业合作、区域流通业合作、区域劳务合作、区域旅游业合作等进行了专门分析。

从目前工业化研究、区域经济竞争与合作的理论研究的进展和实践来看,本书的研究具有重要的理论价值及现实意义。

正确把握了经济社会发展的重要趋势,即工业经济社会向服务经济社会发展的趋势以及区域服务业竞合发展的趋势,从而能够揭示经济发展的规律。

站在国家经济社会发展的高度,即在深入理解党的十七大报告和《国务院关于加快发展服务业的若干意见》(2007 年 3 月 19 日)的基础上,紧密结合我国主要经济圈的服务业竞合实践,特别是"泛珠三角"、"长三角"、环渤海经济圈等区域服务业竞争与合作案例分析,从而能够对我国经济发展进行实践指导。

在理论层面上,目前学术界既没有专门研究区域服务业竞争的专著,也没有专门研究区域服务业合作的专著,更没有将服务产业竞争与服务业合作联系起来专门研究区域服务业竞合的专著。基于填补学术空白的考量，认真总结已有的相关研究成果，特别是剖析其中的不足之处，结合产业经济理论、服务经济理论和区域经济理论，对服务业在工业化进程中的地位进行重新认识，系统总结了区域服务业竞争理论，归纳出区域服务业合作模式等，力求实现有重大价值的理论创新。

上　篇　工业化过程与服务业

❷ 正确认识工业化的性质

自 18 世纪产业革命以来,工业化事实上已经构成了各国经济增长的主题。不搞工业化,国家无以富强,也成为落后国家追赶先进国家的共识。同样是搞工业化,在 1949 年新中国成立和基本统一完成之后,中国工业化仍未能取得如同我们众多"邻居"那样的巨大进展。同样是搞工业化,在改革开放以来,中国不同地区之间的工业化水平也出现了很大的差距。工业化道路该如何走? 对这个问题的科学回答依赖于对工业化的科学认识。

2.1 关于工业化性质的主要观点

虽然工业化问题一直是经济史学所关注的重要问题和现代发展经济学研究的核心问题或主题,理所应当对工业化有一个较为标准的解释,但是事实上,到目前为止,在有关的经济学和经济史学著作中,对工业化的解释似乎并不十分明确,或者说还没有一个经典的表述。"工业化"是发展经济学的核心概念之一,是发展经济学的理论基石。对工业化内涵的认识将直接影响到发展经济学理论体系本身,也将直接影响发展中国家工业化战略的制定与实施。而回顾对工业化内涵的认识对我们正确认识工业化是非常有必要的。

在对工业化的理解中,国内外学者进行了诸多解释,有代表性的如"工业说"、"技术说"、"结构说"、"制度说"等,下面将简要介绍。

2.1.1 关于工业化的"工业说"

工业化的"工业说"是单纯从工业(制造业)发展的角度来解释工业化,认为工业化就是发展工业,制造业(尤其是重工业部门)在国民经济中比重的增加。直到 20 世纪 70 年代末,几乎所有西方发展经济学家仍然把工业化理解为单纯是制造业的发展,并把这种形式的工业化作为经济发展的目标。[①]

德国经济史学家鲁道夫·吕贝尔特在其《工业化史》中指出,"……只是在机器时代破晓以后,随着纺织的机械化,随着蒸汽机作为一项新的能源,随着从单件生产过渡到系列生产,过渡到大规模生产,人类社会才开始了巨大的变化,我们称之为工业化的变化"[②]。这是从生产工具的角度,认为工业化就是以机器生产取代手工操作为起源的现代工业的发展过程。

吕贝尔特的解释更多的是从工业化史的角度去谈工业化,因此他对工业化的认识具有某种"历史的倾向",即把工业化发展作为叙述工业化史的主题,并通过对工业化史中一些重大事件与重要变化的罗列和分析,陈述他所理解的工业化的根本要义。吕贝尔特对工业化的认识对我们从生产力变迁的角度理解工业化的起源及向纵深发展具有重要意义。同时,对我们认识产业革命与工业化的关系也有重要意义。

《新帕尔格雷夫经济学大辞典》是世界权威的经济学大辞典,它指出,工业化就是工业(制造业)在国民收入和就业人口中的比例逐步提高。"一种明确的工业化过程的一些基本特征是:首先,一般说来,国民收入(或地区收入)中制造业活动和第二产业所占比例提高了,或许因经济周期造成的中断除外。其次,在制造业和第二产业就

[①] 参阅张培刚主编:《新发展经济学》(增订版),河南人民出版社 1999 年版,第 35、54、55 页。

[②] 鲁道夫·吕贝尔特:《工业化史》,上海译文出版社 1983 年版,第 1 页。

业的劳动人口的比例也有增加的趋势。在这两种比率增加的同时，除了暂时的中断以外，整个人口的人均收入也增加了。"①目前大多数发展经济学家即持这种看法。

《新帕尔格雷夫经济学大辞典》中对工业化的解释是比较权威和流行的。这个解释不仅反映了第二次世界大战以后所兴起的经济增长分析中的结构主义思潮，及其对一种全新意义的结构变动这一工业化过程最为根本特征的强调，而且在比较研究和实证分析成为当代工业化领域主要研究方法的背景下，更有助于对各国工业化进程的一般特质的把握。这个解释指出工业化乃是机器大工业诞生以来经济结构的变动过程。并且认为经济结构变化主要包含两个方面：一个是国民收入（或地区收入）中制造业活动和第二产业所占比例；另一个是在制造业和第二产业就业的劳动人口的比例。这个认识比第一种认识及第二种认识都前进了一大步。这个认识更多的是从动态的角度、从工业在国民经济中的渗透的角度让我们去认识工业化。尤其是第二个比例对我们认识工业化具有至关重要的作用，因为可以找出大量的国民收入中制造业活动和第二产业所占比例超过70%，而制造业和第二产业就业的劳动人口比例低于40%的例子。劳动作为一种重要的生产要素在国民经济中的配置状况直接反映了工业化的水平。这个解释中"除了暂时的中断以外，整个人口的人均收入也增加了"这一句话又是定义的一个非常好的补充，更让人感觉到了工业化的"过程性"。

把工业化仅仅是看成"制造业（尤其是重工业部门）在国民经济中比重的增加"，解释较为直观，抓住了工业化的主要特征之一——工业，但对工业化的认识远不够深入。毫无疑问，社会生产分工中工业的出现和发展，是工业化的基本前提。从工业化这一概念的初始含义上来说，所谓industrialization，即为 to make industrial 之意。这至少表明，工业化作为一种经济发展过程，首先，是以工业的出现以及

———————

① 《新帕尔格雷夫经济学大辞典》第 2 卷，经济科学出版社 1992 年版，第 861页。

由工业化所导致的包括其他部门在内的整个社会生产的变化为起点的。并且工业的增长和结构转换贯穿了一国工业化的全过程。其次,工业化过程中工业对经济增长的贡献是主要的。但是,这个解释把工业化过程理解得较为简单,工业化不仅仅是工业尤其是制造业在国民经济中比重的增加或地位的提高,其内容远比"比重增加"或"地位提高"要丰富得多。

把工业化仅仅是看成"制造业(尤其是重工业部门)在国民经济中比重的增加"的认识有其存在的历史必然性。在第二次世界大战后的最初年代里,几乎所有的发展中国家都已经认识到,弱国受欺的最主要原因是工业的落后,尤其是重工业的落后。因此,加速实现工业化是赶上发达国家生活水平和政治地位的关键,进而将之作为自己追求的首要目标,尤其是获得战略最后胜利并新成立的社会主义国家。它们认为在新的先进的生产关系下,社会主义国家完全有能力在较短的时间内赶上"必然及正在走向灭亡的资本国家"。面对新经济制度和社会制度的建立,对工业化的认识也不可能是全面的,不可能向新的生产组织制度及新的"具有强大生命力"的生产关系发出疑问。自然,当时许多发展经济学以及发展中国家的经济决策者对工业化的认识就必然带上历史与政治的烙印。在这样的背景下,对工业化的认识难免失之偏颇。这种对工业化的认识给发展中国家的工业化实践带来了相当大的负面效应。在这样的工业化认识指导下,不可避免地导致了两个错误倾向:一是只注重于集中资源投资于制造业,而忽视了非工业领域的发展;二是只注重了先进技术和设备的引进应用,而忽视了社会经济结构的相应变革,特别是忽视了市场机制对于工业化的作用。中国及苏联早已吃够了这种工业化思想的苦头。片面和错误的工业化思想指导下的工业化实践使发展中国家工业化进程步履艰难和屡屡失败。

2.1.2 关于工业化的"技术说"

这一观点认为,工业化这场持续的革命,不仅首先是以若干划时代的技术发明来启动机器大工业并逐步取代工场手工业的,而且技术创新(变革)始终贯穿于整个工业化过程。持续不断、高潮迭出的技术创新(变革)所构成的技术进步成为工业化交响曲的主旋律。

英国是工业化的发祥地。英国产业革命是 18 世纪 60 年代开始的。据欧洲经济史学家菲利斯·迪恩考证,从 18 世纪 40 年代到 70 年代间的后阶段中,英国的技术发明和技术创新开始崭露头角。从专利的统计数字判断,技术发明的发展步伐大约在这段时间的最后 10 年中骤然加快。18 世纪 60 年代的 10 年中,英国注册的专利第一次超过了 200 项。在这之前,10 年的专利注册数超过 100 项的情况只出现过一次,即在 17 世纪 90 年代的经济繁荣时期,达到了 102 项专利。但是 17 世纪 90 年代的经济繁荣只是昙花一现。18 世纪 70 年代专利注册数继续增加,几乎达到 300 项。专利注册数字持续保持上升,以至在 19 世纪的第一个 10 年中达到 910 项之多。在 19 世纪 30 年代,即英国工业革命即将宣告完成之时,专利注册数字达到了 2453 项。①

技术发明及其创新、扩散过程,迈出了超过以往任何时候的技术进步的步伐,并把技术进步推向新的高度。一旦创新成功,每一项发明都非常迅速地在有关工业部门推广开来,这些工业部门的产量也相对大量地增加了。这种猛烈增长的势头和时机,以及后来几十年中越来越多的专利注册数字,已经显示出发明的重要性和工业化过程中技术变革的特点。

对英国工业化过程中技术创新和技术进步过程史实的详细考证可以反映工业化过程中所具有的技术进步的显著特征。

2.1.3　关于工业化的"结构说"

被誉为发展经济学先驱之一的我国著名经济学家张培刚教授在

---

① ［意］卡洛·M.奇彼拉主编:《工业社会的兴起》,《欧洲经济史》第四卷上册,商务印书馆 1989 年版,第 142 页。

1949 年将工业化解释为"一系列基要的生产函数(Strategical Production Function)连续发生变化的过程"。并说"这种基要生产函数的变化,最好是用交通运输、动力工业、机械工业、钢铁工业化部门来说明"。"工业化的概念是很广泛的,包括农业及工业两方面生产的现代化和机械化"①。后来,张培刚教授对其 1949 年的工业化解释作了新修正,重新增改为:"国民经济中一系列基要的生产函数(或生产要素组合方式)连续发生由低级到高级的突破性变化(或变革)的过程。"这里增添了两方面的新内容:一方面,这种变化过程必须由低级到高级,是不断前进的,是动态的;另一方面,这种变化过程必须是突破性的,是一种社会生产力(包括一定的生产组织形式)的革命或变革。它的主要内容和特征是手工劳动基本上为机器(包括之后的电脑,等等)操作所代替。在农业生产技术变革的场合,除了引用机器耕作、兴修水利等基础设施外,也包括改进作物种子、改进牲畜品种、改良土壤性能、使用先进农药等。② 这两个解释的共同点是,都关注到工业化不仅仅是工业发展问题,还有农业发展问题,甚至服务业——交通运输业问题。

张培刚教授的解释最为抽象,他是从生产函数的角度去解释工业化的本质。他的解释应当说是"纯粹经济学方式"的,并似乎更适合于工业化原理的研究。当然,这个解释中提到了农业工业化的问题,这是该解释的一大贡献。在前面的解释中,也曾提到了工业在其他国民经济领域中的深入问题,只不过没有张教授提得这么明白而已,而且考虑到农业工业化仅仅是弥补了别人忽略的一个方面而已,并不能说明对问题的认识深度加深。当然,张教授的这个解释提到了要从本质特征的角度去研究工业化,研究质变的问题,研究突变的问题,这是给工业化下定义时所必须遵循的标准。

---

① 参阅张培刚:《农业与工业化》,华中工学院出版社 1994 年版,第 70~71 页。
② 张培刚:《发展经济学通论(第一卷):农业国工业化问题》,湖南出版社 1991 年版,第 190~192 页。

　　西蒙·库兹涅茨从资源配置结构的转换角度,将工业化解释为资源配置的主要领域由农业转向非农业的过程。工业化过程即"产品的来源和资源的去处从农业活动转向非农业生产活动"[①]。西蒙·库兹涅茨的解释很简要,他一方面从结构的角度,另一方面从西方经济学中资源配置的角度来研究工业化,认为工业化过程即"产品的来源和资源的去处从农业活动转向非农业生产活动"。这个解释虽简要但极有内涵。"产品的来源"从农业活动转向非农业生产活动,说明了第二产业与第三产业创造的国民收入的增长。这是从产出的角度来研究工业化的特征。"资源的去处"从农业活动转向非农业生产活动,又从投入的角度研究工业化的特征。这个解释不仅包含了《新帕尔格雷夫经济学大辞典》工业化定义的最主要的内容,而且把服务业(第三产业)也包括了进去。

　　的确,工业化不单单涉及工业的发展问题,实际上包含的内容是非常复杂的。大量的事实证明,仅用工业化率超过一定程度来说明是否实现工业化是非常片面的。20 世纪 60 年代末中国的第二产业产值就超过了第一产业。1993 年以后,工业创造的国内生产总值一直超过 40％,并呈递增趋势。但这并不能说明中国就实现了工业化。

2.1.4　关于工业化的"制度说"

　　工业化过程是与一系列的制度创新结合在一起的。可以说,包括市场制度、产权制度、组织制度等制度创新是工业化发生与发展的原因和基础。

　　自从人类社会以来,伴随着分工与交换的出现,市场及其以交换规则为主体的市场制度便已产生了,并且早在15～18 世纪发生于西欧的商业革命中便已经呈现出成为社会资源配置主要方式的趋势,

---

　　①　西蒙·库兹涅茨:《现代经济增长》,北京经济学院出版社 1989 年版,第 1页。

同时也为工业化的兴起创造了重要前提。资产阶级革命之后,市场制度才得以占据大多数国家资源配置的主导地位。市场制度及其演变之所以能够成为工业化的一个重要内涵,在于市场制度在引导和约束资源配置方面的独到功效,以及对于工业化时代提高资源配置效率和加快经济增长的无可替代的优越性。

可以说,没有市场经济制度这一核心的制度创新,工业化是难以想象的。马克思的生产力与生产关系辩证关系理论告诉我们,生产力与生产关系是一个对立统一体。历史也早就证明,任何一种社会生产力的质的飞跃都是与一定的生产关系特别是基本经济管理制度的变革紧密联系在一起的。一部工业化的历史,完全可以说就是市场经济的历史,也是市场制度由建立到不断完善,由新生到日渐普及的历史。市场制度不仅是引导和推动工业化进程的基本经济制度,同时也是工业化内涵不可分割的重要组成部分。

当然,市场制度之所以能够成为工业化时代基本的经济制度除了其本身所显示的优越性之外,还是人类文明进步的必然产物。市场制度所体现的公开、平等和自由的原则,既是工业化时代以工业化为主导的经济增长的制度基础,同时也充分反映了工业化所造就的现代工业文明的内在精髓。

工业化过程是从产业革命开始的,而且发达国家的工业化过程正是产业革命的起始至完成的过程。从这个意义上讲,从制度经济学角度对产业革命的理解也就是对工业化的理解。在这方面,最具代表性的当属新经济史学派的代表人、1993 年诺贝尔经济学奖得主道格拉斯·诺斯。他在《经济史中的结构与变迁》一书中对自己的研究进行了理论总结,由此提出了著名的制度变迁理论,特别是关于产业革命的观点是独树一帜的。他的基本观点以产权制度为核心,涉及市场制度、产权制度、组织制度等方面。

通常的观点认为,产业革命的爆发无非是瓦特发明蒸汽机等技术进步的结果;而在诺斯看来,则是一系列制度方面的变化为技术革命和产业革命铺平了道路。在该著作的第 12 章"产业革命的再认识"中,诺斯指出:正是较充分界定的产权(与自由放任不同)改善了要素和产品市场。其结果,市场规模的扩大导致了更高的专业化与劳动分工,从而增加了交易费用。组织的变迁旨在降低这些交易费用,结果在市场规模扩大以及发明的产权得到更好的界定,从而在提高了创新收益率的同时,创新成本也得到了根本性的降低。正是这样一系列变化为联结科学与技术的真正技术革命铺平了道路。①

研究产业革命的经济史学家着眼于把技术变化视做这一时期的主要动态因素。然而,他们常常不能回答是什么引起了这一时期技术变化率的提高。在讨论技术进步的原因时,他们似乎常常假定技术进步是无代价的和自发的。但简而言之,技术进步率的提高既源于市场规模的扩大,又出自发明者有能获取他们发明收益的较大份额的可能性。较好地界定和行使的产权、效率提高和扩大的市场结合在一起,引导资源投入新的渠道。②

汤恩比在1884年的教科书中写道:"产业革命的实质就是用竞争取代以前控制生产和财富分配的中世纪规则。"然而,诺斯认为,这样论点的疏忽之处是,虽然自由放任被视为发展的关键,然而,对建立较有效率的市场而言,特别重要之处在于对产品和劳务较好地界定和行使产权。自由放任意味着没有限制,有效率的市场意味着充分界定和行使产权,它意味着创造一套促进生产率提高的约束变量。③

我国学者高德步通过对英国工业革命和工业化的研究,认为,工业革命的本质,是人类生产和生活的资源基础从以不可再生的土地为主向以可再生的资本为主的转变。这一过程既是制度变迁的过程,也是技术变迁的过程。作为制度变迁的过程,是通过历经数百年

---

① 道格拉斯·诺斯:《经济史中的结构与变迁》,上海三联书店1994年版,第180页。

② 道格拉斯·诺斯:《经济史中的结构与变迁》,上海三联书店1994年版,第186~187页。

③ 道格拉斯·诺斯:《经济史中的结构与变迁》,上海三联书店1994年版,第187~188页。

的产权革命和商业革命实现的,而作为技术变迁过程,就是通过工业革命和工业化实现的。①

以上观点从不同的角度理解和解释了工业化的本质特征,揭示了工业化的兴起、变化和迅速发展等工业化进程的主要性质。

2.2 如何正确认识工业化

看起来,工业化是一个非常复杂的问题。既然如此,对工业化理应进行全面认识。我们不仅应该从工业化的起源与发展上去历史地认识工业化,还应从对工业化的最本质特征的分析入手来认识工业化。对工业化产生与发展的历史认识是非常有必要的。而逻辑与历史的统一也是研究问题的一种重要的方法。不知道工业化的历史难以发现工业化发展的脉络。但只知道历史而不能发现历史中的内在逻辑联系,则常常被纷扰的现象所迷惑。

2.2.1 坚持逻辑与历史相统一的原则

前面谈到,工业化是发展经济学研究的主要问题之一(甚至是核心问题),发展经济学的出现使我们对工业化问题有了较多的认识。发展经济学把工业化作为自己重要的研究对象之一,不等于说工业化自发展经济学开始。没有差距就没有发展,正是因为发展中国家看到了同发达国家的财富的差距是在于工业上的落后,才有了通过实施工业化战略及计划化使发展中国家赶上发达国家的重大对策结论。但这不等于说认识工业化非得要从发达国家同发展中国家之间差距的认识着手。当然,在工业化这一问题上,却也不能完全抛开对差距问题的认识。

对工业化的认识,首先应回到问题的源头。没有以工具革命为起

---

① 高德步:《英国的工业革命与工业化——制度变迁与劳动力转移》,中国人民大学出版社2006年版。

点的产业革命就不会有最初的工业化。作为人类历史上第一次产业革命,最为根本的特征,也是最具意义之处,在于对这次产业革命奠定了用机器生产机器这一最基本的工业化生产方式,从而宣告了工业化时代的来临。这里的工业化是纯粹意义上的工业化。从这个角度去认识工业化更能让我们从生产力的角度去认识工业化的内涵。

然而,工业化问题并不是从产业革命的角度提出来的。前面已讲过,工业化问题是由发展经济学提出并详细论述的。从发展经济学的研究对象及研究结论上看,发展经济学中对工业化问题的论述更富"差距"色彩。工业化国家同发展中国家的差距到底在何处?仅仅因为是工业化水平的差距吗?实施工业化赶超战略就一定能缩短这个差距吗?看来不能简单地回答这个问题。工业化水平的差距只是问题的一个主要方面。工业化国家展示给后人的远不止这些。而要真正认识工业化恐怕还得要从差距角度进一步深入。

离开对工业化本身演绎过程的认识与工业化理论产生背景的认识,不可能真正理解工业化的内涵。

2.2.2 必须从动态的角度去研究工业化

工业不同于工业化。工业化是一个过程已成共识。既然是一个过程,不研究其运动变化不可能把握其质的规定性,不从动态的角度去研究不可能得出正确结论。既然是一个过程,那么就不仅应该研究工业化中量的变化过程,而且还应该研究结构的变化过程,进而研究质的变化过程。

2.2.3 正确认识产业革命与工业化的关系

"产业革命"一词起源于法国,热罗姆-阿道夫·布朗基(Jerome - Adolphe Blanqui)在 1873 年写道:"产业革命正在席卷英国。"①但学术

---

① 参见《新帕尔格雷夫经济学大辞典》第 2 卷,经济科学出版社 1992 年版,第 875 页。

界通常认为使"产业革命"一词开始广为流传的当属英国历史学家
阿诺德·托因比(Arnold Toynbee),他在1880~1881年的《英国产业
革命讲话》一书中在文字上作了正式阐述。① 而目前关于产业革命
最为流行的说法,一是指发生于18世纪英国的那场以机器大工业的
形成为标志的生产方式的革命,二是指18世纪以来人类历次生产方
式的重大变革。

从生产方式重大变革的角度看,迄今为止,人类历史上已发生过
三次产业革命。这三次产业革命总是与科学技术领域的革命相呼
应。除了发端于18世纪英国的第一次产业革命外,第二次产业革命
兴起于19世纪末,其标志为电气、有机化学和汽车工业的崛起及其
技术对整个社会经济格局的改变,其技术背景是有"激动人心的年
代"之称的19世纪末20世纪初的物理学革命。第三次产业革命发
生于20世纪下半叶,其标志为电子、计算机、合成材料、飞机和运载
工具等产业的大发展,其背景则是计算机技术、微电子技术、自动化
技术、新型材料技术、生物化学技术和宇航技术等领域内的巨大变
革。历次产业革命都是以科学技术的重大突破为基础的。科学技术
的重大突破使生产力得到飞跃发展,使生产方式发生巨大变化,进而
促使新的主导产业和支柱产业形成,并由此造就了新的经济增长点,
从而使产业结构迅速发生转换和升级。

没有18世纪从英国开始的那场以机器大工业形成为标志的产
业革命,就不会有现代工业的诞生,也就不会有新生产方式的诞生,
第一次产业革命宣告工业化时代的来临。尽管产业革命是大多数国
家工业化起步的必然表现或基本背景,但是,每个国家的工业化步伐
的开始并非都要从第一次产业革命奠定的"新"产业开始。迄今为

---

① 如保尔·芒图和道格拉斯·C. 诺斯等权威学者即持这种看法。参见保尔·
芒图:《十八世纪产业革命——英国近代大工业初期的概况》,商务印书馆1983年版,
第390页;道格拉斯·C. 诺斯:《经济史中的结构与变迁》,上海三联书店1991年版,
第182页。

止的先进国家的工业化几乎都是在第一次或第二次产业革命时期起步的。也正因为如此,才使得其工业化水平长期处于世界先进地位。而目前处于后起地位的国家的工业化,只有少数起步于第二次产业革命时期,大多则是在第二次世界大战以后的第三次产业革命时期起步的。因此,除了第一次产业革命直接导致工业化时代来临之外,后来的产业革命都直接导致后起国家工业化道路出现新的起点。

工业化从来就不是空泛的概念。工业化与产业革命密切相关。工业化发端于第一次产业革命,而每一次新的产业革命都给了工业化中"工业"以不同的内容,给"化"以不同的速度。工业化从来都是具体的。每一次产业革命都使基于新产业基础之上的工业化比传统工业化具备了更高的工业化速度。每一次产业革命都使工业化起步较晚的国家的工业化取得了实质性飞跃。每一次产业革命,都会使一些国家借此机会一举成为先进的工业化国家。

2.2.4　正确认识工业化与工业的关系

显然,工业发展在工业化中居于主导地位。这是因为:首先,工业化是工业的"化",是"to make industrial"之意。因此,谈工业化不能不谈工业,不能不谈工业的变化。其次,社会分工中现代工业的出现,是工业化的基本前提。最后,工业化率是衡量工业化程度的一个重要指标。工业化率指标在一定程度上反映了工业化水平。用工业化率指标反映工业化水平,即通过计算工业增加值与国民生产总值的比值,或是其他一些相类似的计算公式,来衡量一国工业化的具体程度和水平。例如钱纳里等人和世界银行系统的一些报告中就曾有这样的说法。工业化率指标有一定的合理性,因为工业化首先是以工业的出现以及由工业所导致的包括其他部门在内的整个社会生产的变化为起点的。而且工业化过程中工业对经济增长的贡献是最主要的。更进一步地说工业资本的扩张和工业技术的进步一直是支持工业发展和工业化进步的主要因素。因此,理解工业化,首先应理解工业在工业化过程中的主导作用。

工业发展在工业化过程中居主导地位,但是却不能完全将工业发展当做是工业化过程的唯一内容。因为单一的工业增长并不能反映工业化的全貌,工业化的内涵是极为丰富的。而一旦进入工业化,进入工业化时代,则又不是仅用工业的发展与变化能够说得清的。总之,无论是在理论上研究工业化还是在实践中推进工业化都不能只囿于工业。

2.3 工业化性质的再认识

根据上面对工业化的分析,可以对工业化进行如下再认识。

2.3.1 工业化开始于第一次产业革命

关于工业化的起点,马克思已作了详尽的论述。第一次产业革命奠定了用机器生产机器这一最基本的工业化生产方式,从而宣告了工业化时代的来临。

2.3.2 工业生产方式的生成和渗透

工业化是一个过程。这是迄今为止多数学者在工业化含义问题上的一种共识。但是,是一个什么样的过程则没有达成共识。实际上,对这个"过程"的认识即是对工业化本质的认识。这正是工业化内涵所要描述的。

那么,工业化这个"过程"究竟是一个什么过程呢?既然是一个过程,那么就必然持续一定时间,就需要从动态上去把握这个过程变化或运动的实质。工业化的过程是一个非常复杂的过程。生产工具的变化是生产力变化的最主要标志。从生产工具的角度看,工业化起源于机器生产机器。而一旦生产工具发生重大变革后,则必会推动新的生产方式——大工业生产方式的建立。这个生产方式不仅仅是机器生产取代手工操作的纯粹生产方式,而是比这要深刻得多。

这个过程从生产工具上看,是机器生产向各个部门的渗透过程。

从这个角度看,农业的工业化就成为工业化的一个必要的组成部分。工业化不光是机器生产在制造业中的应用过程,而是向各个部门的渗透过程。这个过程是工业化过程中唯一可以观察得到的过程。

2.3.3 资源配置由农业领域向非农业领域转移

从资源配置角度看,工业化过程是产品的来源及资源的配置由农业领域向非农业领域转移的过程。这个过程的最好体现是劳动力、资本、自然资源向非农业领域配置的倾斜。工业化过程必然伴随着工业尤其是制造业创造的国内生产总值比重不断提高,伴随着工业尤其是制造业中劳动就业人数比例的不断提高,伴随着产业结构的高度化,伴随着人民生活水平的不断提高,伴随着工业文明对农业文明的渐次替代。

2.3.4 工业化的实现与终结

对工业化的实现与终结问题的认识有助于进一步认识工业化的本质。既然工业化只是经济发展过程中的一个阶段,那么工业化过程的时间长度至少在理论上是可以丈量的。对于工业化的起源问题,目前已基本取得了公认,即工业化起源于动力机的使用和以工厂制度建立为标志的机器工业的建立。工业化的实现主要是指工业特别是制造业取代农业成为经济发展的主导力量,同时,由此导致的国家经济发展水平也上升到一个较高的层次(如经验意义上所指的高收入国家)。如何判断是否实现工业化,经济学家有过经典论述,如钱纳里(1986)等人有过详细论述。尽管如此,迄今为止人们还没有找到一个统一的标准或是结构来确定一个国家是否实现了工业化。在工业化率指标被证明有着严重缺陷之后,所有数量化的尝试都只限于经验意义上的比较、归纳。既然判断是否实现工业化尚未有公认的标准,那么如何界定工业化的终结,即工业化时代是何时并如何在一国终结的就会更困难。一般来讲,工业化终结的一个根本特征,是工业特别是制造业对经济发展的主导地位为服务业所代替。

3 产业结构演进与服务业

工业化水平不断提高的最重要标志之一就是产业结构的演进，它不仅是量的增加，更表现为经济发展的一个新水平。经济学上所称的产业结构，一般是指国民经济中各产业和行业的分布状况。结构经济学认为，应该把工业化理解为结构变动，把经济发展理解为经济结构的全面转变。在各种经济结构变动理论中，虽然不是从服务业视角来研究，但都对服务业给予了高度重视。

3.1 配第—克拉克定理：劳动力产业转移

配第—克拉克定理是研究经济发展中的产业结构演变规律的最基本的理论学说。这个定理是英国经济学家科林·克拉克在威廉·配第的研究成果基础之上，深入地分析研究了就业人口在三次产业中分布结构的变动趋势后得出来的。克拉克考察了 20 世纪 30 年代初到 40 年代世界主要国家的 12 个部门的劳动力组成结构变化，以及主要发达国家在早期工业化时期劳动力在 10 个主要经济部门之间分布结构的变化。他认为，不同的经济发展水平与劳动力部门结构的分布模式有着密切相关性。

3.1.1 核心内容

配第—克拉克定理的核心内容揭示了伴随经济进步而产生的劳动力产业结构的演进规律。克拉克(1951)在《经济进步的条件》一书中，用发达国家的历史数据总结出了这个规律，他认为这是所有国家在经济进步过程中最具有一般性的规律,这就是"劳动人口由农业移到制造业,再从制造业移向商业和服务"①。由于克拉克在阐述该定理时引证了配第早在1691年所发现的相关规律,该定理被文献指为配第—克拉克定理。配第—克拉克定理为后来的许多经济学家所证实,如库兹涅茨、富克斯、钱纳里等。

3.1.2 三个前提

克拉克定理的理论有三个重要的前提:一是克拉克对产业结构演变规律的探讨,是以若干国家在时间的推移中发生的变化为依据的。这种时间系列意味着经济发展,即这种时间系列是和不断提高的人均国民收入水平相对应的。二是克拉克在分析产业结构演变时,首先使用了劳动力这个指标,考察了伴随经济发展,劳动力在各产业中的分布状况发生的变化。后来,克拉克本人、美国经济学家库兹涅茨和其他人,又以国民收入在各产业的实现状况,对产业结构做了进一步的研究,发现了一些新的规律。三是克拉克产业结构的研究是以三次产业分类法,即将全部经济活动分为第一次产业、第二次产业、第三次产业(即服务业)为基本框架的。

根据以上三个重要前提,克拉克搜集和整理了若干国家按照年代的推移,劳动力在第一次、第二次和第三次产业之间移动的统计资料,得出了如下结论:随着经济的发展,即随着人均国民收入水平的提高,劳动力首先由第一次产业向第二次产业移动;当人均国民收入进一步提高时,劳动力便向第三次产业移动;劳动力在产业间的分布状况,在第一次产业将减少,在第二次、第三次产业将增加。

3.1.3 分析结果

克拉克的分析结果具体表现为:

---

① M. A. Colin Clark, *The Conditions of Economic Progress*, Macmillan & Co. Ltd., 1951, p.395.

（1）农业劳动力的比重基本与经济发展水平成反比。大多数工业化国家的农业就业比重在20%与30%之间。矿产业则与经济发展水平关联不大，其劳动力比重主要受自然资源状况的影响。

（2）尽管制造业的劳动力比重在发达国家普遍比发展中国家高，但就个别国家来说情况有很大差异。

（3）交通业的劳动力比重与经济的开放程度和运输技术有关。在封闭的、乡村经济为主的国家，对交通的需求少，因而比重也少；反之，在开放和复杂的工业社会，在国内外贸易活动频繁的工业化国家，交通业的规模是相对大的。黄少军认为，由于交通运输业的劳动生产率十分高，它的需求的扩张所带来的对要素投入的扩大的程度极受限制。[①] 例如在美国，交通、通讯业一直是劳动生产率相对较高的部门，在19世纪中叶美国经济起飞时期交通业的劳动生产率甚至是制造业的数倍；交通部门的就业比重也在20世纪初达到高峰，约7%，随后一直下降。

（4）与经济发展水平相关程度最密切的是商业和金融业。日本的这一比例最高，1930年达21.8%；其次是美国和澳大利亚。日本的情况比较特殊，它的经济中小企业比重特别大，而小企业一方面主要从事商业，另一方面又多数是劳动密集型，在宏观上表现出来就是商业就业人数特别多。克拉克也注意到了产业组织结构的这个特点。他指出，美国的小企业集中在建筑业中，而日本集中于商业，日本小企业的40%左右在商业领域。美国还有一个特点是它的专业服务业的就业比重特别大，在20世纪30年代几乎是欧洲国家的两倍。专业服务业是知识密集型的产业部门，美国早期产业结构的这个特点说明美国较早就具有经济知识型的雏形，这对它的长期稳定的经济增长是有影响的。经济的商业化是经济成功实现工业化的前提和基础，这一点在日本和美国最为明显。日本经济在较早时期便实现了商业化，这为它日后迅速、成功地实现工业化奠定了基础。从

---

① 黄少军：《服务业与经济增长》，经济科学出版社2000年版，第200页。

这个"历史"的角度看,日本经济在第二次世界大战后出现令世界瞩目的增长就不能看做是"奇迹"。

(5)克拉克暗示,劳动力从一个部门向另一个部门的转移可能不是平均收入差别的结果,而是边际收入差异的结果。例如,边际收入的较大差异使得在制造业工作的人可以工作较短的时间,尽管在农业方面也可取得相同的平均收入,但较多的闲暇吸引着劳动力,尤其是年轻人到制造部门就业。另外一方面,克拉克认为,教育倾向也影响劳动力,特别是教育程度较高的劳动力的就业方向。例如美国发达的教育网络提供了过多的白领阶层的就业者和技术高度熟练的工人,致使这些行业职位不足,工资增长缓慢。

克拉克认为,劳动力在产业间移动的原因是由经济发展中各产业间出现收入的相对差异造成的。人们总是从收入低的产业向收入高的产业移动的。对产业间收入相对差异的现象,17世纪的英国经济学家威廉·配第在他的名著《政治算术》中早就描述过。配第认为,制造业比农业、进而商业比制造业能够得到更多的收入。事实上,导致劳动力产业间移动的深层原因主要有:①随着经济发展和人均收入水平的提高,人们需求结构发生变化;②不同产业间技术进步的可能性有很大差别;③劳动生产率提高。

第三次产业(服务业)劳动力相对比重上升的原因:第三次产业提供的服务,从发展的观点看,比农业产品具有更高的收入弹性。随着人均收入水平的提高,人们追求更多的服务,形成消费需求的超物质化,第三次产业国民收入的比重也必然上升,由此吸引了劳动力向第三次产业转移。

3.2　库兹涅茨:国民收入与就业的产业转移

配第—克拉克定理主要是描述了在经济发展中劳动力在三次产业间分布结构的演变规律,并指出了劳动力分布结构变化的动因是产业之间在经济发展中产生的相对收入的差异。从这一研究成果出发,产业结构演变规律的探讨就必须深入到研究第一、二、三次产业所实现的国民收入的比例关系及其变化上来。弄清了国民收入在三次产业分布状况的变化趋势,就可以把它同劳动力分布状况的变化趋势结合起来,深化产业结构演变的动因分析。在这一方面取得了突出成就的当属美国著名经济学家西蒙·库兹涅茨。库兹涅茨擅长国民经济统计,特别是国民收入的统计,在西方经济学界享有"GNP之父"的美名。1971 年,他由于在研究产业结构理论方面的成就,获得诺贝尔经济学奖。他对于产业结构理论研究方面的成果,主要表现在《现代经济增长》和《各国经济增长的数量方面》等著述中。库兹涅茨在继承克拉克研究成果的基础上,进一步收集和整理了 20 多个国家的庞大数据,对一些国家,如对英国的统计资料追溯到了 19 世纪。据此,从国民收入和劳动力在产业间分布这两方面,对伴随经济发展的产业结构变化做了分析研究。

3.2.1 现代经济增长与产业结构变动

作为一个统计经济学家,以及当时经济数据的局限性,库兹涅茨主要是以结构变动来解释经济增长。在从结构来研究经济增长方面,库兹涅茨的思想是以现代经济增长为因,结构变动为果的。

库兹涅茨总结了现代经济增长的这样几个特征:人均产值的持续增长、人口的加速增长、生产结构和社会结构的巨大变化。对于结构变化,库兹涅茨特别地指出了三点:一是工业化过程,"产品的来源和资源的去处从农业活动转向非农业生产活动";二是城市化过程;三是需求结构的变化,"产品在居民消费、资本形成、政府消费之间的分配,以及在这三大类用途的各自细目之间的分配都发生了变化"[1]。

因此,库兹涅茨的"现代经济增长"实际上就是经济结构的全面

---

① 西蒙·库兹涅茨:《现代经济增长》,北京经济学院出版社 1989 年版,第 1 页。

变化过程。应当指出的是,将经济活动由农业向非农业转移的过程冠之以"工业化"是一种并非完全准确的理论"习惯"。与罗斯托一样,正如库兹涅茨自己总结的,现代经济增长绝不仅仅只是一场工业革命,它同时又是一场农业革命和以交通通讯为主要代表的服务业的革命。在资源的流向上,现代经济增长过程也不完全是向工业部门的单一流向,反而服务业在这一过程中吸纳的劳动人口更多。"效率的高速增长是发达经济中所有主要部门的一个极为普遍的特征。即使农业单位投入产出量的上升低于工业,但若与过去的水平相比却相当之大,以至可以算得上一场农业革命,就像人们命名的工业革命一样。交通和通讯系统能力和效力的提高更为惹人注目"、"这种结合导致劳动力部门间分配的显著变化:农业及有关行业劳动力份额的较大下降,工业部门劳动力份额的微小上升,服务行业劳动力份额的明显上升"。最后这段引言说明早在库兹涅茨的细致历史统计分析中,"工业化"过程就不表现为劳动力以向工业转移为主,相反,是以向服务业转移为主,所以说,"现代经济增长"比"工业化"在指称经济发展的这个激烈的结构变化过程时更具有科学性。

3.2.2 结构变动特征

库兹涅茨在研究过程中,把第一、二、三次产业分别称为"农业部门"、"工业部门"和"服务部门"。从各国收入和劳动力在产业间分布结构的演变趋势的统计资料中得出如下结论:

第一,农业部门(即第一次产业)实现的国民收入,随着年代的延续,在整个国民收入中的比重(国民收入的相对比重)同农业劳动力在全部劳动力中的比重(劳动力的相对比重)一样,处于不断下降之中。在工业化过程中农业劳动力比重大约下降40个百分点;同时土地作为生产要素在总资本中的比重也由50%下降到10%以下。

第二,工业部门(即第二次产业)国民收入的相对比重大体来看是上升的,然而,工业部门劳动力的相对比重,将各国的情况综合起来看是大体不变或略有上升。就静态来看,制造业平均占全部总产值和劳动力的比重为 30%~35%之间;交通通讯业占 7%~9%;建筑业为 6%~7%。就动态来看,矿产业和建筑业与资源禀赋和需求密切相关,没有明显的趋势,而"至少在总值方面,并在许多国家的劳动力方面,制造业是经济中迅速成长的主要行业"。交通通讯业是总产值和劳动力总数中进展最快的行业,而由于它们的生产率提高也最快,因而它们的价格也下降最快。除少数几个国家如英国、瑞士、日本和苏联的工业部门劳动力比重有大幅度上升外,其他欧美国家的工业部门占总劳动力的比重也上升了,但上升的绝对量和相对量都很少。总体来说,与产值比重比较,工业部门劳动力比重的相对上升幅度要小得多;除了日本和苏联外,似乎越晚实现工业化的国家工业部门劳动力比重上升越少。

第三,服务部门(即第三次产业)的劳动力相对比重,差不多在所有的国家里都是上升的。但是,国民收入的相对比重却未必和劳动力的相对比重的上升是同步的。基本上表现为:大体不变,略有上升。就静态来看,首先,商业和金融是最大的部门,约占全国总量的14%~15%;其次,是个人服务业,约占总量的 10%;再次,是政府部门,占总量的 10%。就动态来看,库兹涅茨所掌握的数据不多,他的主要结论是认为商业和金融业是比重上升较快的部门,但产值比重上升远慢于劳动力比重的上升,即劳动生产率增长缓慢;此外政府部门也是一个各方面上升的部门。服务业部门的劳动力比重增长在各国的表现有些差异。一般来说工业化初期服务业劳动力比重就已经很大(30%以上)的国家几乎没有增长,而初期服务业劳动力比重较小(20%以下)的国家则有较大幅度的上升;个别国家即使初期比重较高,其比重绝对量的增长也很大。对于服务业,具有普遍一致性的是其占劳动力比重的绝对或相对上升显著高于其占总产值的比重的上升;换句话说,服务业的劳动生产率的提高低于其他生产部门。

3.2.3　结构变动的原因:从需求因素到供给因素

与其他探索经济发展阶段理论的经济学家不同,库兹涅茨首次强调供给因素对结构变化所起的重要作用。这里,供给方面的影响因素包括人口增长、技术变革和资源比例的变动。"如果人口增长了,其对土地和其他自然资源的比率就要改变,对不同产业便产生不同影响;如果由于技术变化资本投资和生产性资源质量的改进,总产值和人均产值增长了,它对不同产业产生的影响也是不一样的。"①

库兹涅茨分析上述结构变化原因时是从通常的需求入手的,但最后他实际上把重点转移到了供给上。库兹涅茨承认产业结构的变化与长期需求结构有关,但他指出了完全用需求因素来解释产业结构变动所必需的两个假定:一是价格结构要假定不变;二是截面的需求结构适用于时间序列的需求结构,即假定人类存在基本的需求结构,这个基本结构"对社会和制度的变化来说是恒定的"。

对这两个理论假定库兹涅茨作了深入分析:第一,"对某些产品的需求收入弹性横向分析和长期趋势在比较上结果的矛盾";第二,"仍然存在一个严重问题,即随着人均收入的提高,消费者对不同产品的显著不同反映是否完全或主要可归结为人类需求结构不变。这个问题与相对价格的作用,与社会制度的状况的作用有关,与影响供给或生产变化的作用有关,因为它影响价格结构和制度的状况"。库兹涅茨看到,即使人类的基本需求结构是十分稳定的,但由于技术的变化、由此引起的相对价格的变化以及制度的变化,人们对不同的商品和服务的消费也会产生变化。

"虽然供给和生产的变化不一定影响人类需求的基本结构(假设这种需求可精确定义),但是它们的确影响包含在人类需求中特定商品的相对成本和种类。在对现代经济增长的产业结构趋势的解释中,这些变化必须给予恰当的权重"。为此,库兹涅茨将供给对需求的影响分为两种:强制性影响和诱发性影响。所谓"强制性影响"指伴随现代经济增长而来的工业化、城市化和制度变革所引起的需

---

① 西蒙·库兹涅茨:《现代经济增长》,北京经济学院出版社1989年版,第433、434、76页。

求变化,它们是现代化过程所强制引起的人们需求的改变。"现代技术带来了新的生产、生活和工作方式,适应这种新方式所产生的后果,对于主要部门甚至许多更小产业分支的产品需求有广泛的影响,增加了对某些产品的需求,同时必然减少对另一些产品的需求";这里所说的实际是生产技术变化对中间需求结构的影响。所谓"诱发性影响"是指技术创新能产生新的消费者和生产资料,这些新的消费资料能改变人们满足同样消费心理的消费产品的结构。这个观点与格沙尼的不谋而合。如"在娱乐方面,电视机可看做是农村精神享受的替代物;在运输方面,铁路和汽车可看做是马的替代物"。

另外,国际贸易结构对产业结构也会产生不可估量的影响。库兹涅茨认为国际贸易对产业结构的影响更主要的是通过对供给的影响来实现的。例如,在发达国家是低收入弹性的商品或服务在发展中国家可能就是高收入弹性的,这样,一旦国际贸易将两种市场联结起来,平均而言收入相对于发达国家弹性便可能提高。"这种对比较优势的进一步论证反映的是生产方面的差异,而不是需求方面的差异。"

因此,总的来说库兹涅茨反对单纯从需求角度寻求对产业结构的解释。"最好是防止过分简单地把人类需求结构当做不变的外生变量,并以为这样可以为现代经济增长中产业结构的趋势提出恰当的解释。这种观点的危险性在于忽略了生产方面(经济增长的内生因素)和最终消费结构变动的主要影响,因而忽视了注重对增长过程中各种相互关系做进一步分析这个有价值的方面。"①

3.2.4　服务业扩张的原因

库兹涅茨认为服务业吸纳的劳动力越来越多的原因在于:

第一,与资本主义的工业化生产方式相联系的对服务的中间需

①　西蒙·库兹涅茨:《现代经济增长》,北京经济学院出版社1989年版,第91~94页。

求的扩大。"商品生产的区域性集中和生产单位规模的扩大使产品地方化,并迫使生产不顾最终消费者的地域性分散和需求时间的差别而以一定的节奏进行。当较高水平的消费者平均收入增加了对劳务,尤其是零售贸易的要求时,贸易、金融在某种程度上讲在集中固定的生产和分散变动的需求之间所起的桥梁作用明显地加强了"。这就是说,不受时间、地点和环境限制的大规模工业生产能力极大地减少了资源对生产的制约,反而市场的扩展对生产的发展起着关键作用,于是将分散的市场与集中的生产联结起来的商业和金融业就变得格外重要。正如他随后所说,"商品生产结构的变化与广告、金融及类似服务的迅速增长之间的关系也应当引起注意"。

第二,随着工业化、城市化和经济的发展,"国家生产系统的越来越复杂导致中央政府监督和调节作用的加强",同时,"政府对劳力消费需求(警察、卫生、公共保健、教育及其他)的巨大增加"。

第三,随着收入水平的提高,对服务的最终需求也会增加。"消费者平均收入的增加加强了对娱乐、教育及其他专业服务的需求;消费者对耐用消费商品使用的扩大意味着对劳动力密集的修理及服务行业需求的巨大增加"。

"总之,商品生产和与不同的服务具有不同需求收入弹性相结合的生活方式的变化极大地加强了对服务部门产品的需求,其中许多为劳动密集型产品。"①

综上所述,库兹涅茨关于产业结构变动的思想类似于熊彼特的创新理论,其动态关系是:科学技术的发展导致技术的创新和新产品、新产业与新生产方式的产生;新的产品、技术与生产方式会改变产品的价格结构、产品结构、需求结构和人们的生活方式;变化的供给和需求改变着资源在产业间的分配和产出水平,即改变产业结构。

———————————

①   西蒙·库兹涅茨:《现代经济增长》,北京经济学院出版社1989年版,第133~134页。

3.3 钱纳里的均衡增长与结构转变理论

3.3.1 工业化均衡增长

美国经济学家钱纳里是主张工业化均衡增长的发展经济学家,他将"工业化"定义为制造业的份额自 15% 上升到 36% 的这样一个经济发展过程;在这个过程中经济结构会发生实质变化,体现在生产结构上就是"从一般均衡的观点来看,工业化是整个经济系统的一个特征,在此系统中,初级产品生产份额的下降(由 38% 降至 9%)由社会基础设施份额以及制造业份额的上升所弥补。以不变价格计算,服务业的份额几乎不变"[1]。

3.3.2 重视中间需求对结构的影响

在早期钱纳里认为,生产结构的变化来源于供给与需求结构的变化;同早期经济学家相同,他认为需求较为重要。他总结认为解释结构转变有三种假说:"需求说,以恩格尔定理所作的概括为基础;贸易说,以随着资本和劳动技能的积累而产生的比较优势的变化为基础;技术说,涉及加工产品对原料的替代以及生产率增长速度差异的影响。"[2]但在后来的研究中,钱纳里开始重视中间需求对结构的影响,认为,"在需求方面,重大区别来源于收入弹性、贸易能力以及中间使用的程度"。并不是所有产业部门都对这些需求产生同样的结构转变效应,"制造业份额增加的原因同初级产品份额减少的原因完全不同。……国内需求减少和净贸易变动是初级产品份额下降的同样重要原因。而初级产品的中间需求就其同国内生产总值的关系而言则

---

① H. 钱纳里等:《工业化和经济增长的比较研究》,上海三联书店 1995 年版,第 59、73 页。

② H. 钱纳里等:《工业化和经济增长的比较研究》,上海三联书店 1995 年版,第 59 页。

没有变化。制造业份额增加的主要原因完全不同。中间需求份额的增长占工业产出份额增长的一半以上,而国内需求的增加仅占 12%。……这一发现对人们公认的一个观点作重大修正,该观点认为工业化主要来源于恩格尔效应"[1]。这里包含两层意思:一方面,恩格尔定理只对农业产品的生产结构变化有良好的解释作用;另一方面,工业化主要由中间需求推动,而中间需求反映的是技术的变化和生产分工的深化,这些实际上是供给因素(表面看来是需求)变化的反映;在实现工业化的国家中,生产结构变得比以前更"迂回"了。此外,两种类型的比较研究都说明,自初级产品生产向服务业生产的重大转移同时间因素相关,而同收入增加无关。这种转移主要是由服务业相对价格增加造成的。看来,钱纳里的研究揭示了工业化过程中产出结构变化的更深一步的结论,那就是:农业比重的下降主要来自最终需求的下降;工业制成品比重的上升主要源于中间需求的扩展;服务业比重几乎不变。

3.3.3　产业结构变化的三阶段动态模型

在劳动力转移方面,钱纳里的发现是:(1)"典型就业模式反映出,在结构转变的大部分时期,农业劳动力的转移都存在着滞后现象,与此相应,农业劳动生产率增长的速度也较慢";(2)"工业就业的增加远远低于农业就业的减少,因此,劳动力转移主要发生在农业和服务业之间"[2]。

根据上述结果,钱纳里等提出了产业结构变化的三阶段动态模型:第一阶段:初级产品生产阶段;第二阶段:工业化阶段;第三阶段:发达经济阶段。第一阶段与第二阶段的分界线是,对人均 GNP 的增长贡献制造业首次超过农业,在标准模式中此约发生于人均收入 400 美

---

　　① 　H.钱纳里等:《工业化和经济增长的比较研究》,上海三联书店 1995 年版,第 73、77 页。

　　② 　H.钱纳里等:《工业化和经济增长的比较研究》,上海三联书店 1995 年版,第 90 页。

元(1970 年);第二阶段与第三阶段的分界线是社会基础设施对人均
GNP 增长的贡献超过制造业,约在 4000 美元。尽管服务业的增长贡
献率一直是很大的,但变动十分平缓;制造业的贡献率变化巨大,在工
业化初期上升很快,到达峰值后也很快下降。

之后,许多经济学家进一步发展了钱纳里的理论,在钱纳里的产
业结构理论基础上,对世界各国的产业结构变化作了科学分析。他
们运用多国模型,对世界一批国家的经济增长因素进行了分析,发现
随着人均收入的增长,产业结构会出现规律性的变化。其基本特征
是:在国民生产总值中,工业所占份额逐渐上升,农业份额下降,而按
不变价计算的服务业则呈缓慢上升;在劳动就业结构中,农业所占份
额下降,工业所占份额变动缓慢,而第三产业将吸收从农业中转移出
来的大量劳动力。表 3.1 所示是根据 100 多个国家统计资料计算出
的结果,表现了上述规律。

表 3.1 人均 GNP 和产业结构的变化

人均 GNP （美元） 指标	100 ~ 200	300 ~ 400	600 ~ 1000	2000 ~ 3000
第一产业占 GNP 的份额(%)	46.4 ~ 36.0	30.4 ~ 26.7	21.8 ~ 18.6	16.3 ~ 9.8
第二产业占 GNP 的份额(%)	13.5 ~ 19.6	23.1 ~ 25.5	29.0 ~ 31.4	33.2 ~ 38.9
第三产业占 GNP 的份额(%)	40.1 ~ 44.4	46.5 ~ 47.8	49.2 ~ 50.0	50.5 ~ 51.3
劳动力在第一产业中的比重(%)	68.1 ~ 58.7	49.9 ~ 43.6	34.8 ~ 28.6	23.7 ~ 8.3
劳动力在第二产业中的比重(%)	9.6 ~ 16.6	20.5 ~ 23.4	27.6 ~ 30.7	33.2 ~ 40.1
劳动力在第三产业中的比重(%)	22.3 ~ 24.7	29.6 ~ 23.0	37.6 ~ 40.7	43.1 ~ 51.6

资料来源:李京文:《中国产业结构的变化与发展趋势》,载《当代财经》1998 年第 5 期。

应当注意的是,标准产业结构与实际产业结构之间的偏差只能作为判断产业结构状况的参考,而不能作为唯一的衡量标准。由于每个国家都有其自己的具体国情,如国内自然资源禀赋条件下同,当时所处的国内外政治经济形势不同,政府所制定的中长期发展战略也各有所异,工业化进程不同等等。这些因素都可能导致本国的产业结构及其变动趋势和标准产业结构产生偏差,这些偏差虽然会说明一些问题,但还不能判断产业结构不合理。标准产业结构只是判断一国产业结构合理性的众多标准中的一个,而单一标准是不能衡量产业结构合理化程度的。另外,由于在20世纪70年代以前,电子信息技术革命尚没有突破性的发展,因而H.钱纳里的分析没有考虑电子信息产业对产业结构的影响。这也是目前H.钱纳里的分析方法和分析结构受到学术界质疑的重要原因之一。

4 工业化阶段与服务业

有众多的经济学家和社会学家对工业化阶段进行了划分、对不同阶段的服务业特征问题进行了分析。按发表的时间顺序来看,经济学家罗斯托(W. W. Rostow)在 1960 年出版的《经济成长的阶段》(*The Stages of Economic Growth*)、富克斯(V. R. Fuchs)于 1968 年出版的《服务经济》(*The Service Economy*)、社会学家丹尼尔·贝尔(D. Bell)于 1974 年出版了《后工业社会的来临》(*The Coming of Post - industrial Society*)、格沙尼(J. Gershuny)于 1978 年出版的《后工业社会?》(*After Industrial Sociaty?*)以及谢尔普(R. K. Shelp)等在 1984 年出版的《服务业与经济发展》(*Service Industries and Economic Development*)和瑞德(D. Riddle)于 1986 年出版的《服务业主导的增长》(*Service - Led Growth*)等是其中的主要代表。

4.1　罗斯托的经济发展阶段论

4.1.1　经济发展的六个阶段

英国经济学家罗斯托在 1960 年出版的《经济成长的阶段》一书中提出了经济发展的五个阶段理论,认为一个国家最重要的阶段是"起飞阶段"。罗斯托认为,根据经济发展水平,任何社会都可以归入下面五种情况之一:传统社会阶段、起飞准备阶段、起飞阶段、成熟阶段和高消费阶段。[①] 1971 年罗斯托又补充了第六个阶段即追求生

---

① W. W. Rostow, *The Stages of Economic Growth*, Cambridge University Press, 1960, p. 4.

活质量阶段。

传统社会阶段指生产力水平停留在"牛顿定理所带来的人类对世界的科学认识能力以前的状态";由于人类对世界的认知处于原始状态,在传统社会里人们的生产完全受自然条件的限制,生产的扩张主要靠人口和土地的增长。在生产结构方面,由于受生产力的限制,人们的生产活动必然集中于农业部门。

起飞准备阶段的突出特点是占劳动人口大多数的农业劳动人口向工业、交通、贸易和现代服务业转移,而其中农业剩余由奢侈性的消费转移到对工业和社会基础设施的投资最为关键。"为起飞准备条件"阶段基本上是一个转型期,即由传统社会向起飞阶段的过渡时期。之所以有这样一个阶段主要是因为科学知识要实践于生产在各方面需要社会做出准备。罗斯托认为要实现社会和经济的这个阶段的转型,传统社会不会从内部自发地产生变革的力量,因此需要外部的冲击。这个阶段是一个激烈的动荡期,社会观念、文化价值和制度都在发生深刻的变化。在经济上逐步表现出社会商业化的趋势,如金融市场的出现和发展、商业化的经济活动、对交通和通讯投资的出现与扩大等。但由于是处于转型期,传统社会的力量仍很强大,因而转型的步伐就依赖于传统社会的制度刚性。如果传统社会的制度刚性很强,转型不能完全完成,就会形成二元的经济格局。与斯密相同,他认为这其中农业剩余由奢侈性的消费转移到对工业和社会基础设施的投资最为关键;"主要集中于地主手中的超过消费最低水平以上的收入应当转移到那些愿意投资到公路、铁路、学校和工厂的人手中,而不是花在乡间别墅、奴仆、华丽装饰和庙宇上"[1]。罗斯托还特别强调了社会基础设施投资在"为经济起飞阶段"的重要性,他把农业和社会基础设施,其中尤其是交通的革命性生产率变革看做起飞的条件。

---

[1]　W. W. Rostow, *The Stages of Economic Growth*, Cambridge University Press, 1960, p. 19, 57.

　　起飞阶段是一个较长的过程,在这个阶段传统障碍已被清除,经济开始进入快速增长的稳定时期,新的价值结构建立并成为主流。罗斯托将"起飞"定义为"一种工业革命,与生产方式的激烈变革紧密相连,在短期内对社会发展起着关键作用"。推动起飞阶段经济持续增长的主要是技术进步,但也包括如下条件的建立:社会基础设施(Social Overhead Capital)和新的政治力量。在产业结构上,起飞阶段主要表现为现代部门的增长;传统产业如农业也经历商业化进而产业化,成为现代农业;农业生产率的增长是起飞成功的关键。黄少军认为,用"工业革命"这个概念来描述经济"起飞"过程是不准确的。① "起飞"既包括工业革命,又包括农业革命,最重要的是同时包括社会基础设施的革命。"社会基础设施"包括软件也包括硬件,软件如制度和企业家精神,硬件如交通、通讯设施;由软、硬件综合形成的经济的商业化(或市场化)是"起飞"同样不可缺少的另一个重要方面。当然无可否认的是,"起飞"过程必须由制造产业作为"增长的发动机"。

　　成熟社会是一个更长的发展阶段,它是一个依靠技术进步不断增长以达到高度物质文明的阶段,也可以说是"纯技术阶段",即基本的社会政治和文化结构是稳定的,变化主要是由技术进步引起的主导产业的变化。罗斯托认为:"成熟阶段是经济表现出有超出原有的、推动它的发动的各种工业之外的能力和吸取现代(当时)技术的最先进成果并且把这些成果有效率地应用于自己很多种——如果不是全部的话——资源的时期。"②这就意味着整个经济领域的各个部门都普遍发展,大多数资源都在高技术的基础上得到利用。成熟阶段的经济特征有三个:①投资率经常保持在占国民经济的 10% ~ 20%,使生产的增长经常超过人口的增长。②经济结构不断发生变化,工业向多元化发展,新主导部门代替旧的主导部门。③经济在国

　　①　黄少军:《服务业与经济增长》,经济科学出版社 2000 年版,第 198 页。
　　②　罗斯托:《经济成长的阶段》,商务印书馆 1962 年版,第 16 页。

际经济中得到它应有的地位,即与它的资源潜力相适应的地位。他认为在成熟阶段接近结束的时候,再一次面临如何选择的问题。成熟阶段是一个提供新的富有希望的选择自由的时代,也是一个带有危险性的时代。

高消费阶段有两个主要特征:一是大部分人的基本衣食住行完全得到满足,二是人口高度城市化、就业劳动力高度"白领化"。由于技术完全成熟,物质财富高度发达,资源分配开始超越个人领域,出现社会福利化的资源配置方式;在罗斯托看来,福利社会的出现是技术成熟的结果,技术成熟是福利国家出现的前提条件。这一阶段还以产品的"平民化"及大规模的生产为特征。

追求生活质量阶段的界定及其特征。在这一阶段中,主导部门不再是生产有形产品的工业部门,而是提供劳务和改善生活质量的服务业,其中包括公共投资的教育、卫生保健设施、文化娱乐、旅游、市政建设、社会福利等。这个阶段把以劳务形式反映的生活质量程度作为衡量成就的标志。不可忽视的是在高额群众消费阶段提高了人们生活水平的同时,也带来了环境污染、犯罪增加、城市衰败等问题,而追求生活质量阶段正是要以改良和渐进的态度解决这类问题。

以上就是罗斯托的各个经济成长阶段,在这六个阶段之中,最重要的两个阶段就是起飞阶段和追求生活质量阶段。起飞阶段主要是使社会经营资本、农业、出口等部门现代化,向工业化过渡;而追求生活质量阶段主要任务是促进新的主导部门的技术进步。

4.1.2 主导产业更替是阶段性差异的基础

罗斯托在阐述他的发展理论时强调,主流经济学仅仅关注宏观变量的变化是不够的,必须同时考察经济部门结构的变化。他认为在不同的经济发展水平,需求和供给的作用会决定不同部门的最优水平,每个部门都有最优增长路径,如果社会资源能够投入到最优部门的增长路径中就能推动并加速经济的发展。

经济成长阶段的更替就表现为主导部门系列的变化,主导产业的不同是经济发展阶段差异性的技术基础,不同成长阶段上有不同的主导部门。这些看法无疑同赫尔希曼的"不平衡增长"模型是一致的。但罗斯托更明确地提出了主导部门的概念并发展了主导部门怎样通过技术和产品的扩散效应支配相应经济成长阶段更替的思想。而且,在分析主导部门扩散效应的问题上,罗斯托不仅深化了主导部门前向、后向联系的技术、组织效应,还增加了主导部门的旁侧联系效应和侧向关联效应,即主导部门对所在地区的影响。他同时认为主导产业的出现主要是需求结构变化的结果,而需求的变化既受个人偏好的影响,同样也受社会价值观和政府政策的影响。

罗斯托所说的主导部门成长、发展并带动整个经济起飞和持续增长的过程,不是孤立于总量动态关系之外的。这一点在起飞阶段的认识上尤其突出。他认为,一系列达到某种既定规模水平的总量因素,包括投资水平、人口增长率、基础设施水平(社会先行资本)等又是经济能否起飞以及带动起飞的主导部门能否形成和发展的前提条件,并且,起飞之后,经济能否进入自我持续增长阶段、能否形成和发展下一阶段的主导部门,也是与这些总量因素的制约、联系分不开的。

4.1.3 发展中国家经济"起飞"的条件

罗斯托认为,经济"起飞"是一个国家的社会经济历史发展中具有决定意义的时期,是近代社会经济生活中的重要分水岭。所谓"起飞阶段",是指一种产业革命,它直接关系到生产方法的剧烈变革;从经济的角度看,它意味着工业化的开始或经济发展的开端,是一国经济从停滞落后状态向增长、发达状态过渡的重要转折点。罗斯托不仅指出经济增长的决定性时期是"起飞"阶段,阐明了经济"起飞"的"临界水平",而且详细分析了实现经济"起飞"必须具备的三个条件。这是罗斯托经济"起飞"理论的重要组成部分,也是其理论的核心。

　　罗斯托认为,一个国家要实现经济"起飞",必须具备三个主要条件:

　　第一,要有较高的资本积累率。"增长必须以利润不断重新投资为条件"(即剩余价值的不断资本化),要实现经济"起飞",需要有大量的资本投资,因此必须大规模地增加储蓄,提高资本积累率和生产性投资率,使其在国民收入中的比重占到10%以上,为经济增长创造必要的物质基础。因此,资本积累是经济起飞和经济增长的必要条件。而发展中国家在经济"起飞"准备时期,人口增长率都比较高。为了抵消人口增长带来的压力,必须保持比人口增长率更高的经济增长率。可是在发展中国家,通常经济效益、经济效率均较低且不稳定,因而要获得一定的产出水平和经济增长就需要投入更多的资本量,即资本—产出比率高。在资本—产出比率较高的条件下,要保持比人口增长率更高的经济增长率,就必须有更高的资本积累率。

　　第二,要建立能带动经济增长的主导部门。在经济起飞的初期,需要发展的产业部门很多,而资金又是十分有限的,要实现经济起飞,就应当选择发展重点,实行"部门不平衡发展战略",将有限的资金用于具有带动作用的主导产业上,建立起"主导产业部门",通过"主导部门"的发展来带动整个经济的增长。所谓主导部门是指那些不仅自身采用高新技术,发展很快,而且能扩散现代技术,带动其他部门快速发展的产业部门。罗斯托强调经济"起飞"的部门变化,认为"现代经济的增长实质上是部门的增长过程"。经济增长,总是由某一备受社会关注、首先采用高新技术的部门开始的,它作为初始的加速力量,通过一定的关联方式将它的推动力传输到整个经济体系的各个部分,带动整个经济"起飞"。因此,这些部门不是孤立地发展的,而是形成一个"主导部门综合体系",它包括相互联系、相互推动和相互影响的若干产业部门。

　　第三,要进行社会、政治和经济制度的变革。经济起飞要有与之相适应的经济体制、社会结构、政治制度、法律体制、意识形态,因而必须进行这些方面的变革,使之适应经济起飞的要求并促进经济起飞的顺利实现。也就是说要建立一种保障私有财产的有效制度,使私人资本家愿意投资,或者建立一种代替私人资本进行投资的机构(即国家资本主义)以便兴建单个资本家一开始就不可能或不愿意兴建的投资规模大、收效慢的项目,如兵工、铁路等基础设施。罗斯托研究的中心问题是:不发达国家利用什么样的经济机制和政治制度才能使国民经济结构从以仅能糊口的传统农业为主的社会转变为以工业制造业、服务业为主的现代化、城市化和多样化的发达经济。

4.1.4 意义和影响

罗斯托的经济发展阶段理论已被实践证明是不可跨越的,它对发展中国家的经济发展具有普遍指导意义。

罗斯托关于建立主导部门并通过两种途径的联系效应——前向联系、后向联系——带动整个经济增长的论述,对发展中国家的经济增长是有借鉴意义和启发作用的。投资所产生的前向、后向联系效应是不应忽视的,应当在确定投资之前就研究和考虑这几种效应,并尽可能加以利用。不过罗斯托并没有说明什么是一个国家的最优先发展的主导产业,他只是根据发达资本主义国家的经济发展的历史,列出了一个由低级到高级的 5 种"主导部门综合体系"序列。而发展中国家则必须根据自己的实际和当代世界经济的发展的最新情况来确定本国的主导部门和主导部门综合体系。

作为发展中国家,能否选择以消费品工业发展为先导的发展战略去引导整个经济实行结构转换,走上新式工业化的成长道路? 回答显然是否定的。世界各国新式工业化进程表明:发展中国家只有首先将稀缺的资本、技术、人才集中于那些对本国经济发展产生最关键影响的资本品产业(或生产资料工业)的发展,才能把停滞落后的传统自然经济或农业经济,最有效地改造为富有生机的新式工业经济;才能有效地摆脱投资水平低——经济增长率低——收入水平低——投资水平低的恶性循环。历史发展的逻辑是,发展中国家要进入发达国家的经济发展行列,就必须有高于本国传统自然经济和发达国家经济的工业增长速度(非单纯数量的增长速度),由此就必然要求用较高的投资来保证,而要保持这种投资率,就必然要求投资性工业产品,或者说生产资料工业产品的增长高于消费品工业产品的增长,以与较高的投资率相适应。对于发展中国家来说,投资性工业只能是能源、原材料、交通运输、机器设备制造等资本品产业。这也是罗斯托为起飞创造先决条件的精髓。

罗斯托对于服务业在经济发展阶段中的重要性给予了高度重视。比如,起飞准备阶段的突出特点是,占劳动人口大多数的农业劳动人口向工业、交通、贸易和现代服务业转移。在经济上逐步表现出社会商业化的趋势,如金融市场的出现和发展、商业化的经济活动、对交通和通讯投资的出现与扩大等。这些服务业的发展无疑突出强调了为工业服务业的生产性服务业在起飞准备阶段的重要性。再比如,在追求生活质量阶段中,主导部门不再是生产有形产品的工业部门,而是提供劳务和改善生活质量的服务业,其中包括公共投资的教育、卫生保健设施、文化娱乐、旅游、市政建设、社会福利等。也就是说,在这一阶段,为改善生活质量,服务业得到大力发展。当然,与这一阶段相对应的服务业主要是为满足高质量生活的消费性服务业。

4.2　贝尔的"后工业社会"理论

"后工业社会"的思想大约出现于 1965 ~ 1975 年间。美国社会学家丹尼尔·贝尔于 1974 年发表了《后工业社会的来临》一书,详细分析了后工业社会的特征。富克斯的观点是后来贝尔"后工业社会"思想的来源之一。贝尔甚至将富克斯的发现上升到社会变革的角度,认为发达国家的社会结构将随"服务经济"的到来而发生根本的变化;其重点就是认为物质产品的生产已经不再重要了。

4.2.1　后工业社会是新型社会

贝尔把社会分为前工业社会、工业社会和后工业社会三个互有联系的不同阶段。第一阶段是前工业社会,即在传统制度下构造起来的农业社会,由于生产率低和人口密度高,存在较高比例的就业不足,这些不足的就业人口通常分布在农业和家庭服务业部门,因此有较高的服务业性质,主要为个人和家庭服务,人均收入水平为 50 ~ 200 美元。第二阶段是工业社会,也就是商品生产社会,以与商品生产有关的服务业(如商业)为主,人均收入水平为 200 ~ 4000 美元。第三阶段是后工业社会,这个社会的基础是服务,以知识型服务业和公共服务业为主。财富的来源不再是体力、能源,而是信息,人均收入水平为 4000 ~ 20000 美元。总之,服务业的发展历程大体为:个人服务和家庭服务——交通通讯和公共设施——商业、金融和保险业——休闲性服务业和集体服务业。①

贝尔认为,同社会发展的前两个阶段相比,后工业社会是不同于前工业社会和工业社会的新型社会。表现为:(1)在经济部门上,前工业社会以消耗自然资源为主,属第一产业范畴;工业社会以利用能源技术和机器技术的制造业为主,以第二产业为主;后工业社会则主要属于第三产业范畴。(2)在职业上,前工业社会以农民、矿工、渔民、不熟练工人为主;工业社会以半熟练工人和工程师为主;后工业社会则以专业性和技术性的职业以及科学家为主。(3)在技术上,前工业社会以原料技术为主;工业社会以能源技术为主;后工业社会以信息技术为主。(4)在计划上,前工业社会主要考虑人对付自然的策略;工业社会主要设计人对付人造自然的策略;后工业社会主要筹划人与人之间的对策。(5)在方法论上,前工业社会主要利用常识和经验;工业社会除了应用经验主义的方法外,还应用实验的方

---

①　Daniel Bell, *The Coming of Post - industrial Society*, Heinemann Educational Books Ltd. , 1974.

法;后工业社会则主要运用抽象理论的方法,如决策论、系统分析等。
(6)在时间观点上,前工业社会是面向过去;工业社会着重考虑适应
性调整,强调根据趋势做出推测和估计;后工业社会则面向未来,强
调预测。(7)在中轴原理上,前工业社会以传统主义为轴心,考虑土
地和资源方面的控制;工业社会以经济增长为轴心,强调国家或私人
对投资决策的控制;后工业社会则以理论知识的中心地位和整理为
轴心,围绕此轴心,大学、研究机构和知识部门成为社会的中轴结构,
智力技术成为制定决策的新型工具,知识阶级在社会中占据重要地
位,社会发生了一系列结构变化。①

4.2.2　后工业社会是工业社会的新发展

贝尔认为,后工业社会是工业社会的新发展,是工业社会和未来
社会之间的过渡型新社会。贝尔列举了标志后工业社会正在到来的
以下几个方面的新发展,诸如:理论知识占据了中心地位;产生了新
的智力技术;知识阶级的不断扩大,尤以技术阶级和专家阶级增长最
快;从产品经济变为服务经济;工业性质变为以人与人之间的博弈为
主;科学不但与技术,而且与军事、社会技术和社会需要结下了不解
之缘;社会政治单位布局的变化是社会中不可能形成一个团结一致
的阶级;社会将由那些取得了成就、受到同行尊重的能人来统治;除
了资源短缺外,还出现信息、协作和时间等方面的短缺;信息经济学
方面的新挑战;对新的合作战略的提倡等方面。

4.2.3　后工业社会是服务社会

贝尔的分析方法是在分析经济结构的基础上分析社会和文化结
构,认为经济结构决定了社会结构与文化现象。为此,他首先详细分
析了所谓后工业社会的经济结构。他认为后工业社会有四个特点:
第一,后工业社会是服务社会;第二,知识、科学和技术在社会生活中

---

① 　丹尼尔·贝尔:《后工业社会的来临》,新华出版社1997年版,第138页。

占据主要地位;第三,专业人员和技术人员具有突出的重要性;第四,
价值体系和社会控制方式的变化。应该说,贝尔在书中提出的许多
观念具有深远的前瞻性,如他所预言的知识在未来社会发展中的重
要性现在已经被事实证实。

后工业社会的特征除了上面的四点外,还包括这样一个性质:
"如果工业社会是以商品数量来定义社会质量的话,后工业社会就
是以服务和舒适——健康、教育、休闲和艺术来定义社会质
量。……"①也就是说在后工业社会生产与消费都不再以物质产品
为主,而是以服务为主。服务是"奢侈性"消费,所以从物质财富的
角度看,后工业社会实际就是加尔布雷斯的"丰裕社会"(新工业国)
或罗斯托的"高消费社会"。

后工业社会社会结构的重大变化就是从以商品生产为基础转向
以服务行业为基础。由工业社会向后工业社会过渡,有着若干不同
的阶段,贝尔认为:第一,工业社会发展所带来的辅助性服务,即:运
输、公用事业、销售等引起非制造业蓝领工人的增加;第二,白领工人
在金融、不动产以及保险等行业中增加;第三,由于物质的丰富和收
入的增加,人们对耐用消费品(衣着、住房、汽车等)、奢侈品和娱乐
消费的不断增长,第三产业部门如饭店、旅馆、汽车服务、旅游、娱乐、
运动等开始发展;第四,保健和教育成为人们普遍的要求;第五,人们
对社会服务行业的更多要求,导致某些政府部门的增加和发展等。

从工业社会到后工业社会,服务行业经历了以上若干阶段。贝尔
从社会学的角度来描述了美国后工业社会出现过程的这样一幅社会
图景:1900 年,美国有 3/10 的人受雇于服务业,其余 7/10 的人从事商
品生产;1950 年,这一比例接近平衡;1968 年,有 3/5 的人从事服务业,
仅有 2/5 的人从事商品生产;1980 年同 1900 年正好相反,7/10 的人从
事服务业,3/10 的人从事商品生产。服务业人数的增长,主要是源于

---

① Daniel Bell, *The Coming of Post - industrial Society*, Heinemann Educational
Books Ltd. , 1974, p.127.

农业人数的不断下降,工业中制造业的绝对人数虽不断上升,但在劳动力中所占份额却有所下降。服务业的扩张,特别是在贸易、金融、教育、保健和政府部门,展示出一幅"白领社会"的图画,但并非所有从事服务业的都是白领工人,其中还包括运输工人和修理工,也并非所有的制造业都是蓝领工人,其内部的白领成分——专业人员、管理人员、办事员、推销员等,在 1970 年大致占这种劳动力的 31%,到 1975 年,达到 39.5%。随着越来越多的工作实现自动化,蓝领劳动力本身也已稳步而明显地由直接生产的工作转而从事看管、修理和维修机器的工作,而不是在装配线上工作。

劳动力在劳动部门分布上的变化,导致了其职业类型的变化,即由在何处工作转变为做何种工作。在美国,白领人数从 1900 年的 17.6% 上升到 1980 年的 50.8%,但绝大多数的白领工人都是低级职员或销售工作中的妇女,少数成为管理人员、专业人员或技术员,这些少数人构成了美国中上层阶级的核心;蓝领工人在 1900 年为 35%,1920 年为 40%,到 1968 年下降为 36.3%,1980 年降为 32.7% 左右;最惊人的变化是农业人口,从 1900 年的 37.5% 降至 1980 年的 2.7%。同时,半熟练工人人数也在不断下降。

今天,社会上的一个重要职业类别是专业和技术人员。最近几十年来,这个类别的增长把所有其他重要的职业集团都远远地抛在了后面。在这个类别内部,最大的集团是教员,其次是专业保健人员,再次是科学家和工程师,最后是工程技术人员。不仅在美国,即使在发展中国家,这一类别的人数也在不断攀升。拥有知识是这一类别人员的最大特点,他们将是后工业社会中的一个最具实力的阶层。

以服务业为主的后工业社会,有着与其他社会不同的特点,尤其表现在如下几个方面:(1)教育和地位:后工业社会中劳动者的受教育水平普遍提高,其社会地位也不断提升,而且由于他们都隶属于不同的工会组织,其政治权利和工资水平有很大提高。(2)黑人:黑人的受教育程度有所提高,社会地位也逐步上升。(3)妇女:妇女是服务经济的一大力量,有 73% 的妇女受雇于服务业,但她们却很少加入某一工会组织,工作也不是长久和固定的,多是一些临时性的。(4)非营利性部门:这一部门在后工业社会不断壮大,为社会提供了越来越多的工作职位,尤其是政府部门的扩大将提供一定的新工作,这些非营利性部门主要是健康、教育和研究部门。(5)"新的"工人阶级:这一阶级中受过教育的人和专业人员不喜欢介入政治体系,而喜欢成为社会经济冲突体系中的一员。①

通过以上分析,我们可以看出这一服务经济的特征是:知识成为经济发展的动力,成为社会变革的力量,并且改变了工业社会中人们之间的关系。在后工业社会中,这种新关系的核心就是交流,对自我改变的反应和对各种要求的反应,是人与人之间的对话,而不再是工业社会中那种人与机器的交流。这正是信息社会和知识经济社会来临的标志。

4.2.4　生产组织方式上服务业与工业的区别

在富克斯研究的基础上,贝尔认为典型的服务业企业规模不大,它们的各部门也具有较大自由度,因而专业人员具有较大程度的权力。贝尔将这类生产方式称为"社会化"模式;而相对地将工业生产方式称为"经济化"模式。"公司"是与"经济化"模式相对应的社会组织形式。贝尔认为,决定经济体发展方向的是价值体系。"经济化"模式的价值体系的基础是私人对工业产品的大规模消费,即一般所谓的"福特主义"。贝尔认为"经济化"模式的价值体系过于看重可市场化的产品的市场价值,而忽略了许多其他东西。从社会角度看,这种价值体系导致了许多负效用和外部成本。它牺牲集体利益而偏向个人消费,扭曲了需求。通常计量社会生产价值的方法,如GNP 的基础是值得怀疑的效用理论和对社会的原子式看法。贝尔

①　Daniel Bell,*The Coming of Post - industrial Society*,New York:Basic,1978,pp. 143 - 154.

认为,后工业社会中的"社会化"模式则是从"公共利益"出发建立它的价值体系。因此,所谓从"经济化"模式向"社会化"模式转移就是从个人主义向集体主义的转移。从本质上来说,贝尔的工业社会向后工业社会转移的观点就是自由资本主义向垄断资本主义转移的观点。"今天对我来说十分清楚,美国正从建基于私人企业市场制度的社会向最重要的经济决定由政治层面上确定的社会转变。"①

4.3　新工业主义理论

4.3.1　基本观点

新工业主义认为,未来社会并不是以服务需求增长为动力的"服务经济"模式,而仍然是以物质产品的需求增长为动力的"工业经济"模式,只不过由于生产技术的进步,现代的工业生产已经不再依靠体力劳动为主要劳动投入方式,而是以人力资本为主要的劳动投入方式,因此劳动分工向远离体力劳动的方向发展,企业中的管理人员、技术人员和销售人员可能多于一线的劳动工人。同时,由于对劳动力素质要求的提高,与人力资本投资有关的产业如教育会相应得到蓬勃发展。但这并不意味着服务的最终需求会扩大并成为经济发展的动力。未来社会的发展不是服务社会,而是新的工业生产技术和组织方式下的新的工业社会。

有部分经济学家和社会学家从不同的角度看待白领工人增加的事实,他们的主要观点是认为白领人员的增加不是服务需求增长的结果,相反,是物质产品的需求和生产规模的扩大使资本主义企业的管理方式和技术方式发生了重大变化,从而促使企业内部劳动分工发生变化的结果。服务经济理论或后工业社会理论与"新工业主义"争论的问题实质是:未来社会的主导是生产服务还是生产商品?

---

① 　Daniel Bell, *The Coming of Post - industrial Society*, Heinemann Educational Books Ltd. , 1974, pp. 297 - 298.

新工业主义的理论有两条线索:其一认为,未来消费的趋势是商品替代服务,社会生产仍是围绕物质财富的生产而展开;其二认为,即使未来社会是以服务消费为主,服务的生产也将"产业化"或"工业化"。

4.3.2　格沙尼的反后工业社会与自我服务理论

格沙尼(Jonathan Gershuny,1978)是从反后工业社会的理论出发展开他的理论分析的。他立论的出发点是认为恩格尔定理不能适用于时间序列数据。他认为消费者的消费行为应服从新古典的消费理论即在预算约束和时间约束下寻求效用最大化,或为获得同样效用,必须使成本最小。尽管马斯洛的心理定理是成立的,但这绝不能简单推导于消费理论之中。为了获得提高的心理需求,人们既可通过购买服务获得,也可通过购买商品获得。格沙尼分析了服务与商品之间差异的问题。他指出,从效用或使用价值的角度看它们是没有区别的。"在消费者获得的时候,商品是一件东西而服务是一种状态、活动或感觉。为什么要在交易时作这种区分? 简单来说,即使是商品最终也是提供服务。或者换句话说,商品和服务满足需要,而一般地,同样的需要既可由商品来满足,又可由服务来满足。……我从两种方式中得到的满足实际完全相同;如果我是理性的话,我将从成本原则出发进行选择。服务与商品只不过是满足需求的不同社会安排。"①格沙尼指出,恩格尔定理如从截面数据看绝对是正确的,但如从时间序列数据看则不一定。格沙尼没有指出这个问题的理论原因,实际上是十分清楚的。影响消费选择存在两种效应:一种是收入效应,一种是替代效应;服务与商品之间的消费选择也决定于这两种效应。截面数据不反映价格变化,所以只有收入效应;而时间序列数据反映收入与价格变化,所以既有收入效应又有替代效应。

---

① Jonathan Gershuny, *After Industrial Society? The Emerging Self – Service Economy*, Humanities Press, 1978, p.56.

　　格沙尼提出了"自我服务社会"的思想,主要是指,虽然人们对服务的需求增加,但这种增加的需求是通过消费者购买商品并通过自己使用商品来"内在地"获得满足;而不是向外直接购买服务本身,其宏观结果就是商品在最终需求中的比重增加而不是服务比重的增加。格沙尼的研究表明服务的替代效应大于收入效应。主要是因为服务的(相对)价格上升速度远大于收入的增长。因此,"自我服务社会"之所以可能出现是因为:一方面服务的生产率增长远慢于商品生产的生产率增长,因而服务的价格的相对增长是不可避免的;另一方面,商品中所含技术成分越来越多,既耐用又有较高的使用效益,且越来越便利,这样,商品与服务之间的消费偏好也随商品这些特质的提高而改变。

　　既然服务的需求没有随着收入提高而增加,那么,如何解释服务就业的增长呢? 格沙尼认为生产率的差异只能解释其中的一部分。他认为就业统计中服务业中的许多行业实际是从事"与工业有关"的工作,如流通、金融以及与商品生产和流通有关的社会与技术组织中的从业者,如设计、会计等。这实际又回到了古典经济学家,特别是斯密的观点。格沙尼指出,多数人都没有仔细思考为什么斯密把家仆的劳动列为非生产劳动而把商业列为生产劳动。他认为如果纯粹从"产品"使用的瞬时性来看,两者是一样的。格沙尼认为,在贝尔的分析中,服务与其他行业的区别不在于其生产结果,而在其与物质的物理转化过程的远近(即与实物产品的一线生产的远近),这样,在贝尔的定义中,某些服务业者实际的任务是制造商品,只不过远离实际制造过程而已,例如工程师。为此,格沙尼提出了两个有趣的问题:工程师的增多是不是因为商品生产过程更复杂? 大学扩大是不是因为商品生产的复杂性使对劳动力的需求提高? 这就是说,服务业增长的原因不是对"服务"需求本身的提高,而是实物产品生产的复杂化所牵动。为此,格沙尼提出,在分析服务业就业变化时,有两种分类方法,第一是完全按劳动者所在行业分,那么,在工业企业劳动的一切人员都应算入工业,包括一线工人、管理人员和技术人员;第二是按照劳动性质分,则工业企业的管理人员都算作服务业。如果按照第二种定义,那么产业分类中服务业的增长就不一定反映对服务的最终需求的增长,而可能是工业组织方式的变化。格沙尼将主要服务业都分解为"与工业相关"和"服务"(即"纯粹"的服务业)两类,在对英国约 20 年(20 世纪 50 代初至 70 年代初)的数据进行这种分析后,格沙尼总结到,尽管英国统计上有过半数的劳动力从事服务业,但实际只有不到 1/4 的就业才是真正提供"服务"作为最终消费品的。对于服务业的最终需求与就业之间的差异的扩大,格沙尼认为还有三个原因。第一,服务主要成为物质生产的中间投入。第二,服务就业的特点较吸引就业者,如服务业一般较卫生、较具有激励、更人性化。第三,存在一种制度性因素使服务性职位具有内在扩张的动机。这个概念在韦伯和加尔布雷斯等学者那里均有反映。这些理由都与服务需求无关。总的来说,格沙尼认为中间需求的扩大是服务业增长的主要原因,而服务的中间需求很大部分与商品生产有关,因此以最终消费来看,根本不存在"服务社会"。

4.3.3　产业服务化与服务产业化理论

格沙尼虽然指出最终需求的变化并不一定像服务社会或后工业社会论者所认为的那样对服务增长起着主要作用,但他的服务的商品替代的论点也不足以解释一切。有一些经济学家认为,生产组织方式的变化才起主要作用。

这里又有两种观点:一种认为,工业生产将变成"服务密集",即工业产品的生产会融入越来越多的服务作为中间投入因素,这实际是通常所说的生产的"软化";另一种则认为服务业的生产方式将摆脱过去的小生产方式而融入更多的工业化生产方式,即服务的生产将走向产业化。同格沙尼一样,这两种观点都认为,现代工业已经不再是传统的工业,而是"新工业";虽然这些论点都承认生产活动中服务的成分将增加,但与"服务经济"或后工业社会理论不同的是,服务的发展是以实物产品的生产为基础和目的,而不是人们的生产活动重心将由实物部门转向非实物部门,因此这两种理论与服务经济理论有本质区别。

4.3.3.1　产业服务化——生产结构的转变

尽管需求最终决定生产,但在需求结构变化不大的情况下,由于制度、生产要素、生产技术的变化,生产方式也会出现重要变化。一些经济学家认为,在现代社会,无论是产品还是生产组织都变得越来越精巧和个性化,由此对服务的需求也不断增长,这些对服务的需求产生于这种生产方式的变化,因此主要体现为中间性服务和互补性服务。包括:(1)直接作为工业企业的中间投入;(2)作为商品交换过程的一部分的流通和金融服务;(3)与新生产结构相适应的人力资本的形成所需要的服务;(4)对整个生产体系进行空间上协调和规制所需要的服务。这四点构成与生产技术和生产组织方式变化相联系的"新服务经济学"的核心。尽管在概念上他们称自己的理论为新服务经济学,但实际上强调的是工业生产的中心地位。

新服务经济学实质上强调了工业社会中服务应以工业生产为中心,并依附于工业生产的需求而存在,同时为工业生产的需求提供"中介"或"补充"。在这一理论框架下,服务业的发展表现为:(1)随着商品品种的多样化,服务需求范围及种类将随之扩大,商品的发展与服务业形成互补;(2)随着服务的产业化,许多服务业因达到规模经济而使服务产业的生产率大大提高,并呈现工业标准化生产的特点。这些特点使工业化进程中服务业对整体经济的增长具有了重要的作用,并使服务业成为一种未来的工业。

对于工业与服务的关系,他们的主要论点是:第一,商品与服务是互补的;商品的多样化和复杂化同时意味着对服务需求范围与种类的扩大。第二,生产者服务是服务业增长的最强劲和最主要部分。某些服务由于可以标准化而能够实现不同程度的工业化,这些服务业因而可以达成规模经济和提高生产率,即从技术层面看,这些服务业具有工业的特点。第三,在新的社会制度结构(主要是城市化)中对企业的"高级服务"是不可避免的。从这些论点中可以看出,生产方式虽然日益"服务化",但这些变化或者是商品本身生产过程的组织或技术的变化,或者是由于商品生产的复杂化所引起的对服务需求的增加。总之,服务是围绕商品生产展开的。

沃克(Walker,1985)在一篇较有影响的文章中依据古典经济学的传统认为服务业增长只是资本主义生产方式的变化,这个变化就是生产过程的复杂化和生产体系的多样化所导致的分工的扩展和劳动的专业化,他称之为"新劳动分工体系"。他的一个观点是,无论是商品还是服务,从最终需求来看没有基本的区别,可称为"联合产品"。例如,饭店虽然是服务业,但它加工食物;交通服务却必须由商品,也就是汽车来提供;另一方面,人们使用耐用消费品,实际是在使用这些商品提供的"服务"。

对于服务业中增长最快的"生产者服务",沃克认为"生产者服务的增长对于最终产品的性质没有任何影响","生产者服务的扩张并不表示服务(最终服务)产出的增长,只是表明全部产品生产的劳动社会分工在稳定扩展而已"①。他区分了两种形式的劳动分工:一种是社会分工;另一种是"内部分工"。前者指劳动在不同产品部门的分配,后者指劳动在生产单位内部不同专业化任务的分配。

由于社会经济统计无法统计"内部分工",所以即使"内部分工"早已存在,在"社会层面"也反映不出来;而一旦当"内部分工"由于任何一种原因社会化以后,社会生产便似乎表现为发生了变化。但实际上社会真实的生产结构并没有发生变化。从抽象的角度来说,沃克运用马克思的概念认为,所谓"服务经济"社会,资本主义的生产追求剩余价值最大化的根本目的并没有改变。这个观点当然主要是针对贝尔的"后工业社会"的理论的。

问题正如在富克斯的实证分析中指出的,是不是服务经济的出现都能用生产组织方式的变化完全解释呢? 是不是确实随着收入水

---

① Richard A. Walker, *Is There a Service Economy? The Changing Capitalist Division of Labor*, in Bryson and Daniels (1998) (Ed.), pp. 208–209.

平的提高而出现新的服务化的消费模式？例如,现代人们的工作时间确实缩短了,而同时工作压力确实提高了,人们的消费方式不会由此改变吗？黄少军认为,对这些问题在理论上争论是不能解决问题的,而只能通过实证研究来解决;例如,有多少服务业的增长是由中间投入的增加带来的,其中又有多少是用于工业生产;以及最终消费方式是否发生了改变,由此带来的服务增长份额是多少等等。①

4.3.3.2　服务产业化

20 世纪 70 年代美国出现了历史上罕见的生产率全面下降的经济局面,在宏观上则表现为令凯恩斯主义者头痛的"滞胀"现象;对服务经济和后工业社会的乐观展望被抛入深刻的反省之中。一些论者抨击服务业是美国生产率停滞的罪魁祸首,理论界全面重提工业化问题和提高生产率的紧迫性。不仅如此,自由主义思潮全面回归,他们重新确认自由的私人资本主义制度的重要,否定政府在经济生活中过度的干预;里根的上台标志着自由主义思想占据了主流,由此开始,服务业中的公共服务的作用不再像后工业社会论者预言的那样得到加强,而是被削弱了。

服务产业化的论者认为,西方经济中服务业发展过度,已经超出了工业生产能力所允许的范围。由于服务业生产率增长缓慢,它变为一种障碍,阻碍着整体生产率的恢复和提高,因此,服务业的产业化便成为新资本积累和生产发展的前提条件。这些学者对服务业增长基本持否定态度。服务经济和后工业社会理论认为服务业将成为吸收劳动力的主要行业,并且成为更人性化、更集体化的职业,从而改造资本主义社会的观点,实际假定了物质财富生产的无限制地增长或物质财富无限丰富的前提条件:一旦物质财富领域的生产增长受到限制,服务业必会表现为过度的发展,物质财富的生产可以支持服务业的不断地扩张的假定是不能成立的。有些理论家走到了服务经济理论的反面,认为服务业,尤其是政府和公共服务,是一种"组

---

① 黄少军:《服务业与经济增长》,经济科学出版社 2000 年版,第 81 页。

织成本",认为,剩余成本的扩大损害了投资收益,进而引发资本主义的积累危机。例如美国经济学家斯托法斯认为美国20世纪70年代的经济危机与过度扩张的服务业的生产率停滞有直接关系;他认为美国经济越来越多地将资源用于与生产无关的行为调节和解决内部冲突上。为此,这些经济学家认为,要解决经济危机、提高整体经济的生产率,改变服务业的生产率滞后困境最为重要;他们主张对服务业进行现代化和产业化。

服务业的产业化问题就是将服务生产制造业化,这首先要求将服务业的生产、市场推广和客户服务标准化;在这方面麦当劳是一个典型例子。对于一些所谓"社会基础成本"的服务业在提高它们效率的同时要削减它们的重要性,如政府部门、公共医疗和社会成本性的行业。服务产业化和提高服务业效率的基础是新的信息技术和通讯技术的发展。现实的发展证明这些观点是正确的。"新工业化理论"重视服务业生产率提高对整体经济增长的重要意义,实际上把服务业看做了一种未来的工业。

黄少军认为,"服务产业化"的理论具有重要的意义。① 表面看在20世纪八九十年代服务业在发达资本主义国家经济中的比重持续上升,但一来这种上升在20世纪90年代经济增长最健康的时候已经放缓;二来应该看到各国服务业内部结构是不一样的,在服务业借助信息技术基本实现了产业化的国家如美国,其经济增长就比较健康、稳定;而服务业产业化不足,经济结构向信息化转变不充分的国家如日本则经济一直停滞。美国现代经济表面上是"服务化",其实质是"信息化",信息技术不仅改造了服务业使之基本实现"产业化",信息技术同样改造了工业和农业的生产技术。进入20世纪八九十年代以来西方经济中的服务业的生产率得到了快速的提高,这个生产率提高的过程能否直接说成是"产业化"过程值得研究,但产业化的特点是明显的。当然有一些服务业并不能"产业化",因为这

① 黄少军:《服务业与经济增长》,经济科学出版社2000年版,第83页。

类服务业根本无法"标准化",并且需要人与人的直接接触,如医疗。总之,"服务产业化"和"产业服务化"都有一定的事实基础,对它们作深入细致的研究是非常有意义的。

工业化后期发展起来的大部分是"为生产服务"的服务业,也就是作为中间使用的服务业。黄少军认为,"后工业社会"与"新工业主义"理论之争的核心是:在工业化后期是人们生产什么,而不是人们怎么生产。① "新工业主义"认为,在工业化后期所改变的不是人们"生产什么",而是人们"怎么生产";而"后工业社会"理论认为,在工业化后期所改变的是人们"生产什么"。在生产技术、组织方式和分工深化等问题上,两种理论的看法实际一致。

服务业具有生产的一面,但这种生产是从它为物质产品的生产"服务"的角度才成立,人类生产围绕物质产品的生产而展开这一点是确定无疑的;而服务业也只有不断地使它的劳动结果"产品化",使它的生产方式"产业化",才能不断提高它的劳动生产率,使自己生存和扩大。到了现代社会,在新技术,特别是信息技术和自动化技术的推动下,服务业与工业的区别恐怕只是一种传统,工业与服务业实际是相互渗透的,既有"产业的服务化"也有"服务的产业化",各种经济活动既有产业的特点也有服务的特点,区别不过在于各自侧重的方面不同而已。

----

① 黄少军:《服务业与经济增长》,经济科学出版社 2000 年版,第 86 页。

5　服务业革命论

　　"服务经济"理论的创始人,通常认为是新西兰经济学家阿·费希尔,他在 20 世纪 30 年代出版了《物质进步的经济含义》、《第一次产业、第二次产业和第三次产业》等著作。①

　　20 世纪 30 年代中期至 70 年代中期,服务经济学家着重研究了经济发展模式和服务业发展及其原因与意义,其中包括费希尔第一次正式提出的第三次产业的概念及相关的三次产业理论阐述。美国经济学家维克多·富克斯出版了一部服务经济的实证分析著作《服务经济学》,较为详细地论述了美国服务业就业人数的增长规律、服务业生产率规律以及服务业工资收入、服务经济增长对国民经济总体的直接影响等问题,特别是他提出了服务业革命的思想影响深远。

　　20 世纪 70 年代中期至 90 年代初,不仅服务经济学的理论基础得到了全面改善,而且各行业经济学如饮食经济学、信息经济学、旅游经济学、公共经济学等也得到了很大的发展。20 世纪 90 年代以来,服务经济理论的研究重点在于探讨服务业的开放和发展问题,而且有关开放和发展这一主题深入到了各种服务行业。

5.1　服务业革命是工业革命的前奏

5.1.1　服务业的发展早于工业

传统理论认为服务业的发展是在工业化后期,现在随着经济史

---

　　①　王粤:《服务贸易——自由化与竞争力》,中国人民大学出版社 2002 年版,第 21 页。

资料的发掘,不少经济学家对此传统观点提出了质疑。

服务业的发展早于工业,这个事实不仅表现在发达国家在工业化早期就已拥有了占经济体比重接近50%的服务业;而且现代的发展中国家在低收入水平也有高于工业比重的服务业。以往的经济发展理论过于重视工业化或工业革命,服务业的重要性被忽略了。

哈特韦尔的研究表明,在工业革命之前服务业已经存在,从事服务业的是极少数专业生产者,或者是多数社会成年人的兼职活动。①专业生产者包括小型的城市商业部门、极小的政府机构、范围很狭小的专门职业和相当大的家庭仆役阶级。商业部门以批发商和零售商的活动为中心,还有极少数的金融家和银行家,但缺少比较专业的服务(如后来的会计师所提供的)。不过,它是从中世纪晚期随着城市和贸易的兴起而稳步发展的部门,而它的重要性一直受到"资本主义兴起"时期所有历史学家的强调。

的确,许多历史学家在这个部门的活动中看到现代经济发展的端倪,尤其看到它在扩大市场和积累资本中的作用。在19世纪时日益偏重于专业训练的教育,它在18世纪和以前几个世纪中主要以文科为内容,只有法律和医学被认为是必要的、合适的专门教育。其他专业服务大部分由业余人员提供(例如建筑)或由家庭成员提供(例如教育)。最大的服务行业无疑是家庭服务业,这个行业的工作单位很不相同,如为城市手工业者或商人服务的少数仆人和为富人或贵族服务的侍从。与到处都是服务业的20世纪经济相对比,遥远的前工业时期的农民与手工业者(人口中大多数)很少碰到专门化的服务业,除非神父和牧师以及偶尔走街串巷的小贩或卖艺人,也许还有士兵或官员。到了17世纪和18世纪,这种情况缓慢地起了变化,

---

① 哈特韦尔:《服务业革命》,载《欧洲经济史》,商务印书馆1989年版,第293页。

更多的服务业出现了。①

5.1.2 工业革命前的服务业革命

在发达国家的经济史上,一般是首先经历了商业革命,实现了经济的市场化,进而以市场经济体制为依托实现工业革命,使得工业化过程和服务业的发展集中地表现为一种市场化之后的经济成长。

哈特韦尔研究认为,历史学家在争论工业革命的先决条件时,所包含的那些条件中不仅有农业革命而且也有许多服务业革命——商业革命、金融革命、运输革命,最后还有政府革命。所有这些"革命"以服务业的扩大为契机,引起经济生活质量的根本变化——增加它的精致性、灵活性、适应性以及它反应的高速度。②

瑞德认为,服务业在经济发展中并不是一个被动的角色。从经济史的角度来看,商业革命是工业革命的前奏和先驱,而服务业的创新则成为工业革命的支撑。例如,职业研究活动的出现、教育系统的改进、运输方式的改善、金融创新的出现等,都为工业革命提供了良好的基础。因此,瑞德提出服务业份额的上升不是经济增长的结果而是经济增长的原因。③

钱德勒的研究表明,商业、金融业、运输业等服务业领域的专业化和规模化经营以及通讯业的发展是美国工业革命的前奏;"分配和生产过程的革命,主要是建立在新的运输和通讯的基础设施上"④;"生产中的革命由于需要进一步的技术上和组织上的创新,因

---

① 哈特韦尔:《服务业革命》,载《欧洲经济史》,商务印书馆1989年版,第293~294页。

② 哈特韦尔:《服务业革命》,载《欧洲经济史》,商务印书馆1989年版,第291页。

③ Riddle,D.,*Service - Led Growth: the Role of the Service Sector in World Development*, Praeger, New York, 1986.

④ 小艾尔弗雷德·D.钱德勒:《看得见的手》,商务印书馆1987年版,第237页。

而来得比销售中的革命晚"①。"新的运输和通讯方法使进出工厂的原料和成品可以大量地和稳定地流动,所以使前所未有的生产水平成为可能。"②在商业领域,"独立革命以前,纽约、费城和其他大城镇的货品分配已经出现了专业化。商人和小店主的区域越来越明显。前者仍然兼营零售和批发,但小店主只经营零售,且只从商人而非国外进货。1790 年,商人开始按某些产品系列的贸易进行专业化"③。"正是通过这许多方式,使沿河城市和沿海城市的包商、进口商、代理商、掮客和佣金代理人等的非个人化世界取代了殖民地时代商人们的个人化世界。……这个迅速完成的大陆商业网络几乎完全受市场机制协调。"④在金融和运输方面,"金融和运输中的专业化与分配中的专业化不同,它导致了一种重要机构的发展,即股份公司的成长"⑤。在金融领域,"金融的专业化是其他商业活动专业化的自然附产物"⑥。"商业、金融业和运输业中企业的专业化,乃是美国宪法批准后的前半个世纪内,美国经济中管理结构的历史主流。专业化结束了殖民地时代一般商人的个人化的商业世界,而代之以佣金式商人非个人化的商业世界。"⑦

　　哈特韦尔研究认为,倘若没有像运输和教育这样人人需要的服务业,倘若没有像零售和批发商业这样中间服务业的发展,工业化就不可能发生,或者即使发生其速度也要缓慢得多。⑧ 作为生产性活动的中间服务业因社会需要必然会变得越来越专门化、固定化和全

---

①　小艾尔弗雷德·D. 钱德勒:《看得见的手》,商务印书馆 1987 年版,第 277 页。
②　小艾尔弗雷德·D. 钱德勒:《看得见的手》,商务印书馆 1987 年版,第 277 页。
③　小艾尔弗雷德·D. 钱德勒:《看得见的手》,商务印书馆 1987 年版,第 19～20 页。
④　小艾尔弗雷德·D. 钱德勒:《看得见的手》,商务印书馆 1987 年版,第 28 页。
⑤　小艾尔弗雷德·D. 钱德勒:《看得见的手》,商务印书馆 1987 年版,第 29 页。
⑥　小艾尔弗雷德·D. 钱德勒:《看得见的手》,商务印书馆 1987 年版,第 30 页。
⑦　小艾尔弗雷德·D. 钱德勒:《看得见的手》,商务印书馆 1987 年版,第 53 页。
⑧　哈特韦尔:《服务业革命》,载《欧洲经济史》,商务印书馆 1989 年版,第 294 页。

面化。与此同时,出现一种必要性较少、但颇重要的娱乐和文化服务业的发展,它们随着人们财富的增加而增加,它们有助于人们生活方式的变化。这些服务业的增长从供给方面看,可以看做是专业化和劳动分工发展的一部分,是更多样地和更完善地使用劳动的一部分;从需求方面看它们是随着财富增长而引起爱好变化和爱好扩大的结果。由于经济持续增长,由于接着而来财富的增加,人们对各种各样服务业的需求,比对商品的需求增加得更快。随着专业化程度的提高,越来越多的商业和专门服务业发展成为独立的专业,作为单独的企业经营。工作从家庭和作坊移向工厂和办公室,于是产生了同样的专业化和分离过程:如更多工作制度化了,更多的人被吸收进全日制的职业中去,像教育甚至医药那种服务业,过去只限于在家中进行,此时日益由受过训练的专业人员提供了。更多人被引进城市,新的服务业(如防止犯罪、公共卫生和工厂稽查)创建起来,旧的服务(款待)过去满足在家庭、酒菜馆、市镇广场和村庄草地上进行,此时也专业化了。由于社会组织日渐复杂,管理的职能过去集中由一个人承担,而今由多人分担,而新的一系列商务专业产生了(例如会计工作)。因为政府扩大(其原因与工业化和城市化密切有关),政府机构增多和专业化了。总的说来,随着生活标准提高,过去不敢放手使用的专业和其他服务业,如今人们对它们的需求不断增加。到 19 世纪早期开始出现系统的统计资料,这些倾向在统计上便明显地显示出来。

　　服务业的发展是市场力量促成的。① 服务业的发展主要受经济成长本身的逻辑规定,尤其是在工业化加速时期,发达国家历史上服务业的发展中基本不受体制演变的影响。在发达国家历史上工业化加速时期,从期初到期末,服务业按不变价格计算在人均国民收入中的比重几乎不变,结构地位只是略有上升,远不像第二次产业比重变化显著。这一方面固然是工业化加速时期产业结构演变的内在逻辑

━━━━━━━━━━━━━━━

① 哈特韦尔:《服务业革命》,载《欧洲经济史》,商务印书馆 1989 年版,第 295 页。

规定;但另一方面,也表明在进行了商业革命准备而后进入工业革命的资本主义发达国家的历史上,在其进入工业化加速期之前,服务业的发展伴随着商业革命的完成已达到了一定规模,或者说围绕建立市场体制,围绕提供商业市场服务所需要的服务业部门已经建立,制度创新的供给对经济增长的贡献已不十分重要,相应地围绕制度创新所需要的服务业的一系列部门的比重扩张对经济增长的贡献程度的提高也就不十分显著。

事实上,迄今的经济发展,没有哪一个产业的发展与市场机制的发育联系得如同服务业发展与市场化进程那样直接和紧密。服务业的发展在相当大的程度上,在相当广泛的范围内,就是为着直接发育市场机制,为第一、第二次产业的发展,为整个社会提供市场服务,如金融业、法律事务服务业、商业、保险业、信息业、邮电通讯业、交通运输业等,无不直接构成市场机制的硬件和软件。根据钱纳里等人的回归分析,在人均国民收入 140~2100 美元的发展过程中,在三大产业各自在人均国民收入构成中所占比重的变化上,第二次产业比重上升幅度最大,上升 21 个百分点,而服务业比重仅上升 3 个百分点;可是,在这一过程的始点,即 140 美元的时点上,服务业提供的人均国民收入占整个人均国民收入的比重就已达到 36%,第二次产业所占人均国民收入的比重高出 21 个百分点(第二次产业所占人均国民收入比重此时为 15%);在这一过程的终点,即人均国民收入 2100 美元时点上,尽管第二次产业占人均国民收入的比重提高 21 个百分点,由 15% 上升为 36%,提高速度为三大产业之首,但在比重存量上仍低于服务业(服务业提供的国民收入占人均国民收入的比重此时为 39%)。① 在库兹涅茨的产业部门反应弹性值的分析中,尽管在工业化加速阶段(人均国内生产总值在 300~1000 美元阶段),第二次产业部门反应弹性值最大,高出服务业部门反应弹性值 0.38,说明

————————

① 参见 H. 钱纳里等:《工业化和经济增长的比较研究》,上海三联书店 1995 年版,第 56~78 页。

这一阶段第二次产业比重的提高对经济增长的作用最显著,但在达到300美元之前,在工业化加速期之前的人均国内生产总值70～300美元阶段,服务业部门反应弹性值与第二次产业相比,仅差0.26,表明在工业化加速期之前,服务业比重提高对于经济增长的作用与第二次产业相比的差距,明显小于进入工业化加速期后的差距。

可见,在发达国家的发展历史上,无论是在服务业的结构比重上还是在服务业比重扩张的结构效益上,在进入工业化加速期之前,均已达到了一定的高度。这种高度的形成,历史地与其商业革命和市场体制的确立联系在一起,从而使其进入工业化加速期之后,服务业的扩张较少地来自体制转换的要求,更多地直接来自经济成长本身的要求,进而在比重上表现出一种稳定的甚至是不变的状态。

5.2　20世纪中期的服务业革命

到20世纪中期,世界上的发达国家已完成工业化,经济发展进入了一个新的阶段。一些经济学家再次提出了服务业革命的理论。

5.2.1　富克斯的服务业革命论

1968年,美国经济学家富克斯在他后来成为经典名著的《服务经济学》一书中指出:"我们现在正处在'服务经济'之中,即在世界历史上,我们第一次成为这样的国家,在其中一半以上的就业人口不再从事食品、服装、住房、汽车和其他有形产品的生产。"他同时"宣布"美国在西方国家中率先进入"服务经济"社会,并认为由英国开始扩展到大多数西方国家的从农业经济向工业经济的转变具有"革命"的特征;而美国已深入发展并在所有发达国家表现出来的从工业经济向服务经济的转变尽管较为缓慢,但从经济分析角度看同样具有革命的特质。①

---

① 富克斯:《服务经济学》,商务印书馆1987年版,第9～10页。

　　富克斯的《服务经济》是第一部全面专题性研究服务理论的著作,其研究方法主要是实证研究,因此尤其具有说服力。通过研究,富克斯发现从 1949～1967 年,美国就业的增长主要来自服务业,尤其是银行、医院、零售店和学校等行业;同时期制造业和建筑业劳动力的增长很少,农业和矿业则下降;富克斯指出,就业向服务业的转移经历了较长的渐变过程,在 1920 年以前美国的服务业就业增长速度与工业的增长速度基本相同,但此后服务业就业的增长明显加快。而在产出方面,1929～1965 年间,美国服务业的比重只有很少的变化,以不变价计几乎不变甚至轻微下降。这些都是前人所没有进行的详细研究。

　　关于服务业增长的原因,富克斯认为服务业就业增长的原因大体可以有三个:第一,服务的最终需求的增长;第二,服务中间需求的增长;第三,服务业人均产出增长较低。富克斯经过分析认为第三个原因是主要原因,也就是说服务业就业比重不断上升的原因主要来自供给方面。这个观点打破了克拉克以来所持的一贯观点,可惜的是,虽然富克斯的证据充分,他的这一观点并没有得到理论界的肯定和重视。主要问题在服务产出的计量上,关于服务产出的计量,实在是服务理论研究至今无法突破的一个“瓶颈”。富克斯自己认为服务业产出计量问题虽然存在,但对服务业产出比重与就业比重之间差异没有很大说明能力。

　　富克斯研究了服务业与工业在工资和经济波动上的差异。服务业与工业对经济周期的响应不同于现在已经成为服务经济理论中确定的结论,其开创者可说是富克斯。这种响应的不同主要体现在就业状况的变化。包括费雪在内,研究服务业的起因是就业问题。服务业就业在经济周期的与工业的不同性质是这些经济学家主张发展服务业的重要原因之一,因而也就成为富克斯研究的一个重点。他的研究结论包括:在工资收入上的差异和服务业在经济波动中的稳定性。富克斯发现服务业的就业和产出都远比工业稳定;但生产率则相反,服务业比工业更为波动。对于服务业产出的稳定,富克斯认为主要归因于服务的不可储藏性;而服务就业的稳定则是由服务业的职业性质造成的。许多服务业报酬不像工业那样是固定工资,而是不固定的;服务劳动者的报酬往往与工作结果密切相关,如零售、保险、金融等,这意味着服务业的"工资"是相当具有弹性的,这是服务业就业十分稳定的主要原因。

服务业产出稳定而生产率不稳定的性质说明服务业就业有"逆"周期的特点,即在经济周期的萧条期,服务业就业反而上升;而在经济周期的繁荣期,服务业就业反而下降。另一方面,服务业就业工资比工业低,但劳动力反而不断向服务业转移而不是向高工资的工业转移;这说明一般假定的劳动力市场理论并非完全准确,劳动力市场不是一个完全的市场,劳动力的转移不是依边际收益相等的原则进行,而更主要的恐怕是"挤出"效应,即劳动力是因为无法进入高收入的工业部门而被迫进入服务业部门的;按古典的说法,服务业是劳动力的蓄水池。服务业就业的这个特点在现代经济中更为明显,且进一步深化。

对于服务经济对产业组织方式的影响,富克斯认为:(1)企业组织将由大企业、垄断性的经营转向中、小企业为主的经营;大企业的所有者与经营者相分离的局面将改变,所有者与经营者重新合而为一;大型现代私人公司制的重要性将逐步下降,大公司垄断国家经济的情况将彻底改变,证据之一是私人公司在1965年达到顶峰。所有这些都是由服务业的组织特点决定的。(2)公益机构在经济中将起越来越重要的作用。当时的美国非营利机构的就业人员占服务业总就业的1/3,并有不断增加的明显趋势。富克斯认为,这类机构如大学、医院、研究所和政府部门的大量出现是"服务经济"最显著的特征。(3)工作的"个性化"。由于许多服务业不是"标准化"的工作而是与个人相关性较强的工作,例如医生就十分典型,"服务经济"可能意味着工作普遍的"个性化",与工业化过程将人"异化"正好相反。

5.2.2　哈特韦尔的服务业革命论

哈特韦尔在 1973 年出版的《欧洲经济史》中以"服务业革命"为题对服务业革命问题进行了阐述。[①]

哈特韦尔指出,在先进经济地区的经济发展和工业化的结果,最终出现"服务业革命":进入 20 世纪 70 年代后,那些按人口实际收入最高的经济地区,正经历着可与 18 世纪和 19 世纪工业革命相比较的服务业革命。这个发展的新阶段是经济增长和结构变化的长期过程的顶点,由此出现有 50% 或以上的就业人口从事于无形商品生产的经济。20 世纪 70 年代,美国率先达到这个比例;在其他先进经济国家中,变化的过程尚未达到这样的程度,但在欧洲较富裕的经济地区,服务业已占总就业人口的 30% ~40%(英国还要高些),而且这种比重还在稳步上升。此外,世界上大部分国家服务业的增长率,从 1945 年起比总的增长率要快。

这个服务业革命只能放在与经济增长同时发生的结构变化中去考察才能理解。一般按人口实际产量持续增长率为标准的经济增长过程也是结构的改革过程,因此以整个产量趋势作为经济增长的定义,掩盖或忽视了结构的基本变化。历史上,经济增长和结构变化之间的关系是很明显的,尽管历史学家对此并不十分关心。确实,在第一次工业革命开始后的两个世纪里,在发达国家经济中看得到两次经济结构显著变化:占支配地位的农业经济进入由工业占更重要地位经济的第一阶段的结构变化(但是在这阶段里服务业也在发展),这就是工业革命;在随后一次变化中,农业的比重进一步衰落,工业增长速度逐渐放慢或者甚至稳定不动,而服务业则有大幅度的增长——这就是服务业革命。

此种结构变化历史的原动力,一方面在于部门间生产率的不同,

---

① 奇波拉主编的《欧洲经济史》的第六章是哈特韦尔撰写的"服务业革命:现代经济中服务业的发展",商务印书馆 1989 年版,第 287 ~317 页。

另一方面由于收入增加对商品和服务的需求发生变化。人力物力从一个部门流向另一个部门,使生产率较高或者有较大需求的部门得到好处。投资于正在扩展的部门和行业的边际利润率较高,而且还在继续增加,这对经济增长有重大作用,而投资于停滞或下降的部门和行业的利润较低,甚至还要亏损,对经济增长起阻碍作用。因此,英国的工业革命可以看做(至少部分看做)经济结构的变化,看做人力财力的转移,其结果使高生产率的工业与较低生产率的农业相比较有更迅速的增长。

结构变化必定也和需求的变化有关:在经济增长时期人们的收入增加,而收入用于食物的比例下降,用于服务项目的比例增加。收入中用于食物需求的弹性很低,而用于服务业的需求弹性比商品高得多。当人们把服务业生产率和服务业的需求一起考虑时,对于为什么20世纪先进经济国家里的就业总人数中服务业的比重迅速增加的原因,就有明显的解释理由:服务业的需求增长了,而服务业生产率的增长速度往往低于工业的增长速度,因而服务业吸收劳动力的比重越来越大。在马尔萨斯和李嘉图时代,农业上的报酬递减现象也许尚未出现,但是在20世纪它肯定要求增加资源的转移,用以扩展与生产率增长速度相适应的服务业,而服务业生产率增长的速度一直低于商品生产的增长速度。此种服务部门生产率的缓慢进步,从长期来看可能对经济增长起抑制的作用。然而,这种情况发生在较富有的经济中,在这种经济中对人们生活标准的影响并不严重。此外,在这种经济中,生产率增长较快的商品部门的有技术的失业人员,很容易被继续发展的而生产率增长较慢的服务部门所吸收。

5.2.3 其他关于服务业革命的论述

富克斯的"革命宣言"于20世纪70年代得到发展而出现"后工业社会"理论。最早提出"后工业社会"概念的是美国社会学家丹尼尔·贝尔。他于1974年发表了《后工业社会的来临》一书,详细分析了后工业社会的特征。他认为后工业社会有四个特点:第一,后工业社会是服务社会;第二,知识、科学和技术在社会生活中占据主要地位;第三,专业人员和技术人员具有突出的重要性;第四,价值体系和社会控制方式的变化。此外,他还指出了后工业社会的一个重要性质:"如果工业社会是以商品数量来定义社会质量的话,后工业社会就是以服务和舒适——健康、教育、休闲和艺术——来定义社会质量。"①也就是说,在后工业社会生产与消费都不再以物质产品为主,而是以服务为主。由此使 20 世纪五六十年代逐步酝酿的经济发展阶段理论趋于成熟,即从经济角度看,人类社会发展基本遵循传统社会(农业社会)→工业社会→后工业社会(服务社会)这样的规律。

2001 年度诺贝尔经济学奖得主斯蒂格利茨指出,在相当程度上美国的经济是一个服务型经济,意指美国的经济已经从制造业转向了与服务有关的行业。② 制造业、采矿业、建筑业和农业在美国经济中只占 1/3,其余部分主要有交通运输业、教育、医疗、批发和零售业以及金融业等服务业。③

英国学者在"又一次革命"一文中预测:到 2010 年,服务经济将进入它的全盛时期。届时,美国经济构成中,制造业只占 10%,其余全都是服务业。在今后 20~30 年间,在整个国际贸易中,服务贸易的比重大约每年提高 1 个百分点。预计在 21 世纪 30 年代,服务贸易成为国际贸易的主要对象和主要内容。④

库兹涅茨研究表明,现代经济增长实际上就是经济结构的全面变化,它决不仅仅是一场工业革命,它还是一场农业革命和以交通通讯革命为主要代表的服务业革命。在资源的流向上,现代经济增长过程中也不是各种资源均向工业部门流动,倒是服务业在这一过程

---

① Daniel Bell, *The Coming of Post - industrial Society*, Heinemann Educational Books Ltd. ,1974. p.127.

② 斯蒂格利茨:《经济学(上)》,中国人民大学出版社 1997 年版,第 256 页。

③ 斯蒂格利茨:《经济学(上)》,中国人民大学出版社 1997 年版,第 277 页。

④ 杨圣明等:《服务贸易——中国与世界》,民主与建设出版社 1999 年版,第 9 页。

中吸纳的劳动人口更多。他经过细致的历史分析后认为,"工业化"过程并不表现为劳动力以向工业转移为主,相反,是以向服务业转移为主。

当代发展中国家在工业化未完成的同时,大都未完成体制的市场化,这在中国尤其典型。因此,服务业的发展除必须接受工业化进展的发展条件规定外,还必须适应市场化体制转换的要求。这是中国现阶段服务业扩张所面对的基本历史条件。[①]

5.3　服务业革命对工业的影响

5.3.1　为工业创新发展创造了更优越的条件

随着服务业中传统服务业比重的下降,新兴服务业比重的上升,移动通讯、网络、传媒、咨询、国际商务、现代物流等新兴服务行业的兴起及快速发展,使现代服务业成为工业发展的战略资源,并成为制造业生存与发展的关键。在生产性服务业中,银行、证券、信托、保险、基金、租赁等现代金融业的发展不仅丰富了工业企业的融资手段,更为企业提供了通过资本运作实现快速扩张的平台;而企业营销、广告、管理咨询等服务更是现代工业企业在激烈的市场竞争中谋求生存与发展的重要工具。

知识密集型的生产性(中间投入)服务业成为工业企业提高劳动生产率的关键投入,更是企业构成产品差异和决定产品增殖的基本要素。中间投入服务的增加,使服务业和制造业的关系正在变得愈来愈密切,界限越来越不明显。与工业产品一样,服务也可以被划分为中间产品和最终产品。现代工业生产已经融入了愈来愈多的服务作为中间投入要素,中间需求的扩大是服务业增长的主要动力。有数据表明,在 1980 ~ 2000 年间,多数 OECD 国家产品生产中的投

---

① 刘伟:《工业化进程中的产业结构研究》,中国人民大学出版社 1995 年版,第 235 ~ 237 页。

入发生了变化:服务投入增长速度快于实物投入增长速度。

信息技术的普及与发展,使工业产品中知识、信息、服务的含量增大,从而增加了工业产品附加值,那些传统的低附加值产品逐渐被科技含量高的新型产品挤出市场。这使更多的企业主动加大了对信息的采集和对研发的投入,其结果使社会整体的工业产品结构向高附加值产品转移,从而带动了工业结构向高级化的迈进。

同时,服务业与某些经济活动特别是制造业的界限越来越模糊,经济活动由以制造业为中心已经转向以服务业为中心,最为明显的是通讯产品。某些信息产品却可以像制造业一样进行批量生产。另一方面,以服务为中心也体现在制造业部门的服务化上,表现为:①该制造业部门的产品是为了提供某种服务而生产的,如通讯和家电产品;②随产品一同售出的有知识和技术服务;③服务引导制造业部门的技术变革和产品创新。

服务业进口的增长是现代经济增长对服务业需求的最好佐证。今天的工业生产力与获取的价格合理的金融、计算机及信息服务紧密相连。在国外寻找市场的企业在市场研究与开发、广告和售后服务支持方面的花费比以往多得多。改进工业和农业中劳动力的质量,也许是现代经济发展最重要的成分,而所谓改进,除了较好营养外(改进食品供应的结果),主要依赖于扩大服务部门,特别是医药和教育领域。

5.3.2　服务业的发展带动了工业组织方式的变化

现代工业内部服务活动的展开,使得工业已从传统的单纯生产型体系向生产——服务综合型体系转化。传统的工业企业中"橄榄形"的组织结构较为普遍,这种组织形式下的企业特点是企业内部从事研究开发的人员少,从事销售及售后服务的人员少,从事制造的人员多。但随着市场竞争的加剧及科技水平的提高,制造业企业产品的同质性日益增强,产品的销售宣传及优质的售后服务则更多地成为现代企业竞争的核心内容。这使近年来越来越多的企业已开始向注重研发及售后服务的"哑铃形"组织方式转变,以适应新环境下的竞争要求。

5.3.3　提升工业企业的核心竞争力

从总体上讲,服务业效率的提高有助于改进工业特别是制造业的劳动生产率和核心竞争力。① 制造业企业在国外市场上的竞争力在很大程度上取决于它们能得到的电信、银行和保险等服务业水平。

服务业的兴起通过工业企业服务活动外置提升工业企业的核心竞争力。企业活动外置指的是企业从专业化的角度出发将一些原来属于企业内部的职能部门转移出去成为独立经营单位的行为,或者是取消使用原来由企业内部所提供的资源或服务,转向使用由企业外部更加专业化的企业单位所提供的资源或服务的行为。工业企业内部服务业呈现外部化的原因主要是:第一,现代经济的发展加深了职业的分化,分工深化的趋势不断增强。第二,企业内部的服务性经济活动专业化程度不断增强,其服务有"标准化"的趋势。第三,服务业本身的专有化资产要求不高,同时随服务业的"标准化"程度的加深,其资产的专有化程度不断下降,降低了这些服务外部化的成本。

工业生产过程实际上是一种扩展的劳动过程,即由直接的车间劳动延伸到如市场调研、R&D、设计、采购、产品检测、市场营销和售后服务等扩展过程。现代的工业生产已经不再依靠体力劳动为主要投入方式,而是以人力资本为主要投入方式。劳动分工向远离体力劳动的方向发展,企业中的管理人员、技术人员和营销人员可能多于一线的劳动工人。现代物质产品生产不再是简单的"车间"劳动,而是包括这些"服务"的扩展的劳动。服务活动同样是生产过程的一部分,而不是独立的、与物质产品生产无关的经济活动。

---

① 郑吉昌:《服务业革命:对工业发展的影响与前景》,载《工业工程与管理》2004 年第 2 期。

企业活动外置所带来的好处主要有:一是外置化使组织集中力量培养和提高自身的核心竞争力,在激烈的竞争中保持持续发展;二是外置化可以使组织减少成本,由于可以将一些自身本不擅长的事交给专业机构完成,而专业机构因为经验丰富和存在外在竞争,收费较低,企业也节省了费用;三是组织自身的专业化水平由于核心能力的培养也越来越高,生产的效率也就越来越高,企业自身的营利性和发展潜力也就越来越好。

随着企业活动外置所发展起来的服务行业大多是新兴服务业。因为企业活动外置使得企业增加使用服务中间投入,而中间投入的服务主要是新兴服务业。新兴服务业成为服务业增长中的"主导"行业。有调查表明,1997 年的美国公司年收入在 8000 万美元以上的服务开支增加了 26%,信息技术服务占全部费用的 30%,人力资源服务占 16%,市场和销售服务占 14%,金融服务占 11%。在欧洲,企业对信息技术服务的开支也是增长最快的,主要国家有英国、法国和意大利。在日本,通产省在 1997 年的调查表明,工作培训(20.1%)、信息系统(19.7%)、生产方法(17.4%)、会计和税收(14.0%)、研发(13.7%)等服务也是外部采购的主要项目。[①]

5.3.4　服务业对工业的外溢效应与模型

从研究方法看,多数研究都将工业和服务业作为单独的个体来看待,忽视了服务业可能存在的对于工业发展的外溢效应,进而使结论产生偏差。顾乃华(2005)从理论和实证两方面分析服务业对工业发展的外溢效应,为全面评估服务业的作用提供了更为具体的依据。[②]

---

① 郑吉昌:《服务业革命:对工业发展的影响与前景》,载《工业工程与管理》2004 年第 2 期。

② 顾乃华:《我国服务业对工业发展外溢效应的理论和实证分析》,载《统计研究》2005 年第 12 期。

随着服务经济在工业化国家的崛起,越来越多的学者开始关注服务经济蕴涵的对经济增长的作用。但相关观点莫衷一是,可分为截然对立的两派。"乐观派"认为服务经济的兴起是所有国家在经济进步过程中呈现的最具一般性的规律,意味着代表生产资源的重新分配,会产生结构奖赏,促进经济增长和提高全要素生产率。"悲观派"则把服务经济崛起视为"非工业化",认为其有可能削弱经济长期增长的动力和导致国家未来国际支付的恶化。鲍莫尔(1967)基于制造业和服务业的生产率存在差异的前提假定,通过构建所谓"成本病"的非均衡增长模型,为持否定意见的一方提供了严谨的经济学模型。[①]

服务业究竟能否担当起经济增长发动机的角色? 答案会随着经济发展阶段以及具体的社会形态而变化。当服务业仅由满足最终需求的部门组成时,由于消费型服务产品劳动密集性和定制性程度高,难以运用自动化的生产技术,其生产率通常会低于工业。此时服务业比重的提高往往会降低经济增长速度,导致鲍莫尔所说的服务业"成本病"现象,服务业将不能胜任经济增长发动机的角色。但如今服务业已日益发展成一个内容庞大的非同质产业,同工业一样,其产品不仅包含最终产品,还包括中间投入品。此时,对于经济发展而言,服务业发挥着瑞德所谓的"黏合剂"[②]作用,充当着促进其他部门增长的过程产业角色,降低了经济运行的成本。我们可将服务业的上述作用概括为"外溢生产效应"。

同发达的工业化国家已经建立起成熟的市场经济体制不一样,我国正处于经济体制的转轨阶段。在这个特殊的阶段中,体制改革相对滞后的服务业正承担起破除工业体制改革的"瓶颈",减轻改革

---

① Baumol, W. J., "Macroeconomics of Unbalanced Growth", *American Economic Review*, 57, 1967.

② Riddle, D., *Service - Led Growth: The Role of the Service Sector in World Development*, Praeger, New York, 1986.

阵痛的功能。因此评价我国发展服务业的意义,不能仅看服务业本身的经济绩效,还得考虑其承担的社会职能。服务业这方面的外溢效应可简称为"外溢改革效应"。

具体而言,对于正处于工业化中后期的我国转型经济而言,服务业对于工业发展产生的外溢效应主要表现为如下三种形式,前两种可归为"外溢生产效应",第三种则为"外溢改革效应":

5.3.4.1 为工业品生产提供更加专业化的中间产品

服务业的发展,尤其是生产服务业的发展,对于工业发展而言,实质上意味着将工业品生产的某些必要环节专业化了,或发明了新型的中间投入品种类。从结果看,这两者均有助于提高工业的生产效率。

斯密(1776)在《国富论》中详尽地论述了专业化提高生产率的机理。在斯密看来,人们先天形成的差异并不大,但由于后天选择了不同的专业,且专业化蕴涵着学习累积等机制,因而产生了生产不同产品的不同生产率,这种源自劳动分工的绝对优势是竞争力和经济增长的根源。目前,工业企业主要借助服务外包的方式攫取服务中间投入品生产的专业化优势。当然服务外包蕴涵的好处远不止斯密所说的提高生产效率这一项,从企业微观管理层面看,服务外包还可以使工业企业专注于核心业务,从而增强企业应对环境变化的灵活性以及提高核心竞争力。

倘若服务业为工业品生产创造了新型的中间投入品种类,那么这往往意味着服务业为工业发展创造了内生比较优势,进而有助于提升工业发展的效率。对此,Markusen(1989)和 Marrewijk(1997)曾利用数理模型进行了严格证明。他们的模型显示,生产过程中新增中间投入品种类意味着生产过程包含了更多更先进的生产环节,此时的生产采用了更加迂回的生产方式,在外生的资源禀赋优势之外产生了内生比较优势,促进经济增长和提高增长效率。

5.3.4.2 拓展了工业品销售市场

由于我国工业经济的外向型程度仍较低,国内需求构成工业品的主要市场。于是,服务业的发展必然导致工业品市场的扩大。一方面,服务业的发展直接拓宽了生产资料型工业品的市场;另一方面,服务业的发展增加了服务业从业人员的可支配收入,扩大了消费型工业品需求的扩张。而市场需求的扩大为工业企业挖掘规模经济和范围经济提供了可能。

5.3.4.3　充当工业转移剩余劳动力的渠道

受新中国成立之后实施的"赶超战略"及其后遗症的影响,长期以来我国许多工业企业一直存在冗员弊病。在社会保障制度不健全的情况下,工业企业只能借助外部劳动力需求逐渐释放剩余劳动力,而不能采取一次性清退的方式解决劳动力多余的问题。也正由于工业企业承担着的繁重社会责任削弱了其自生能力和营利能力,工业的整体效益难以提高。更为严重的是,无法解决工业企业冗员的安置问题,试图通过产权改革提升工业效益也不可能实现。由于社会保障体系的完善是一个长期过程,在短期内难以缓解工业企业冗员问题,只有寄希望于不断创造新的就业机会。而服务业的发展恰恰为工业转移剩余劳动力提供了一个合适的渠道,从而解除了工业企业深化产权改革的最为重要的瓶颈限制。

从实际结果看,1992～2003 年间,我国工业就业人数仅增加1722 万人。且自 1998 年开始,工业就业人数基本处于不断下降态势。而同期服务业就业人数一直在不断上升,共计吸纳新增就业人员 8711 万人。由此可见,服务业通过创造解决就业问题创造的"外溢改革效应"不可低估。

为了构建服务业外溢效应的理论模型,假设整个国民经济仅由工业和服务业组成,即不考虑农业部门的存在。同时,假设服务业使用资本和劳动力两种生产要素进行生产,工业生产要素除资本和劳动力外,还包括服务业的外溢效应。用公式表示如下:

$$
\begin{aligned}
Y &= G + F \\
G &= M(K_g, L_g, F) \\
F &= H(K_f, L_f)
\end{aligned} \tag{5.1}
$$

式(5.1)中 Y、G、F 分别表示整个国民经济(不含农业)、工业和服务业的产出,K_g、L_g、K_f、L_f 分别指代投入到工业和服务业的资本和劳动力。由于大多服务产品具有无形性、易逝性、劳动密集性等特点,因而服务产品生产难以形成规模经济和利用自动化生产技术,且我国服务业的体制改革要滞后于工业,故假设服务业的效率比工业低,即:

$$\frac{H_K}{M_K} = \frac{H_L}{M_L} = 1 + \delta (\delta < 0) \qquad (5.2)$$

将式(5.1)的第一个分式两边求导,并将式(5.2)代入,得到:

$$dY = dG + dF = M_K dK_g + M_L dL_g + M_F dF + H_K dK_f + H_L dL_f$$

$$= M_K (dK_g + dK_f) + M_L + M_L (dL_g + dL_f) + \left(\frac{\delta}{1+\delta} + M_F\right) dF \qquad (5.3)$$

在假设国民经济只有两个部门的前提下,总投资 $I = I_g + I_f = dK_g + dK_f$,可以导出:

$$dY = H_K I + K_L dL + (\delta + M_F) dF \qquad (5.4)$$

将式(5.4)两边除以 Y,并令 $\alpha = M_K$,$\beta = \dfrac{M_L L}{Y}$,$\gamma = \dfrac{\delta}{1+\delta} + M_F$,得到方程:

$$\frac{dY}{Y} = \alpha \frac{I}{Y} + \beta \frac{dL}{L} + \gamma \frac{dF}{F} \frac{F}{Y} \qquad (5.5)$$

其中,dY/Y 代表产出增长率;I/Y 反映了投资相对于产出的变动;dL/L 表示新增劳动与产业部门实际雇佣劳动力的相对比例;$M_F = \partial M/\partial F$,用以衡量服务业对工业的外溢效应;$(dF/F)(F/Y)$ 可看做加权服务业增长。如果产业要素边际生产率一致(即 $\delta = 0$)或者不存在产业间的外溢效应(即 $M_F = 0$),那么式(5.5)可简化为典型的新古典生产函数推导式。为了更好地测度服务业的外溢效应,假设服务业通过不变弹性影响工业产出,即:$G = M(K_g, L_g, F) = F^\theta \Phi(K_g, L_g)$,于是可将式(5.5)转化为:

$$\frac{\mathrm{d}Y}{Y} = \alpha\,\frac{I}{Y} + \beta\,\frac{\mathrm{d}L}{L} + \left(\frac{\delta}{1+\delta} - \theta\right)\frac{\mathrm{d}F}{F}\,\frac{F}{Y} + \theta\,\frac{\mathrm{d}F}{F} \qquad (5.6)$$

在式(5.6)中添加上常数项和服从经典假设的随机误差项,就构成下文计量分析的回归方程,其反映出一个国家或地区的经济增长不仅与资本、劳动力等生产要素投入相关,也与服务业的发展程度相关。其中,服务业发展对经济增长的影响渠道主要有如下两个:一是服务业对工业的外溢效应,即 $\theta\left(1 - \dfrac{F}{Y}\right)\dfrac{\mathrm{d}F}{F}$;二是服务业低效率的负面效应,即 $\dfrac{\delta}{1+\delta}\dfrac{\mathrm{d}F}{F}\dfrac{F}{Y}$。

世界经济发展的实践表明,在人类社会从农业向工业化再向后工业化阶段发展的过程中,服务及服务业始终与之相伴而生,并与社会发展相互促进。在工业化的发展与深化进程中,服务业的发展不仅不会成为工业发展的障碍,相反,随着现代服务业的拓展,必将对工业发展产生重要的辅助与推动作用。

6　服务业主导产业论

主导产业是经济发展过程中一个极为重要的经济现象。深入研究主导产业的产生和发展规律,对于正确认识服务业在经济发展中的地位及其演变具有积极的作用。

6.1　主导产业理论的产生和发展

6.1.1　主导产业理论的形成

美国著名经济学家艾伯特·赫希曼(A. O. Hirschman)最早提出主导产业的概念。赫希曼在其发展经济学经典著作《经济发展战略》一书中主张,在资源有限的发展中国家,应采取不均衡求均衡的发展战略。他认为供应与需求不一致是经济增长的促进剂,因此,政府有必要主动加大这种不均衡,这对特定产业的重点投资,势必造成该产业的供应过剩,即市场不足。这种不均衡因素对关联产业形成一种拉力,促进其发展,而关联产业的发展将使产业整体趋于均衡;然后在新的层次上确定新的主导产业,进行重点投资。这种战略模式可以概括为:不均衡投资→需求不足→均衡→新的不均衡。他还提出了选择主导产业的"产业关联度标准"。产业关联度,是指各产业在投入产出上的相关程度。产业关联度高的产业对其他产业会产生较强的前向关联、后向关联和旁侧关联。选择这些产业作为政府重点扶持发展的主导产业,可以促进整个产业的发展。

对主导产业理论进行明确、系统研究的是 20 世纪美国发展经济学家罗斯托(W. W. Rostow)。罗斯托是主导产业理论的奠基者,他

早年受德国历史学派和美国制度学派的影响,并且受到熊彼特的
"创新"理论的熏染,在吸取熊彼特创新理论和赫希曼的不平稳发展
理论的基础上,从经济史的研究出发,探讨经济发展的理论,强调主
导产业的作用,并用来解释现代经济增长。罗斯托的主导产业的基
本概念可以表述为:由于最迅速最有效地吸收创新成果,满足大幅度
增长的需求而获得持续较高的增长率,并对其他产业的增长有广泛
的直接和间接影响的部门。与其相对应的是辅助产业和派生产业。
作为主导产业应具有以下特性:(1)依靠科技进步获得新的生产函
数;(2)形成持续高速增长的增长率;(3)具有较强的扩散效应,对其
他产业乃至所有产业的增长起着决定性的影响。上述三个特性反映
了主导产业的素质和特有的作用,它们是有机整体,缺一就不成其为
主导产业了。尤其是扩散效应,是与其他产业相区别的最重要的特
性和标志。

6.1.2 主导产业理论的发展

罗斯托的主导产业理论没有明确提出主导产业的选择标准。正
如美国经济学家库兹涅茨所说,主导部门的识别和延续需要详细的
说明和证据,这在罗斯托的讨论中是缺乏的。即如何选择主导产业,
还缺乏可供操作的选择依据,这严重影响了主导产业理论的应用性。

明确而具体提出主导产业选择基准的经济学家是日本的筱原三
代平。20世纪50年代,为规划日本的产业结构,以筱原三代平、植
草益等为代表的日本经济学家,依据主导产业的形成和作用机制,结
合日本经济的现实情况,在探索解决实际问题的过程中,形成了极具
应用价值的主导产业选择理论。主导产业选择理论仍将经济增长的
非均衡性作为理论基础,认为经济增长首先出现于某些主导产业部
门和少数经济发展条件优越的区域。选择什么样的主导产业对产业
结构的演变具有导向和推动作用。主导产业在不同的国家或区域的
形成和作用机制、传导机制存在差异性。主导产业选择理论提出了
若干基准,依据这些基准,可以对一个国家或地区的主导产业进行

识别。

筱原三代平提出了选择主导产业的两条基准,即收入弹性基准和生产率基准。收入弹性基准是指在国内外市场上,某种产品的需求增长率与国民收入增长率之比(某种产品的收入弹性 = 需求增长率/国民收入增长率),收入弹性大于 1 的产业和产品,其增长速度将高于国民收入的增长;弹性小于 1 的产业和产品,增长速度低于国民收入的增长。显然,随着国民收入的增长,收入弹性高的产品在产业结构中的比率将逐渐提高,选择这些产业作为主导产业,符合产业结构演进的方向,因为这些产业有较高的国际和国内市场需求,能够以较快的速度增长。生产率上升基准亦称为比较生产率原则,是指某一产业的要素生产率与其他产业的要素生产率的比率。一般用全要素生产率进行比较,全要素生产率的上升主要取决于技术进步。按这一原则选择主导产业,就是选择技术进步快、技术要素密集、经济效益好的产业。这两条产业选择基准提出后,很快被日本政府所采用,成为 20 世纪六七十年代日本政府产业政策的基调。

1971 年,日本产业结构审议会在筱原三代平二基准基础上又增加了"环境标准"和"劳动内容"两条基准。环境标准是指选择污染少又不会造成过度集中环境问题的产业优先发展;劳动内容基准是指选择能提供安全、舒适和稳定的劳动岗位的产业优先发展。可以看出,这两条基准是为了实现经济与社会、环境协调发展的目标。

对日本以及一些发展中国家在产业选择和产业政策的制定产生过显著影响的还有上文提到的赫希曼的"产业关联度基准"和"比较优势基准"。后者源自于英国古典政治经济学家李嘉图的思想,认为某个国家在各个时期都必然具有某种资源的相对优势但不可能同时具有各个方面的相对优势。主张以资源密集度为基准选择主导产业,如从资源禀赋条件选择主导产业,资本充裕的区域应以资本密集型产业发展为主,劳动力丰富的国家则应以劳动力密集型产业为主。除以上基准外,有的学者还提出"经验法则"、"高附加值基准"、"货币回笼基准"、"边际储蓄率基准"、"就业与节能基准"、"生产要素持续基准"、"产业链延伸效应基准"、"市场导向基准"、"经济效益比较基准"等等。

我国关于主导产业理论的研究高潮始于 20 世纪 80 年代中期,至今已有上百部著作将主导产业作为重要的问题加以论述,有近千篇论文发表。我国开展主导产业研究一个主要特点是:在学习和借鉴国外理论研究成果和实践经验的基础上,针对本国产业结构变化和主导产业发展中需要解决的问题,展开理论分析和应用研究。国家及各省区都曾将主导产业发展问题作为重要课题开展理论研究和实证分析为制定产业政策提供决策依据。因此,我国学者把主导产业的研究重点放在了主导产业选择理论及其方法上,特别是放在了主导产业的选择基准上。认为确定合理的主导产业的选择基准是正确选择主导产业从而实现产业结构合理化的前提和基础,提出的选择基准从三基准、四基准,发展到目前的十余种。在提出选择基准的研究过程中,人们对主导产业的特征、主导产业产生、发展的机制和条件进行了探讨。①

6.2 工业化进程中主导产业演进规律

世界经济发展史表明:经济发展是由主导产业带动的,经济发展的过程就是主导产业不断更替并将经济不断推向更高发展阶段的过程;不同国家主导产业演进的一般规律表现为主导产业演进具有明显的阶段性,即在一个国家经济发展的不同阶段,主导产业各不相同。

一些经济学家考察了欧美发达国家从传统经济向现代经济发展的起始阶段,直至 21 世纪初的全过程,发现在工业化过程中,主导产业的演进有着明确的阶段性。② 这种演进是由需求结构、技术进步

① 于刃刚等:《主导产业论》,人民出版社 2003 年版,第 1~14 页。
② 于刃刚等:《主导产业论》,人民出版社 2003 年版,第 323~328 页。

及产业生命周期决定的。下面以美国为例说明工业化进程中主导产业演进的规律性。

6.2.1 机械化带动经济起飞

美国经济的现代化发端于 18 世纪末,比英国晚了 30 年。这一时期,美国一方面积极引进技术,另一方面努力开展发明创造。实现从农业化社会向工业化社会的转变。这一时期是美国经济现代化的准备时期,从手工制造、加工向机械化发展是这一时期经济变革的一个主要特征。在这一时期,人们崇尚发明、创新,并在几乎所有的领域里开展技术革命。这些不断发生的革新带动了美国经济实现起飞。

除了技术革新外,美国人还首创了工厂体制,将制造某一物品生产所需的所有工序集中在一个工厂并置于统一的管理之下,使工厂一头买进原料,另一头可以生产出成品来,这在当时是世界上最为先进的工业组织形式,从而成为现代工厂的先驱。

到 19 世纪 40 年代至 60 年代,美国实现了经济的起飞。美国内战又加速了其工业化与农业现代化的进程,北方的胜利和国家的统一为工业化的全面展开创造了极其有利的条件。内战结束后,美国开始了第二次工业革命。

6.2.2 铁路产业基础上的现代工业体系

美国的第二次工业革命发生在铁路时代。铁路的建设与全面工业化是同时进行的,二者相互促进。而铁路建设是带动美国全面工业化的火车头。随着铁路网的建成,全国性的市场体系得以建立,在美国各地建立了紧密的联系。

在铁路建设的基础上,美国的一些大工业如钢铁、石油、机器制造等也蓬勃发展起来,并带动其他工业部门相继兴起。在盛产小麦的西部地区,面粉制品和奶制品成为较大产业;而在南方,纺织工业则得到迅速的发展,成为该地区的主要工业部门;其他的轻工业如木材加工、烟草、皮革、造纸、印刷等部门也在全美各地发展起来。

到 19 世纪末,美国已基本成为一个工业部门齐全、现代工业体系初步形成的国家,从农业社会进入工业社会,国家经济开始以工业为主。

6.2.3　以汽车工业为主体的主导产业群

进入 20 世纪,即第二次工业革命后期,在初期资源密集型和劳动密集型工业发展的基础上,美国又开始发展化学工业、电气设备与汽车工业。这些新的主导产业不仅使美国的产业升级得以实现,而且带来了新一轮的繁荣。

汽车工业是现代美国工业化的象征,汽车工业带动其他产业的发展,极大地改变了美国人民的生活方式。

这一时期,除汽车外,钢铁、建筑、化学工业、电气设备等也在美国的经济发展过程中起到了巨大的拉动作用。在两次世界大战期间,美国的汽车工业发展的规模空前巨大。当时的汽车工业还充当了军用物品的主要生产部门生产军火、飞机、救护车、坦克、潜艇等军用物品。在第二次世界大战期间,汽车工业生产的军用物品总值达 290 亿美元,占美国工业总产值的 20%,成为美国经济繁荣与社会稳定的重要支柱。

6.2.4　技术密集产业与服务业发展

第二次世界大战以后,随着电子计算机的投入使用,美国的产业结构开始转向重点发展技术密集型产业。

科学技术的快速发展对服务业的推动作用极为显著。科学技术直接影响了生产过程,生产的自动化减少了对第一线生产工人乃至整个工业部门劳动力的需求。传统工业的年平均就业增长率逐年下降。而与此同时,更多的人员从事非直接生产的管理和协调工作,增加了生产性服务人员而减少了制造业的就业人数。

经济的持续增长,加上生产性服务人员不断增多的趋势,又使商业活动日趋频繁;再加上政府对公共事业投资的支持,生活服务行业、商业服务行业如银行、保险等部门日益发展起来;科技的进步也直接促进了教育部门的扩大和发展。

服务业的不断发展使其在美国国民经济中的地位越来越重要,所占的份额也越来越大。到 20 世纪 80 年代中期,美国服务业不论从就业人数上还是从在总产值中所占的比重都超过了 70%。这就是所谓的"服务业革命"、"后工业时代"。

以上对主导产业演进各阶段的描述是以美国为例的概括,具有较强的代表性。当然,由于各国的资源禀赋、历史条件、制度环境和发展水平等各不相同,各国经历同一阶段的时间有先有后,同一阶段上各国的主导产业也不尽相同,个别国家主导产业的演进具有一定的超前性。

6.3 服务业发展阶段

服务业自身的发展可以划分为若干阶段。服务业发展阶段的相互交替是一个非常复杂的经济过程,在这个时期,服务业内部结构的变动非常剧烈,一些行业衰落下去,一些行业快速成长,还有一些行业则保持相对稳定。此时,服务业在国民经济中的地位以及在社会总体结构中的作用也会发生变化。从世界各国服务业发展的历程来看,服务业的发展大体经历了四个阶段,这四个阶段各有其特点。[①]

6.3.1 以传统服务行业为主阶段

旅馆业、餐饮业、修理业、理发业等几个传统服务行业在服务业总体结构中占据主导地位,其他的服务业或是很薄弱,仅为零星经济活动,或是尚未出现。在这个阶段,服务业在国民经济构成中的地位十分低下,仅仅是人们日常生活不可或缺的消费品供应部门,远比工

---

① 黄维兵:《现代服务经济理论与中国服务业发展》,西南财经大学出版社2003 年版,第 70~77 页。

农业落后、松散。

6.3.2　服务业规模开始扩大与结构初步转换

这一阶段的基本特征是:(1)服务业从业人员占社会总就业人员的比重有所上升,特别是生活服务业,就业人数增长幅度较大,而且呈现连续上升状态。(2)服务业资金量开始增加,增长规模较大的是流动资金,同时周转速度加快。(3)服务产品的生产技术水平和技术结构发生了一定程度的变动。这一方面与消费结构的变动有关,另一方面也与服务生产者主动改进技术以节约劳动消耗和物质消费有关。(4)大中型服务企业开始出现。这是一种初期的大中型服务企业,其内部分工已开始复杂化,管理活动正逐步程序化、制度化,专职从事管理活动的管理人员已形成一个阶层。当然,此时这些大型服务企业一般都还是商人资本的一部分。由此可得出这样一个结论:服务业发展第二阶段出现的大企业,并非简单的是经济发展的结果,而是政治活动的生成物。因此我们应当从更广阔的角度去考察服务业发展的实际过程。(5)一些相对新兴的服务行业开始出现。虽然这些行业在初始阶段还没有很快显示出明确的独立性和发展前景,但它们毕竟表现出了与众不同的活动方式及活动范围,表现出了其他经济活动所无法取代的经济功效和社会功效。比较典型的是旅游业的出现和逐步发展。从这个阶段的特点可以看出,虽然服务业仍然处在量变阶级,但已到了即将发生巨变的时候。

6.3.3　服务业规模迅速扩张与结构发生较大变化

突出特点表现在:(1)服务业规模扩张速度加快。不论是农村还是城市,服务业都呈现出快速增长的趋势,而且城市生活服务业的扩张具有较强的刚性。(2)服务业结构变换空前激烈且持续时间较长。这不但表现在各服务行业在经济领域中所处地位的变动上,表现在服务行业产值结构的变动上,而且还表现在劳务供给结构的变动和各服务行业相互关联结构的变动上。(3)服务业内部结构发生了较大程度的变化。大型服务企业在服务企业总量结构中所占的比重上升,大中型企业已成为左右服务业经营趋势和服务产业结构的主要力量。而且,大中型服务企业的组织形式也开始复杂化和多样化,出现了连锁企业这种可以跨地区甚至跨行业经营的先进的企业组织形式。(4)服务业的物质技术设备有了较大程度的改进。不但生产环节内部的原材料质量有所提高,生产的自动化程度有所加强,而且流通活动的工具及技术质量均有了提高。这既密切了生产与消费的关系,又加快了生产经营周期。总之,上述特点标志着服务业已经进入一个新的历史发展阶段,服务业即将发生质的变化。

6.3.4　服务业革命

该阶段的特点是:(1)服务业产值占国民生产总值的比重迅速上升,不仅超过工农业,甚至超过它们的总和。(2)服务业就业人数占总就业人数的比例也迅速增加,成为最主要的就业领域。而且,从事服务业的人员素质大大提高,其中有不少文化程度较高、专业素质较好的从业人员,服务业就业结构有了很大改变。(3)新兴服务业,如旅游业、咨询服务业不断成长壮大,成为在服务业中占有举足轻重地位的行业。(4)对服务业的投资迅速增加,服务业成为一个吸引资金的产业。(5)大型服务企业在服务市场上占据明显的主导地位,同时中小型服务企业的数量仍在迅速增加,并渗透到社会消费的各个角落。(6)服务业生产力有了综合性、实质性的发展。很多服务生产领域实现了自动化、机械化,不少行业与现代科技有密切的关系,服务经济与知识经济呈一致性发展。总之,服务业总体增长速度大幅度提高,服务业成为国民经济中一个有突出地位的产业。

6.4　服务业成为主导产业

6.4.1　发达国家的服务业已成为主导产业

服务业是为物质产品生产、流通和人民的物质文化生活提高服务的经营性活动,包括商业服务、交通运输、邮电通讯、银行保险、医疗保健、教育科研、广播电视、旅游及文化娱乐等。服务业的迅速发展,是世界经济发展的最突出特征之一。从就业水平来看,据世界银行统计,不同经济发展水平国家服务业的比重不同,低收入国家平均为31%,中等收入国家平均为50%,而发达国家达到60%,目前美国的服务业已占国内生产总值的75%左右,日本及欧洲国家也占55%。从经济增长来看,当今世界,服务业正呈现出快速增长的态势,并已成为世界经济发展的新动力;在发达国家,服务业已经成为国民经济中的最大产业;在许多发展中国家,服务业的规模和地位也在迅速上升,其增长速度已快于其他产业。2006年全球服务业的增长已占全球GDP的70%,世界经济已经进入名副其实的服务业经济时代;在现代社会,服务业的状况如何,已经成为衡量一个国家经济社会发达程度的重要标志。

事实上,服务业的发展不仅仅是比重的提高,20世纪70年代以后,随着全球经济持续增长和科学技术的不断进步,世界范围内的产业结构也在不断变化,服务业的发展具有高技术化和国际化的趋势。(1)服务业高技术化。高科技领域和新兴产业群体蓬勃兴起,推进了服务业的高技术化;以信息传输、计算机服务和软件业、电影视盘及音乐CD等为代表的现代服务业,具有极高的科技内涵,几乎成为服务革命的新形式。从20世纪80年代起,世界范围内进行了新一轮产业结构调整,高科技产业脱颖而出,逐渐成为发达国家主导型产业。由于微电子、信息、计算机软件、生物工程、光导纤维、超导材料、航天工程、海洋工程和纳米技术等不断取得突破,从而推动了世界产业结构的调整和升级。特别是冷战结束后,世界范围内的“军转民”又加快了科技产业化的步伐。这一点在核能、信息、航天航空产业和其他高科技产业中,表现得非常明显。今天,发达国家的产业结构升级有所谓“新经济”之说,即以技术进步因素为基础的经济以及相应的产业结构的优化,这无疑是发达国家迅速实现从传统产业向高科技产业转型的强大推动力。正是由于高科技产业在发达国家的蓬勃兴起,不仅涌现出大量具有高科技含量的新兴服务业,而且传统行业(如零售业、住宿餐饮业等)的科技水平也大幅度提升。比如世界零售巨头沃尔玛已实现了通过全球卫星定位系统实现资源的优化配置。现代服务业与高新技术产业几乎融为一体。(2)服务业国际化。服务业国际化已经成为经济全球化的核心并可能领导下一阶段的全球化。因为诸如信息处理、数据分析、软件开发、金融流通、市场信息共享(如订货系统)等信息技术的发展不但降低了通讯的成本,而且还扩展了可贸易商品的范围。不仅服务贸易在国际贸易中的比重越来越高,而且信息技术本身成为国际服务贸易中的重要内容。服务国际化的不断发展及信息技术的迅速变革对于发展中国家来说,既是机遇,也是挑战。机遇体现在可以使信息基础设施的建设越过某些发展阶段,取得跨越式发展。所面临的挑战是,发展中国家必须提供服务业的监管环境,提供信息技术网络建设的必要投资,并改革教育和技术体制,以适应信息时代的要求。

综上所述,目前在世界产业结构调整的趋势中,服务业的比例水平、技术水平、国际化水平都呈现出前所未有的提升。

6.4.2　中国:尽快使服务业成为主导产业①

2007年3月19日,中国发布了《国务院关于加快发展服务业的若干意见》,其中首次明确提出:"尽快使服务业成为国民经济的主导产业",这是对中国服务业重要性的高度评价和对中国产业结构调整方向的重大战略部署。

服务业需求潜力大,资源消耗少,环境污染小,附加值高,并具有吸纳就业能力强等显著特点。从我国的现实情况看,加快服务业发

---

① 该部分的论述主要参考了《国务院关于加快发展服务业的若干意见》(2007年3月19日);曾培炎:《贯彻党的十七大精神　促进服务业加快发展》,《人民日报》2008年2月24日第7版;欧新黔:《服务业将是中国的主导产业》,载《中外管理》2008年第1期。

展是转变经济增长方式、调整优化产业结构的迫切需要;是健全要素市场、完善社会主义市场经济体制的重要内容;是提高对外开放水平、增强国际竞争力的必然选择;是增加群众福祉,构建和谐社会的有效途径。这对于贯彻落实科学发展观,促进社会和谐,推动经济社会又好又快发展,实现全面建设小康社会具有十分重要的意义。

加快发展服务业,是实现经济社会现代化的大趋势。人类发展已从工业社会逐步进入后工业社会和信息社会。当物质产品的短缺基本消除后,经济增长必将更多地依靠服务业带动,这是世界各国经济发展的普遍规律。20世纪后半叶以来,在欧美发达国家的带动下,全球经济呈现出"工业型经济"向"服务型经济"转型的大趋势,这是工业社会与后工业社会的一个重要区别。据世界银行统计,当前全球服务业产值比重平均已超过60%,发达国家超过70%。交通、信息、流通、金融、商务、科技等服务业的发展,促进了专业化分工,推动了社会化生产,完善了市场化体系,改善了生产效率和经济效益,极大地提高了经济社会现代化的水平。国际经验表明,人均GDP在1000~3000美元之间的,服务业将进入一个高速增长的时期。目前,我国人均GDP已超过2000美元,但服务业产值比重还不到40%,低于世界平均水平甚至发展中国家平均水平,亟待加快发展。为实现全面建设小康社会和未来经济社会发展目标,必须顺应时代潮流,把握经济社会发展国际趋势和规律,提高服务业比重和水平,促进国民经济向以服务业为主的方向转变。

加快发展服务业,是改善人民生活的必然要求。随着经济社会发展和人均收入水平提高,我国居民消费结构逐步升级。城乡居民消费支出中,用于吃、穿、用等产品性支出的比重下降,住、行等服务性支出比重上升。人民群众生活需要由生存型向享受型、发展型转变,由物质型向服务型、文化型转变,服务型消费热点不断涌现。必须适应消费需求变化的新形势,促进服务业加快发展,提供更多的服务性产品。我们提出坚持以人为本、解决民生问题,也要求扩大公共服务范围,发展文化、教育、医疗卫生事业,健全社会保障体系,完善社会管理,不断满足人民群众对政治、文化、社会等方面生活改善的新期待。服务业还具有劳动密集和知识密集并存的特点,是增加就业的主要途径。2000 年以来,我国服务业就业劳动力新增约 6000 万人,超过同期全部新增就业人数,弥补了工农业就业的减少。今后几年,我国城乡新增劳动人口每年仍达 1000 万左右,就业压力依然很大。必须加快发展服务业,努力创造就业岗位,增加劳动收入,更好地改善人民生活。

加快发展服务业,是保持经济平稳较快发展的有效途径。近几年来,我国经济增长主要依靠投资和出口拉动,消费对经济增长的贡献减弱。目前,主要工农业产品供给能力相对充裕,规模扩张受到国内外市场容量的制约,而服务业发展不充分、水平不高,增长潜力很大,尤其是现代服务业附加价值较高,拉动能力较强,是未来新的经济增长点。服务业具有引领消费、创造需求的特点,如互联网、创意设计、家政服务等行业的兴起,改变了人们传统生产生活方式,拓展了新的物质文化需求,发展的空间十分广阔。服务业又具有区域性较强的特点,其生产、使用和消费大多在一个国家内部实现,对繁荣当地经济作用较大。服务业还具有需求弹性波动不大的特点,与一般工农业相比,其发展受各种因素的影响较小,是国民经济及地方经济稳定的增长点。培育壮大服务产业,有利于促进生产与消费衔接,有效扩大和开拓内需,保持经济平稳较快发展。

加快发展服务业,是构建现代产业体系的重要内容。从产业发展的沿革看,服务业与工农业始终是相互联系、相互促进的。服务业的兴起和繁荣建立在工农业发展基础上,同时又支持了工农业发展。随着产业结构不断调整,现代服务业已经成为现代产业体系的前沿领域,是当代最重要最活跃的产业形态,对工农业发展的促进和保障作用越来越突出。推动工业集约发展,取决于科技、信息、金融、商务、物流等生产型服务的支撑和配套水平。提高农业综合生产能力,更需要技术研发、产中服务、市场营销等专业化服务的支持。可以说,没有现代服务业,就没有现代工业和现代农业。同时,服务业形态的发展与变化,丰富了现代产业体系的内容。如连锁经营、物流配送、工程总包、服务外包、动漫产业等新的服务业态不断涌现,深化了产业分工协作,提高了经济发展的质量和效益。当前,我国主要工农业产品产量位居世界前列,已经成为一个经济大国,但还不是一个经济强国,重要原因之一在于服务业与工农业结合不够紧密,对产业的支撑能力不强。从这个意义上讲,发展服务业既是完善现代产业体系的主要方向,也是促进产业结构优化升级、增强国家经济竞争力的重要途径。

加快发展服务业,是创建资源节约型、环境友好型社会的战略举措。服务业主要以人的智力、体力等非物质投入为主,能源、原材料等物质投入较少,与工农业相比,资源消耗较低、污染排放较少。同时,科技、环保等服务业的发展,还能够通过提供有关专业服务,促进其他产业节约资源、保护环境。20世纪六七十年代以来,发达国家服务业比重不断提高,为这些国家能耗降低、环境改善作出了贡献。近年来,我国经济快速增长,但也付出了巨大的资源和环境代价,节能减排的形势相当严峻。这种状况的产生,与产业结构总体偏重、重工业发展偏快直接相关。促进服务业加快发展,推动产业结构合理化,是有效缓解经济发展与资源环境矛盾的必然选择。必须把发展服务业作为节能减排的重要抓手,形成有利于节约能源资源和保护生态环境的产业结构,促进经济发展方式加快转变。

加快发展服务业,是深化改革开放的客观需要。进入新世纪,我国社会主义市场经济体制初步建立。但市场经济发展中还存在一些薄弱环节,如企业分工协作和社会化服务不充分,资本、劳动、土地等要素市场功能不健全,信息、技术、法律等中介服务不完善。而这些服务既是现代市场体系的重要内容,又是市场经济正常运行的重要保障,其发展滞后以及不规范,直接影响整个市场体系的运行效率,也限制了市场配置资源基础性作用的有效发挥。完善社会主义市场经济体制,客观上要求进一步健全要素市场,大力发展金融、咨询、评估等服务业,完善社会化服务体系,从而形成分工合理、运行高效、规范有序的市场体系，为整体改革发展提供动力和支撑。

改革开放特别是 1992 年中央提出建立社会主义市场经济体制以及做出加快发展第三产业的决定以来，我国服务业快速发展。一是服务业规模持续扩大。据统计，2007 年，全国服务业增加值达到 9.63 万亿元，占国内生产总值的比重由 1978 年的 23.7% 提高到 39.1%。二是服务业就业迅速增加。2006 年，全国服务业从业人员 2.46 亿人，占全部从业人员的比重由 1978 年的 12.2% 提高到 32.2%。三是服务业领域不断拓宽，生活型服务业门类明显增加，生产型服务业快速拓展，传统服务业改造加快，现代服务业蓬勃发展。四是服务业水平逐步提高，服务产品不断丰富，服务质量得到改善，企业竞争力逐步增强。五是服务业的市场化、产业化、社会化和国际化的水平也有了明显提高。服务业的快速发展推进了我国产业结构的升级，开始改变了长期以来主要依靠第二产业带动经济增长的格局。服务业在促进我国经济平稳较快地发展，扩大就业，节能降耗等方面发挥了重要作用。服务业的快速发展，有力地促进了产业结构调整升级、经济发展和社会进步。

同时应当看到，我国服务业发展总体落后，与经济社会全面协调可持续发展的要求还不相适应。服务业总量相对较小，产值比重仍在下降；服务业结构不合理，现代服务业发展滞后，传统服务业亟待提高；社会化服务体系不健全，农村服务业十分薄弱，公共服务不能满足群众需要；服务业市场化程度不高，创新能力不强，人才缺乏；服务贸易还长期处于逆差状态，并呈现不断扩大的趋势；从区域布局看，农村服务业十分薄弱，东、中、西三大地区发展很不平衡。我们必须从战略和全局的高度，充分认识加快发展服务业的重要意义，采取切实有效措施，下大力气解决存在的问题，推动服务业发展达到一个新水平。从总量看，规模还明显不足；从发展质量看，服务水平偏低，竞争力不强；从内部结构看，传统服务业较为发达，现代服务业和新兴服务业明显落后；对于这些问题，我们必须认真研究，并需要下大力气加以解决。

6.4.3　推进服务业成为主导产业的战略部署①

当前,加快服务业发展已经具备了很多有利条件。贯彻落实科学发展观,进一步提升服务业的战略地位和作用;保持经济又好又快发展,注重增长的质量和效益,则需要服务业提供有力的支撑;走新型工业化道路,转变经济发展方式,又为服务业提供了新动力;提高自主创新能力,深入实施科教兴国战略,进一步加快了制造业与服务业的融合,对生产型服务业产生了巨大拉动;消费结构的不断改善和升级,为消费性服务业创造了更加广阔的市场需求;对外开放水平的提高,为服务业提供了国际发展的空间;党的十七大报告进一步强调,要转变经济发展方式,由主要依靠第二产业,向依靠第一、第二、第三产业协同带动转变,要发展现代服务业,提高服务业的比重和水平。这些都为我国服务业的发展提供了新的更大的发展机遇和动力。

2007 年 3 月,国务院颁布了关于加快发展服务业的若干意见,提出了未来我国服务业发展的主要目标。到 2010 年,全国服务业增加值占国内生产总值的比重比 2005 年提高 3 个百分点,服务业从业人员占全社会从业人员的比重提高 4 个百分点;有条件的大中城市形成以服务经济为主导的产业格局。到 2020 年,全国服务业增加值占国内生产总值的比重超过 50%,服务业结构显著优化,就业容量显著增加,基本公共服务均等化程度显著提高,市场竞争力显著增强,基本实现经济增长向依靠第一、第二、第三产业协同带动转变。重点要推进以下几项任务。

6.4.3.1　加快发展现代服务业

这是带动服务业全面发展的战略举措,也是提升产业整体水平

---

①　该部分的论述主要参考了《国务院关于加快发展服务业的若干意见》(2007年 3 月 19 日);曾培炎:《贯彻党的十七大精神　促进服务业加快发展》,《人民日报》2008 年 2 月 24 日第 7 版;欧新黔:《服务业将是中国的主导产业》,载《中外管理》2008 年第 1 期。

的关键所在。发达国家无不将发展现代服务业作为其产业发展的战略重点和保持经济竞争力的重要任务,在国际生产要素流动和产业转移中,把研发、营销、信息、科技、金融、商务等现代服务业留在国内,把一般加工、制造业转移到国外,从而占据了国际分工的高端位置。我们必须顺应世界服务业发展的趋势,适应国内转变发展方式和提升产业结构的需要,充分利用后发优势,不失时机地培育和发展现代服务业。一是加快发展现代物流业,积极推广第三方物流,建设大型物流枢纽,发展快捷交流运输,健全综合运输体系,降低流通成本,促进物流社会化和现代化。二是大力发展信息服务业,完善电信基础业务,推进电信、电视、计算机"三网合一",发展电子商务,壮大软件产业,广泛应用信息网络技术,推进信息化与工业化融合。三是推动科技服务业加快发展,支持科研开发、产品设计、工程规划、技术推广、环境监测等行业发展,为经济社会发展提供科技支撑。四是保持金融业持续发展,提高银行、保险业发展水平,建立多层次资本市场,积极发展直接融资,注重发展中小金融,增强金融服务功能。五是优化发展商务服务业,发展和规范法律、咨询、会计、审计、评估、广告、会展等行业,形成专业化、高水平的服务体系。六是促进房地产业健康发展,合理调控住房需求,努力增加住房供应,改善住房套型结构,保持房价基本稳定,更好地发挥房地产业在国民经济中的支柱产业作用。制造业与服务业有机融合、互动发展,是现代服务业成长的一大趋势。要鼓励工业企业加强产品开发、市场营销和售后服务,推进业务外包、专业化生产,形成现代产业链,增强企业核心竞争力。集聚发展是现代服务业发展的重要特征。要立足地方现有基础和比较优势,通过优化资源配置、改善发展环境,努力形成一些布局科学、功能完善、特色鲜明的现代服务业集聚区。

6.4.3.2　全面提升传统服务业

传统服务业门类多,量大面广,与工农业生产和人民群众生活密切相关,就业容量大,是服务业发展的重要领域,必须调整结构,提升水平,突出特色,优化发展。创新管理模式、加强技术改造,是传统服务业发展的重要方向。要加快应用先进适用技术改造传统服务业，促进科学管理在传统服务业广泛应用，积极推广网络技术、供应链、条形码、收款机等现代技术和管理方式，提高经营效率和经济效益。目前，一些沿海发达地区对传统的农副产品、轻纺机电等市场进行改造，集贸易、信息、技术、融资等服务于一体，建立面向国内外市场的服务平台，取得好的效果，这种做法值得借鉴。发展专业经营、健全服务网络，是传统服务业发展的有效途径。要积极推进批发零售、住宿餐饮、居民服务等行业连锁经营、特许经营和联盟发展，优化物流配送，扩大覆盖范围，提高服务水平。贴近人民生活、满足群众需求，是传统服务业发展的立足之本。要大力发展家庭服务、托幼养老、洗染理发、修理维护、便民早餐等社区服务业，积极发展文艺表演、影视出版、休闲娱乐、体育健身、旅行服务等文化体育旅游业，健全居民生活服务体系。在提升和改造传统服务业中，要把发展劳动密集型、知识密集型服务业放在重要位置，努力吸收更多的劳动力就业。

6.4.3.3 大力发展农村服务业

受自然、历史、经济等因素的影响，我国农村服务业十分薄弱。这是农业生产方式落后、农民生活质量不高的重要原因之一。统筹城乡发展，建设社会主义新农村，必须大力推进各类服务业向农村延伸，加快发展农村服务业，为农业农村发展和农民生活改善提供良好条件与环境。要以农业产业化和发展现代农业为中心，加快健全农业技术推广、农产品检测认证、动物防疫和植物保护等农业技术支持体系，完善种子统供、病虫害统防统治、农机统一组织使用等社会化服务体系，发展农民专业合作社和农村服务组织，为农业生产提供专业化服务。要以农产品入市和工业品下乡为重点，推进农村商品市场建设，实施"农产品批发市场升级改造"和"万村千乡"、"双百市场"等工程，发展农资连锁经营，开展"家电下乡"试点，为农副产品销售提供稳定可靠的平台，为农民生产生活提供价廉物美的商品。同时，要进一步加强农村基础设施建设，改善农村交通运输、邮政通讯、广播电视、饮水安全、农村能源等生产生活条件。健全农村金融服务体系,拓展农村融资渠道,完善农产品期货市场。发展农村信息服务,建立科技、市场等信息网络,以多种方式为农民提供生产和生活信息。

6.4.3.4　着力发展开放型服务业

这是提高整个对外开放水平和国家竞争力的重要条件。要把商品贸易与服务贸易结合起来,大力发展服务贸易,不断提高服务贸易的规模、层次和水平,促进外贸增长方式加快转变,用好国内外两个市场、两种资源。要把服务贸易与吸引外资结合起来,进一步履行我国加入世贸组织关于服务领域对外开放的承诺,逐步扩大服务业开放范围,优化服务业利用外资结构,更多地吸引跨国公司来华设立研发中心、运营中心和地区总部,提高服务业发展质量和水平。国际服务业外包转移,是当今全球产业结构重组的重要方面。要抓住这一机遇,发挥我国人力资源的优势,积极承接计算中心、数据处理、研发设计、财会核算、呼叫中心、售后服务等国际服务业转移。要把"引进来"与"走出去"结合起来,支持具备条件的服务企业走向国际市场,拓宽营销渠道、开展研发合作、参与工程承包、扩大劳务交流,为其他产业提供运输、融资、保险、技术、信息咨询、法律等服务,发展壮大一批具有国际竞争力的服务型大企业和企业集团。文化产业"走出去"潜力很大。要支持文化、教育、影视、出版以及中式餐饮、中医药等特色行业到海外发展,积极传播中华优秀文化,多渠道开拓国际市场。

6.4.3.5　切实加强公共服务事业

社会事业和公用事业是服务业的重要组成部分。必须从推进以改善民生为重点的社会建设的高度出发,把发展服务产业与发展服务事业结合起来,大力加强公共服务和社会管理。要高度重视教育科学文化事业发展,重点发展义务教育、职业教育事业,搞好职工、农民工和农民培训,推进科学普及和文化扫盲,加强基层文化工作,提高城乡居民素质,促进人的全面发展。要完善城市和农村最低生活保障制度,健全城市社区卫生服务体系和新型农村合作医疗制度,提高养老保险水平,发展公共卫生和计划生育事业,逐步建立覆盖城乡居民的社会保障体系。要进一步加强市政公用事业建设,优先发展公共交通,不断完善城市道路、供排水、供气、供热等服务体系,努力改善人居环境质量。解决低收入家庭住房困难,是城市政府的重要职责。要加快建立健全廉租住房制度,进一步完善经济适用房制度,为低收入群众提供住房保障。推进电子政务,既是深化行政管理体制改革、提高政府行政能力的重要措施,也是带动电子商务、网络服务等产业发展的重要方式。要完善服务功能,扩大应用范围,推进互联互通,实现资源共享。要加强和改进社会管理,创新服务方式,健全服务职能,建立适合我国国情的政府公共服务体系,加快推进服务型政府建设。

加快发展服务业是一项紧迫而重要的任务,必须进一步解放思想,转变观念,付诸行动。在思想认识上,要从轻视或忽视服务业转向重视和熟悉服务业;在实际工作中,要像发展工业、促进投资一样发展和繁荣服务业;在组织领导上,要把服务业发展放在重要位置,切实摆上议事日程。在充分发挥市场配置资源基础性作用的同时,要发挥好政府的公共职能,加强政策引导,增强服务业发展的内生动力和基础能力,促进服务业又好又快发展。

加强综合协调是做好服务业工作的重要保障。2007年5月,国务院成立了全国服务业发展领导小组及其办公室,对服务业发展进行综合协调。各有关部门要加强协作配合,进一步明确有关服务业发展的规划思路,深入研究制定促进服务业发展的政策措施,建立健全符合科学发展观要求的服务业发展评价与考核体系,指导和协调解决服务业发展改革中的重大问题。推动服务业发展的主要责任在地方。各级地方政府应加强对服务业发展工作的领导,建立健全服务业发展综合协调机构,创新思路,改进方法,提出符合本地实际的服务业发展工作方案,把支持服务业加快发展的政策措施落到实处。有关行业协会要发挥好桥梁纽带作用,积极开展行业自律、商务咨询、信息交流、人才培训等工作,为服务企业搞好服务。各类服务企

业要加强管理,提高素质,在服务业发展中起到主体作用,中央大型
服务企业要走在前面。

　　加大政策支持是促进服务业发展的有力保证。要清理和修改各
种不合理限制服务业发展的政策,完善服务业发展指导目录,分类指
导,有保有压,对需要扶持的服务产业和服务事业给予政策优惠。加
大财政资金对服务事业的投入力度和服务产业的支持力度,安排服
务业发展引导资金,推进服务业重点工程建设,引导社会资金加大对
服务业的投入。研究制定把服务业税收更多留给地方的政策,调动
地方增强发展服务产业的积极性和加强公共服务的责任。引导金融
机构开发适应服务企业需要的金融产品,鼓励各类创业投资机构、信
用担保机构面向服务企业开展业务,扩大服务业直接和间接融资规
模。积极稳妥地推进服务价格改革,理顺价格关系,对列入国家鼓励
类的服务业实行与工业用电、用水、用气、用热基本同价。调整城市
用地结构,合理确定服务业用地比例,对列入国家鼓励类的服务业在
供地安排上给予倾斜。

　　深化改革开放是增强服务业活力的关键环节。要建立公开、平
等、规范的服务业准入制度,打破市场分割和地区封锁,减少和规范
行政审批,降低一般服务行业注册资本、工商登记等门槛。凡是法律
法规没有明令禁入的服务领域,都要向社会资本开放;凡是向外资开
放的领域,都要向内资开放;凡是对本地开放的服务业领域,都要向
外地企业开放。要深化服务企业改革,加快国有服务企业股份制改
造,建立现代企业制度;大力发展非公有制服务企业,支持中小服务
企业做专做优做强。深化服务事业单位改革,将主要从事生产经营
活动的事业单位改制为企业。深化政府机关和企事业单位后勤服务
改革,推进后勤服务社会化。城市污水垃圾处理、供水供气供暖、公
共交通等服务事业,也可以采取政府支持、企业经营、市场运作等方
式,增加服务业供给能力。发展服务业应立足于用好现有设施,促进
资源整合,提高利用效率,避免闲置浪费。当前,要选择一些具备条
件的产业和事业,选择一些地方开展服务业改革的试点。同时,要加

强国际交流合作,积极借鉴国外服务业发展的新理念、新做法、新模式,提高国内服务业发展水平。

推进科技创新是服务业持续发展的根本措施。国家中长期科学和技术发展规划纲要把现代服务业、交通运输业以及一些社会事业作为科技发展的重点领域。要按照规划要求,面向发展需要,集中力量组织攻关,力争在下一代网络服务、智能信息处理、数字媒体内容平台、高速轨道交通系统、智能交通管理系统等关键技术上取得突破,促进金融、物流、网络、传媒等现代服务业发展。同时,要全面推进服务业科技创新,高度重视自主研发和推广应用,积极开发具有现代水平和民族特色的服务产品,不断满足各方面日益增长的服务需求。继续引进国外服务业先进技术和管理经验,积极组织消化吸收和再创新,促进国内服务业科技创新、管理创新和业态创新。

强化人才开发是服务业兴业之本。现代服务业从根本上看就是智慧经济、头脑经济。要切实加大服务业人才开发力度,抓紧造就一批具有创新能力的研发设计、科学管理人才,培养一批熟悉国际规则的市场营销、金融商务人才,培训一批适应市场需求的技能型、实用型人才。建立科学的人才评价机制、有利于人才充分施展才华的任用机制、鼓励人才创造创新的激励机制,使更多的服务业人才能够干成事业、干好事业。健全人才服务机构,完善就业服务网络,消除阻碍人才和劳动力合理流动的障碍,吸引海外留学人员及就业人员回国创业,为促进服务业加快发展提供高素质的人才和劳动力队伍。

优化发展环境对于服务业健康成长至关重要。走标准化、法制化轨道是服务业健康发展的保障。要加快制定和修订各行各业急需的服务标准,抓紧制定和完善服务业有关法律或法规,建立健全服务业标准体系和法规体系。同时,要加快信用体系建设步伐,健全知识产权保护体系,鼓励打造知名服务品牌,规范服务市场秩序,切实加强市场监管,坚决查处提供假冒伪劣服务、损害消费者合法利益的行为,为服务业健康发展提供外部条件。还要尽快建立科学、统一、全面、协调的服务业统计调查制度和信息共享制度,完善服务业统计调查方法和指标体系,做好服务业知识普及、信息发布和新闻宣传工作,促进服务产业平稳快速发展,引导居民合理扩大服务消费,营造有利于服务业加快发展的舆论氛围和社会环境。

中　篇　区域服务业竞争研究

7　区域服务业竞争基本问题

区域经济与区域服务业竞争是本篇的核心和基础概念,因此需要首先进行界定。而且,区域服务业竞争也包括不同的层次,比如服务企业国际竞争、服务企业区域竞争、服务产业国际竞争、服务产业区域竞争等。区域服务业竞争的研究对象主要针对服务产业的区域竞争。同时,本章还表明,研究区域服务业竞争具有特别重要的理论意义和实践意义。

7.1　区域经济的界定

7.1.1　区域的定义

任何经济活动都离不开一定的地域空间——区域。区域是通过选择与某一特定问题相关的诸特征并排除不相关的特征而划定的,不同的学科对区域的含义界定不同。

最早给出其概念的是 1922 年全俄中央执行委员会所给出的定义:"所谓区域是国家的一个特殊的经济上尽可能完整的地区,这种地区由于自然特点,以往的文化积累和居民及其生产活动能力的结合而成为国民经济总链条中的一个环节。"[1]

《不列颠百科全书》认为,区域是一个学术概念,是有内聚力的地区,但又区别于地区。[2]

---

① 全俄经济区划委员会:《苏联经济区划问题》,商务印书馆 1961 年版,第 82 页。

② 《不列颠百科全书》第 4 卷,中国大百科全书出版社 1999 年版,第 194 页。

目前影响较大的一个定义是由美国经济学家胡佛给出的。他认为,"区域是基于描述、分析、管理、计划或制定政策等目的而作为一个应用性整体加以考虑的一片地区。它可以按照内部的同质性或功能一体化原则划分"①。

7.1.2　经济区域与行政区域

从经济学的研究视角看,区域指经济区域。经济区域是人的经济活动所造就的、围绕经济中心而客观存在的、具有特定地域构成要素并且不可无限分割的经济社会综合体。可分为三个层次:国内的经济区域;超越国家界线由几个国家构成的世界经济区域;以及几个国家部分地区共同构成的跨国经济区域。目前国内区域经济研究所涉及的经济区域均是国内经济区域,即介于国家和城市之间的,由一个或多个核心城市、若干个相关城镇及其周边辐射地区(包括乡村和城乡结合部)组成的,在空间上密切联系、在功能上有机分工、相互依存,并且具有一体化发展趋势的空间经济复合体,是区域经济学的研究对象。这就是说,经济区域是不同于省、市、县等行政区划的经济学概念,具有组织区内经济活动和区外经济联系的相对独立的发展能力。

从行政管理的研究角度看,认为区域指计划区域。计划区域是指实际存在的管理区域,它为一定的管理目的而创造,是政府计划、政策的实施地区。具体地说,行政区域是便于组织、计划、协调、控制经济活动而以整体加以考虑并考虑行政区划基础上的一定的空间范围,必须包括于某一主权国家的疆域内,中央政府对它拥有政治、经济方面的控制权,而它具有组织区内经济活动和区外经济联系的能力。

---

① 艾德加·M.胡佛:《区域经济学导论》,上海远东出版社1992年版,第239页。

7.1.3　区域经济

经济区域与行政区域两者虽然有性质上的区别,但是客观上也有一定程度的重合性。基于此,特别是由于数据的可得性、政策建议的针对性等方面原因,我国多数学者所研究的经济区域是以行政区划为界而划分的区域。在许多学者的研究中,区域经济即是按照国家、省、市等不同级别行政区来划分的区域经济。

7.2　区域服务业竞争的内涵

7.2.1　基本内涵

区域服务业竞争是一个综合性很强的概念,包含了多方面的内容。从本质上看,区域服务业竞争是在一国内部各区域之间的服务业竞争。从市场需求层面看,服务业要能为市场和社会所接受,即服务业能够为市场的有效服务需求;从供给层面看,服务业的产品要能为该区域产业现有的生产能力所承受,即具有有效供给;从动态角度看,区域服务业必须能够顺应市场需求的变化,能够持续提供有效服务;从资源利用与环境保护角度看,区域服务业还必须能够协调产业发展与环境保护之间关系,即具有可持续发展力。

区域服务业竞争的实质就是比较生产力的竞争,主要强调某一地区服务业在国内经济、科技、投资中的地位,所达到的科技水平和发展状况。区域服务业竞争是地区服务业能够综合运用当地服务业生产要素获得最大效益。区域服务业竞争除了强调服务业效益最大化外,还强调服务业对地区生产要素的综合利用能力。

由于目前对区域服务业竞争的研究文献比较少,因而关于区域服务业竞争的内涵目前尚未有一个比较清晰准确的解释。我们可以从以下三个方面来理解:财富创造竞争、资源吸引与资源配置竞争、服务业综合发展实力的竞争。

7.2.1.1 **财富创造竞争**

即不同区域的服务业为创造财富而展开的竞争,是一个区域的服务业在市场上生产出比其竞争对手更多财富的竞争。该解释突出区域服务业的产出层面的竞争,其最大优势是用服务经济的产出来直接衡量区域服务业竞争力的强弱。

7.2.1.2 **资源吸引和资源配置竞争**

即从资源配置的角度来解释区域服务业竞争。区域服务业竞争就是一个区域在争夺大区域服务业市场和资源方面的竞争,是一个区域在其所从属的大区域中进行资源优化配置的竞争,是一个区域的服务业在发展过程中与其他区域在吸引、争夺、控制和转化资源以及争夺、占领和控制市场方面的竞争。该解释突出对资源的吸引及配置。

7.2.1.3 **服务业综合发展实力的竞争**

这是从区域服务业经济实力和持续发展能力的角度来解释区域服务业竞争。区域服务业竞争是一个地区与国内其他地区在发展服务业方面进行综合发展实力的竞争,是将区域服务业竞争定义在一个区域服务业综合发展能力的对比上,是竞争资源与竞争过程的统一。

7.3 区域服务业竞争研究的意义

区域服务业竞争研究之所以重要,是因为无论在理论上还是在实践上都具有特别重要的意义,主要可归纳为以下几点。

7.3.1 **扩大了区域经济研究的视野**

区域经济学是讨论区域经济运行规律的经济学。传统的区域经济学主要是讨论如何通过区域内资源优化配置来达到区域经济发展目标。其特点之一是立足于区域本土资源来进行资源优化配置。虽然有的也讨论到区域间的资源优化配置问题,如绝对优势理论、比较优势理论、区域竞争力理论等,但用现代观点来评价,其深度都有限。

区域服务竞争研究扩大了研究的视野,它从大区域的角度出发来探究区域服务业竞争的机理,创造竞争优势来为本区域的经济发展在大区域中进行资源优化配置。区域服务业竞争理论应该是区域经济学的一个重要研究领域,它扩大了区域经济研究的范围,有助于加深对区域经济学本质的认识。它告诉人们,推动本区域服务业的发展,不仅可以而且更应该依靠大区域中的资源而不是仅仅主要依靠自身的资源进行资源优化配置。

7.3.2　为区域经济战略提供了新思路

区域服务业竞争理论将竞争概念引进区域经济学,这是一种特别有价值的尝试。一个区域通过参与区域服务业竞争,创造竞争优势,并努力在竞争中取得主动,就有可能超越其他区域,并以此为突破点带动区域的发展,使后发展区域经济赶超先进区域经济成为可能。只要后发区域能明确自己区域服务业在大区域竞争格局中所处的战略地位,并能审时度势科学地制定出自己的发展战略,赶超的可能就可以变为现实。

由于区域制定自己服务业发展战略是立足于竞争考虑,或者说区域服务业发展的直接目标是提升其区域服务业竞争力,那么就有可能通过对影响其区域服务业竞争力的各种要素进行分析,并据此制定出提升区域服务业竞争力的战略。通过对影响区域服务业竞争力的要素分析,判断出区域服务业的战略地位。据此,就可以制定出能充分发挥优势、较好克服劣势、及时捕捉机会、有效回避威胁的提升区域服务业竞争力的区域经济发展战略。这样,所制定出的战略就更具有针对性和实战性的价值。

7.3.3　对中国市场经济建设具有现实意义

经济体制的变化带来了经济运作模式的变化,带动了思想观念和思维方式的变化。许多在其他市场经济体制中证明是成功而有效的理论与做法被引进、被本土化、被愈来愈多地接受和采用。传统的不适应新经济环境的观念与做法受到了挑战和摈弃。

市场经济是竞争的经济,竞争是市场经济的核心。因此,在发展区域经济中研究区域服务业竞争,探讨其特定的内在规律及其应用,显然对处在市场经济建设时期的中国具有十分重要的现实意义。它将有助于人们加深对服务市场的认识,更好掌握服务业市场的运行规律,在一个更新、更深入的层次上推进我国的市场经济建设。

7.3.4　对中国区域经济发展具有重要意义

区域服务业竞争研究是国家产业竞争研究的发展,使区域产业竞争研究从在全球范围中讨论国与国之间的产业竞争延伸到一个国家内部的各子区域之间的竞争。这对中国这样一个大国研究国内各区域经济发展具有重要的现实意义。

迄今为止,绝大多数关于区域竞争的研究都集中在国家这一层次上,在研究国家竞争中,研究者多直接采用"国家竞争力"或"国际竞争力"一类术语,研究国际服务业竞争时多采用"服务贸易竞争力"等。如前所述,国家就是一个区域。因此国家竞争研究就是区域竞争研究。区域可以是一个省、一个市、一个县甚至一个镇,也可以是数个国家组成的区域。进行区域竞争研究,就是指对任何一层次的区域进行其区域竞争研究,研究其在比它大的所从属区域中的资源优化配置及其提升的对策。

不过不同层次的区域服务业竞争的受制因素随层次不同存在着一定的差异。如在一个国家中研究其子区域的服务业竞争,与在全球中研究一个国家服务业竞争比较,至少有一条明显的不同:国家中的一个区域服务业在其所从属的国家大区域中的开放度和对国家中其他子区域的关联度要比一个国家区域服务业在其从属的全球大区域中的开放度和关联度大得多。对于中国这样一个大国家,研究一个省的服务业在全国范围中的竞争问题,就相当于研究一个欧洲国家的服务业在欧洲范围中的竞争。

一个国家内不同区域服务业发展程度不可能一样,各自的服务业比较优势不可能一样。各子区域应该通过不断提升自己的服务业竞争优势,增强其在全国范围中的服务业竞争力。其结果将使全国的服务业资源在全国范围内得到更合理的优化配置,各个子区域的服务业得以更好发展,从而使全国服务业得以更好发展。

从全国的任何层次区域的服务业来说,由于其具备了竞争优势,有较好的在大区域中优化资源的配置,必然为其服务经济发展创造了更好的外部环境。

8　区域服务业竞争的背景和动因

对于区域服务业竞争的背景,本章的研究将表明:市场经济和经济全球化的竞争压力是区域服务业竞争的基本背景,同时区域服务业竞争也是人类历史发展到新阶段的必然结果。而区域服务业竞争的动因则在于区域利益。

8.1　区域服务业竞争的背景

8.1.1　市场经济是区域服务业竞争的基本背景

竞争是市场经济的自然属性和基本要义,是市场经济的本质特征。市场经济是一种竞争经济,竞争是市场运行的普遍规律。在市场经济条件下,区域经济发展的本质就是区域间的经济竞争,任何一个经济区域要想在激烈的市场竞争中求得生存和发展,就必须具有能够占据优势的经济综合竞争力。竞争就是指经济主体在市场上为实现自身的经济利益和既定目标而不断进行的角逐过程。竞争表现为参与者之间内有动力、外有压力的持续不断的市场较量过程。

在市场经济中,一个企业面临的是一个竞争环境,而一个产业面临的也是一个竞争环境,一个区域所面临的同样也是一个竞争环境。企业要参与竞争,行业也要参与竞争,区域也同样要参与竞争。区域服务业竞争作为区域竞争与产业竞争的结合体,展示了市场经济环境下区域之间服务业之间的竞争关系。

区域服务业竞争同其他经济竞争一样,也是市场经济的内在属性和固有规律,是市场经济的本质特征。竞争能够增强服务经济活力,是推动服务经济进步的主要因素。区域服务业竞争是不同区域服务业为争夺有利的销售条件和价格而展开的竞争,这种竞争能够刺激企业不断提高劳动生产率。竞争能够调节经济结构。在市场经济条件下,服务企业是按照市场供求关系和价格的涨落来安排经营活动的。如果某种服务商品在市场上供不应求,市场价格高于生产耗费,就会吸引更多的企业加入该服务商品的生产。反之,如果某种商品在市场上供过于求,市场价格低于生产耗费,就会导致这类企业放弃该服务商品的生产,转向其他商品的生产。这样,就使各生产部门大体上保持一定的比例,与社会需求的总量和结构基本一致,从而达到经济的平衡发展。

8.1.2 经济全球化的竞争压力

区域服务竞争的背景还表现在世界经济全球化带来的竞争压力。当今时代,世界经济全球化趋势愈演愈烈,不仅表现在制造业竞争的全球化上,而且也表现在服务业竞争全球化上。尤其在我国加入WTO以后,国内服务业市场竞争出现了新的趋势,即国际竞争国内化,国内竞争国际化。对于任何区域的服务业来说,都将同时直接面临着来自国际国内竞争的巨大压力。

竞争还是服务业获得竞争优势的重要途径。在市场机制的作用下,区域服务业为了获得最大利益,必须最有效地利用资源,促进技术进步,提高自己的竞争能力。服务业要长期保持良好的发展势头,在市场竞争中立于不败之地,就必须拥有竞争优势和支撑持续竞争优势的核心能力,而这种优势的获得是通过竞争来实现的。区域服务业只有积极参与国际国内竞争,搜集环境变化的信息,分析产业发展的趋势,并在此基础上进行正确的产业细分和市场定位,采取合理的竞争战略,变革现有的组织行为,才能保持特有的竞争优势在市场上立于不败之地。

8.1.3　人类历史发展到新阶段的必然结果

市场经济是竞争的经济,竞争是市场经济中的一个核心范畴。而区域服务业竞争的提出是人类历史发展到一个新阶段的必然结果。

回顾人类发展的历史不难发现,在人类刚刚形成国家的时候,各国之间为了各自的利益就产生了对抗,就有了竞争。在相当长的一段时期内,国与国之间的竞争主要表现在政治军事力量的对抗、国与国之间的平衡关系是各国之间军事实力均衡的产物。而改变原平衡关系、建立新平衡关系的主要手段是战争。一个国家的竞争主要表现为军事竞争。哪一个国家军事实力强大,哪一个国家的竞争力就强。此时一个国家的经济状况虽然对其国家竞争起着基础性的作用,但国与国之间的竞争并不直接表现为它们之间的经济竞争,而主要表现为军事竞争的对抗。强国由于军事的强大,用战争手段入侵他国,取胜之后对被占领国进行经济掠夺,把他国经济资源据为己有。

冷战结束后,和平与发展逐步代替战争与军事对抗成为人类社会发展新阶段的主流。国际环境变迁后,世界各国都纷纷将自己的主要精力集中到本国经济发展上来。在这样特定的新历史条件下,国与国之间的对抗不再是以军事形式为主,而是以经济形式为主。一个国家的经济实力强大,那么这个国家就能在国际竞争中取得主动,占据优势。因此,国家竞争的内涵也因此发生了相应的变化。国家竞争中的军事内涵退居其次,而经济内涵成为主要内容。因此,当代区域竞争主要是区域经济竞争。

近几十年来,随着以信息技术为代表的新技术革命的发生和普及,产业结构发生了巨大变化。1968 年,美国经济学家富克斯在经典名著《服务经济》一书中宣布:美国在西方国家中率先进入"服务经济"社会,"我们现在处在'服务经济'之中,即在世界历史上我们第一次成为这样的国家,在其中有一半以上的就业人口不再从事食品、服装、住房、汽车和其他有形产品的生产"。并认为"由英国开始扩展到大多数西方国家的从农业经济向工业经济的转变具有'革命'的特征；而美国已深入发展并在所有发达国家表现出来的从工业经济向服务经济的转变尽管较为缓慢，但从经济分析角度看同样具有革命的特质"。中国虽然是处于工业化中期的发展中国家，但是已经认识到，服务业不仅对于工业化进程具有重要的制约或推动作用，而且服务业的发展水平是衡量现代社会经济发达程度的重要标志。鉴于服务业对于区域经济发展的重要性，在市场经济环境下，区域之间进行服务业竞争越来越成为区域经济竞争的主流。

8.2　区域服务业竞争的动因：区域利益

8.2.1　区域利益是一个利益体系

区域利益是一个集合概念，是一个区域内利益的总和，在现实中表现为一个利益体系。我们可以按照不同的划分方法对区域利益进行具体的表述：依据不同的主体可分为个人利益、集体利益和整体利益；依据重要程度可分为一般利益和根本利益；依据实现的时限可分为目前利益和长远利益；依据利益的实现与否，可分为区域既得利益和区域预期利益。

需要进一步明确的是，区域个人利益不是区域研究的主题，但区域个人利益的总和构成区域总体或集体利益。区域集体利益是区域内特定集团的利益，而区域整体利益指区域共同利益。区域一般利益是区域内日常需要的但不会引起区域经济格局发生明显变化的利益；而区域根本利益是对区域内多数主体的需要影响面广、程度深且一般会导致区域经济格局发生超常变化的利益。区域目前利益是在近期能使区域利益主体受益的利益，而长远利益是在近期内不能或很难实现但在将来某一时限内能实现的利益。区域既得利益是已经实现的利益，其所引发的区域经济行为目标很明确，即维护和保护或努力打破既得的区域利益格局；而区域预期利益是区域尚未实现的需通过努力争取的利益。

一般来说,对于区域经济利益可以有如下几点理解:

第一,区域经济利益是市场经济条件下区际分工的产物。在市场经济条件下,社会产生的区际分工总是始终贯穿着经济上的利益关系。各个区域按照其资源禀赋条件和经济优势,参与区际分工,将能获取一定的比较经济利益。正是由于这种比较经济利益的存在,促使相关企业按照生产和销售方面的经济联系相互集聚在一起。反过来讲,这种集聚又将形成集聚规模经济,使区域经济利益不断增强。因此,可以认为,区域经济利益既是区际分工产生的原因,也是区际分工不断发展的结果。

第二,区域经济利益是一种长远性、综合性和带全面性的利益。任何一个区域,无论是经济区域还是行政区域,都存在着许多不同的利益主体,如居民、企业以及其他利益集团。在市场经济条件下,这些利益主体所追求的经济利益是不可能完全相同的,有时甚至会发生严重的冲突。虽然这些不同利益主体追求的经济利益都有可能构成区域经济利益的一个因素,但它们都不能单独代表一个区域的经济利益。只有那种从长期的发展角度,综合地、全面地反映这些不同利益主体的经济利益,才能算是区域经济利益。因为它代表了区域内大多数居民和利益集团的利益。从这一角度看,区域经济利益的主体既不是地方政府,也不是有人所指的企业,而是由区域内不同利益主体所构成的综合体。在现实经济生活中,一般赋予地方政府或者其联合体作为维护区域经济利益的全权代表,正如国民赋予中央政府作为维护国家利益的全权代表一样。然而,地方政府有时受地方利益的影响,其经济行为并非总是符合区域经济利益的。

第三,区域经济利益具有区内共享性和区际排他性。一方面,区域在参与国家经济发展和分工中形成的经济利益,如区域福利水平的提高,经济实力的增强和基础设施的改善等,将为区内居民、企业和其他经济组织所共享。这里所指的共享,并非是指区内居民和企业能够均等地分享其利益。实际上,由于企业生产性质、居民能力及其贡献大小的不同,它们所分享的经济利益很可能极不均等。另一方面,这种经济利益一般是与特定的地域相联系的。这样就排除了其他区域的居民和企业分享其经济利益的可能性,除非它们通过迁移和投资等方式,参与该区域的经济活动。①

8.2.2　区域利益存在的原因

区域利益的存在有三个基本的原因:其一,是由于区域之间在自然条件、社会和经济特点等方面客观上存在着差异,这种差异决定了各个区域在国民经济发展中的地位和贡献;其二,是市场经济的存在,市场经济赋予生产者的天然利益,同样也赋予区域以相应的利益;其三,区域作为全国经济发展的组织和管理中的一个重要层次,它的组织管理功能的发挥,它的潜力和积极性的发掘,客观上也存在着与它的权与责相结合的利益问题。

需要指出的是,反映劳动地域分工的区域经济利益与地方经济利益具有一定的联系,也有一定的区别,两者是不能等同的。这是因为区域竞争与地方政府竞争是两个既有联系又有区别的不同概念。区域竞争是与国家竞争相对应的概念,它是指国内不同区域在市场竞争的过程中对各种资源和市场的争夺。地方政府竞争是国内不同地区的地方政府为提供公共物品,吸引企业以及资本、人才等要素进入,而在投资环境、法律制度、政府政策等方面开展的政府间竞争。区域竞争与地方政府竞争既有区别又有联系。第一,地方政府竞争只是区域竞争的重要组成部分,它不能代表区域竞争的全部内涵。除了地方政府之间的竞争外,区域竞争还包括大都市圈之间的竞争、各类园区和港口之间的竞争、集群竞争以及区域产业竞争等。第二,从参与竞争的主体看,地方政府竞争的主体是单一主体,即某一级别的地方政府;而区域竞争的主体是一个复合主体,是由区域内各级政府部门、企业、居民和中间机构等共同组成的综合体,其依托的地域

---

① 郭文轩等:《区域经济协调与竞争》,红旗出版社2003年版。

单元既可以是行政区,也可以是其他区域。第三,从竞争的目的看,地方政府竞争主要是为了获取地方财政利益,或者显示地方政府政绩,而区域竞争则主要是为了追求区域利益。因此,把区域竞争等同于地方政府竞争,是以偏赅全,是不科学的认识。地方经济利益是指地方政府所追求的经济利益,它着眼于明确划定的行政区边界之内,甚至于本级政府的隶属企业之内。在现实经济中,地方政府常常既是地方经济利益的组织者同时也是区域经济利益的组织者。对于地方经济利益,我们也不能把它与地方保护主义等同起来。在不违反国家经济利益和其他区域经济利益的大前提下,地方政府追求正常的地方经济利益是完全合理的,也是国家允许和提倡的。如果不承认地方政府拥有相对独立的经济权益,不允许地方政府追求正常的地方利益,就等于限制了地方政府发展经济的积极性和主动性,这样地区经济将会成为一潭死水,缺乏应有的活力。

从理论上讲,区域经济利益是推动地区间产业合理分工的物质动因。因为各地区按各自的比较优势参与区际分工能获取额外的比较利益。然而,在现实区域经济中,由于地区间的不平等交换和发展机会的不均等,这种因分工形成的经济利益在部门间和地区间的分配往往是极不均等的。

8.2.3 区域利益是区域服务业竞争的动因

国民经济是由不同的区域经济相互耦合而成的有机整体。在国民经济有机体中,每个区域都承担着一定的任务,占有一定的地位,起着特殊的作用,并分享着由各自的地位和作用下的经济利益。这种区域在国民经济发展和社会分工总体格局中,由自己的贡献和地位所确定的经济利益和社会利益,就是我们所指的区域利益。

服务业是国民经济的重要产业,也是区域经济利益的重要组成部分。服务业增长和就业不仅能够直接推动区域经济发展,而且对其他产业的发展也具有重要的促进作用。服务业在经济增长和社会就业等方面的作用越来越重要,在区域经济和社会利益中的地位越来越重要。区域利益主体为了实现利益最大化和自身的发展,必然在区域之间展开服务业竞争;对区域经济利益的追求必然包含着通过区域市场竞争促进区域服务业发展。

我国改革开放以来,随着经济体制改革的不断深入和建立社会主义市场经济体制目标的确立,我国的市场经济环境已初步形成。各个区域都成了相对独立的利益主体,都有了各自的独立利益,包括经济利益和社会利益。区域主体之间存在着不同的经济利益和社会利益,都在追求区域利益最大化。各个区域之间在利益动力的驱使下,为了维护和不断增大本区域的经济利益和社会利益,必然存在着对生产要素的争夺,存在着对商品市场的角逐。在市场经济条件下,区域经济关系已经由过去的"全国一盘棋"、区域之间在全国经济利益的前提下由中央政府协调为主转变为区域竞争为主。

⑨ 区域服务业竞争的实质和类型

区域服务业竞争是区域内服务业通过参与国际国内竞争求得生存和发展,实质上表现为区域之间服务业生产力发展水平的竞争,目的是实现区域利益最大化,占领市场是区域服务业竞争的核心。由于竞争具有层次性,由此服务业竞争可以划分为不同的竞争类型。

9.1 区域服务业竞争的实质

9.1.1 实质是比较生产力

区域服务业竞争的实质是比较生产力。区域竞争实际上是一个涉及国家(地区)之间经济关系的概念,包括着"比较优势"的思想。在这里,服务业比较优势实际上就是区域间服务业生产力水平的比较,服务业比较生产力在概念上与一般所说的生产力概念没有实质区别,同样具有效率的含义,只是更强调与竞争对手相对的比较意义。在服务业市场上,竞争体现在特定利益主体能否比其他利益主体更合理配置服务业要素资源,提高服务业生产效率,或者善于创造出差异性强的服务业商品,从而赢得服务业的比较优势和竞争优势。

9.1.2 区域服务业竞争的目的

区域服务业竞争的目的是实现区域利益最大化。经过多年的改革,区域利益在国家经济体系中已逐步取得合法地位:一方面,各个区域成为相对独立利益集团,尽力谋求自身的经济发展,因而,区域之间的经济发展竞争日趋公开和激烈;另一方面,各区域又是由中央政府所代表的国家经济体系中的一员,各区域都享有获得平等发展、同等分享国家经济发展成果的权利。在现实经济中,由于地方政府常常既是地方经济利益的组织者同时也是区域经济利益的组织者,区域服务业竞争的目的往往是在地方政府的推动下实现的。因此,区域服务业竞争的目的是在区域服务业政策指导下,通过服务业的区间竞争行为,实现区域服务业增长和就业,获取区域利益最大化。

为了实现区域利益最大化,各个区域服务业之间就必然要展开激烈的竞争,这种竞争无时无刻不存在,它体现在区域服务业发展的每个重大决策和具体的经济活动中。围绕区域利益,在区域内各个服务业主体在利益上结成联盟,形成服务业利益和区域利益在对外竞争时的统一。地方政府作为区域利益的代表,最大限度地保护本区域的服务业企业特别是对区域经济增长和就业贡献大的企业的利益。在区域服务业竞争中,运用包括经济的和超经济的各种手段帮助本区域内的服务业企业对付其他区域的同类企业的竞争。我国曾在两轮"区域大战"中出现的区域之间的市场封锁,在经济管理和行政执法过程中偏袒本地企业等行为,都是这种竞争的具体表现。

为了实现区域利益最大化,地方政府会千方百计地在全国经济发展的总体格局中去拓展服务业发展空间。比如在金融资本的竞争中,首先是对银行信贷资金的争夺,有时甚至动用行政手段压银行贷款。地方政府的一般行为倾向:一是积极鼓励本地区银行从区外拆入资金,二是千方百计限制本地区银行向外拆出资金,三是展开直接融资的竞争。如地方政府直接发行债券或股票筹资用于投资;各地方政府积极争取在本地区内设证券交易所,鼓励发展证券公司等。在争取外资的博弈中,各地区为了尽可能多地吸引外资,在国家政策范围内千方百计采取各种变通措施,以降低外商投资的区位成本。

9.1.3 占领市场是区域服务业竞争的核心

虽然区域服务业竞争的形式和特点是复杂多样的,但最大限度地占领市场仍是区域服务业竞争的核心。服务业在本区域内的发达程度以及对区外市场的输出程度,对区域的总体发展与总体利益关系重大。服务业在本区域内的发达程度也是服务业竞争力水平高低的表现,也影响到在全国范围中的市场占有程度。输出服务业的兴衰同样直接关系到区域利益的得失。

区域服务业竞争是一种特殊形式的竞争,它是一个区域内服务业通过区域经济活动与其他区域服务业为获取区域经济利益而展开的角逐与较量。进一步说,在竞争中实现区域利益的最大化,最根本的一点是服务业市场份额的扩张。因此,区域服务业竞争核心上是服务业市场份额的竞争,在竞争中实现服务业市场份额的扩张和市场占有率的提升。

9.2 区域服务业竞争研究的类型

竞争具有层次性,由此可以划分为不同的竞争类型。由于产业竞争的范围越来越广泛,对不同层次的经济活动主体,如企业、产业、国家等之间竞争的研究也越来越热门,理论也是层出不穷,各具特色。当前对于竞争的分析方法,从主体上来分,可以分为企业层次的竞争研究,产业层次的竞争研究,国家层次的竞争研究;从空间上来分,可以分为产业国内竞争研究和产业国际竞争研究;从范围上看,竞争涉及产品竞争、企业竞争、产业竞争、区域竞争和国家竞争。

同样,服务业竞争的研究也具有层次性,表现为不同的类型。由于对服务业竞争的研究可以从不同层面上展开,所以可将服务业竞争的类型划分为以下四个方面:服务企业的国际竞争,服务企业的区域竞争,服务产业的国际竞争及服务产业的区域竞争。

9.2.1　服务企业国际竞争

服务企业是在市场上出售服务以实现赢利的企业。服务企业的国际竞争包括如下四种形式:服务企业为旅行到服务提供国的流动购买者提供服务;服务企业利用国内基地的人力和设施向国外提供服务;服务企业在国外通过当地服务设施、本国派往的和当地雇用的员工提供服务,即国内服务企业走出国境,到国外市场上进行国际竞争;在国内市场上,服务市场扩大开放之后,国内服务企业要在国内市场上与跨国公司展开激烈的国际竞争。前两者属于国际贸易,而后两者属于国际投资。

9.2.2　服务企业区域竞争

服务企业区域竞争是一个区域的服务企业与国内其他区域同类服务企业或竞争对手向市场提供所需服务产品和服务的竞争,它表现在服务企业产品或劳务的独特性、价格优势和市场占有率,以及产品研究开发、企业经营管理、企业利润创造等方面。

服务企业区域竞争较之服务企业国际竞争而言,涉及范围小,仅局限于一个国家内部,不同省、自治区、直辖市同类服务企业之间的竞争。区域服务业竞争是建立在这一区域服务企业竞争的基础之上的。区域间或一个区域内,同类服务企业的竞争,由于市场竞争机制而最终出现优胜劣汰,从而出现同类服务企业集聚的趋势。目前,针对服务企业区域间竞争的研究还很少。

9.2.3　服务产业国际竞争

产业国际竞争是一个具有明确的直观含义却又不易精确定义的概念。美国迈克尔·波特教授是第一位从产业层次研究国际竞争的学者,他把产业国际竞争定义为:一国在某一产业的国际竞争,为一个国家能否创造一个良好的商业环境,使该国企业获得竞争优势。因此,国与国在某一产业的竞争,应是国与国之间在商业环境方面的竞争。从这个意义上来说,服务业国际竞争是指一个国家能够创造良好的服务发展环境,使该国的服务业企业获得竞争优势。

服务产业国际竞争是通过利用现有的服务产业资产条件,不断创造更好的资产转换过程,协调引进吸收能力与输出扩张能力,在加快国内生产发展的同时,向全球化生产进军,从而创造出更多的附加价值,为一国积蓄更多的国民财富。

国际竞争的核心就是比较生产力,即各国同类产业或同类企业之间相互比较的生产力。产业国际竞争最终是以产品的市场占有份额来衡量和检验的。服务业国际竞争是在国际自由贸易条件下(或在排除了贸易壁垒因素的假设条件下)一国服务业产业以其相对于他国的更高生产力,向国际市场提供符合消费者(包括生产性消费者)或购买者需求的更多的产品,并持续地获得赢利。

目前,关于国际服务产业竞争的研究多是从服务贸易的角度来进行的。换句话说,国际服务产业竞争直接表现为服务贸易的竞争,它是一国服务业在参与国际服务贸易竞争中所能给该国创造增加价值以及增加国民财富的能力。如果把迈克尔·波特的竞争理论结合到服务业和服务贸易中来,我们可以得到决定一国服务业的国际竞争优势的因素主要包括:生产因素、国内市场需求因素、支持性产业和相关产业的发展、服务业企业的战略、结构与竞争及一国的机遇和政府作用。

9.2.4　服务产业区域竞争

服务产业区域竞争是某个特定地区(省、自治区、直辖市)的服务产业在国内竞争与其他地区服务业在生存和发展并由此获取收益方面的竞争,也可以表述为一个特定地区的服务产业在参与国内竞争中具有相对于其他地区的服务业更能优化资源配置,营造比较优势和竞争优势,从而不断提高市场占有水平。

服务产业区域竞争是各区域服务主体在市场竞争过程中对资源和市场的争夺。它一方面反映了区域服务产业的经济实力,另一方面比较准确地勾画出了该区域服务产业的基本发展趋势,是各地区服务产业开拓市场、占有市场并促进当地经济发展的关键。

　　服务产业区域竞争将比较范围缩小在一个国家内部,既可以是不同省市或自治区之间服务产业的综合比较,也可以是自然地理区域间,如东、中、西部之间服务产业的比较,还可以是经济区域间,如长三角经济区域、环渤海经济区域等之间的比较。

　　我们这里的研究对象正是服务产业区域之间的竞争,如图 9.1 中阴影部分,即以各地区服务产业之间存在的比较优势为基础,重点分析区域服务产业竞争的背景、动因、内容、特征、目的、实质等。

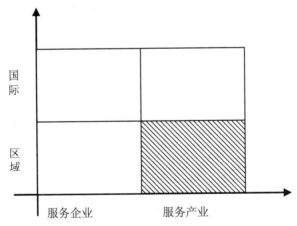

图 9.1　研究对象

10 区域服务业竞争研究的理论基础

在市场经济社会中,每个区域的服务业都要在参与竞争中求发展,研究区域服务业竞争,必须研究区域服务业竞争的理论基础。

10.1 区域服务业比较优势理论

对于竞争的研究,最早可以追溯到比较优势理论。比较优势理论也可称其为古典竞争理论,是在市场上所显示出来的比较优势。开展区域服务业竞争,首先必须正确选择区域产业发展方向,从社会分工中确定区域服务业的比较优势,寻找适合区域经济社会发展条件的产业定位。

10.1.1 亚当·斯密的绝对成本理论

比较优势的理论源于亚当·斯密的绝对成本理论。1776 年,他在《国民财富的性质和原因的研究》一书中提出,各国(区域)生产各自具有优势的产品并进行交换,将会使各国(地区)的土地、劳动和资本得到最充分的利用,从而大大提高劳动生产率,增加社会物质财富。按这个理论,各国(区域)通过与其他国家(区域)绝对生产成本的比较,确定其在社会中的分工,选定成本低、有优势的产业和产品,集中资源组织生产。比较优势理论奠定了西方古典贸易理论的基础,对发展和巩固资本主义生产方式起了重要作用。这个理论有局限性,它解释的是一种特殊的经济现象,对所有产品成本都不具有比较优势能否开展贸易和竞争,是否有利的问题没有作出回答。

10.1.2　大卫·李嘉图的比较成本理论

1817年,大卫·李嘉图在《政治经济学原理》中,在绝对成本理论的基础上,提出了比较成本理论,回答了上述问题。他认为,社会分工不仅决定了不同国家(区域)的商品生产成本的绝对差异,而且决定于其差异的程度。一国(区域)即使所有产品都绝对成本高,但成本差异小的产品同样具有比较优势。这样,对国家(区域)分工和贸易具有了较广泛的指导性,丰富和发展了比较优势理论。其基本假设是资本和劳动在区域间不能自由流动,这不能完全代表分工和贸易的客观实际,是它的局限所在。

10.1.3　俄林的资源禀赋理论

比较优势理论的另一个重要里程碑是俄林1933年创立的资源禀赋理论,进一步解释了比较优势与资源之间的关系。他提出,商品价格的差异来源于生产成本的差异,生产成本的差异来源于生产要素价格的差异,而后者的差异来源于资源禀赋的差异。当国家(区域)之间生产要素的价格比例不同时,应集中生产并出口本地资源最丰富、价格最便宜的生产要素的商品,各国(区域)比较优势决定于其拥有的生产要素相对充裕程度。这个理论,尽管有其历史局限性,但它比较接近现代比较优势的实际,仍是当今比较优势理论的核心,是研究国际(区域)产业竞争和国际贸易发展的重要理论。

10.1.4　波斯纳的技术差距论

波斯纳(R. Posner)深入分析了创新和技术进步在决定比较优势中的作用。波斯纳的技术差距论(Technology Gap Theory)认为:不同国家和区域的技术进步不很一致,一个技术要素丰富的创新国家或区域总是领先进行技术革新和新技术产业化,在不同国家或区域间形成技术差距,并拥有生产优势和垄断新产品生产,当其他国家或区域学习模仿后,创新国家或区域的动态技术优势逐步消失并会利用其相对丰裕的技术要素转向开发另一种新产品,形成新的出口优势。

10.1.5　弗农的产品周期贸易论

弗农(R. Vernon)的产品周期贸易论(Product - cycle Hypothesis)认为,一切产品都有创新、成长与成熟、标准化以及衰亡的生命周期。产品生命周期不同阶段对生产要素存在不同的要求,产品创新阶段需要大量的高级技术人才研究和开发新产品,技术要素比较丰富的国家或区域具有完全专业化垄断生产优势;产品成长与成熟阶段,由于批量生产和技术扩散,创新产品区域的比较优势逐渐受到其他区域的竞争;产品标准化时期,需要进行大规模生产,技术要素的重要性逐渐下降,拥有大量熟练劳动的低工资区域逐步成为专业化生产区域,因此不同的国家或区域必须根据生产要素差异寻找生产处于产品生命周期中某一阶段产品的最好定位。技术差距理论和产品周期理论说明:由于区域间存在技术差异,不同区域在产品生产的不同周期实行分工和贸易,从而形成不同专业化生产基地。一般地说,技术要素丰富的区域是创新产品发源地,往往在产品生命周期的开创期、成长期实行专业化生产;而技术要素不足、廉价劳动力丰富的区域往往在产品标准化生产时期成为专业生产基地。

10.1.6　克鲁格曼的新贸易理论

随着国际分工和贸易的发展,以克鲁格曼(P. Krugman)等为代表的新贸易理论(New Trade Theory)认为:新古典比较利益理论只能解释国家或区域间不同产业间的贸易,而同一产业间的比较优势取决于规模经济和产品差异化。当一个区域某种产业能有效地发挥规模经济效益时,就能以有竞争力的价格销售商品;当一个区域的收入达到相当高的水平时,消费者偏好会使消费者表现出多样化选择,而为差异化产品提供新的市场空间。因而,贸易的基础是规模经济,而不是技术不同或资源配置不同所产生的比较优势。

比较优势理论的发展过程经历了由外生到内生、再到内外生并

重,由单因素向多因素的发展过程,由过去的单一比较优势理论发展
为综合比较优势理论。① 因此说,比较优势已经逐渐发展成一个较
宽泛的概念,指本国或本地区在经济发展中所独具的优势资源与有
利条件,不仅包括丰富的自然资源、劳动力、资本等基础要素,还包括
先进技术、智力资源、独特的历史文化背景,以及由区位条件、市场
化、法制化和政府效能等决定的较高的交易效率。

10.1.7　区域服务业比较优势

根据比较优势理论,区域服务业比较优势主要应该表现为各个区
域服务业在市场竞争中所处的有利地位,其形成优势的判断可以简单
化为服务业商品货币成本或市场价格的比较。在区域服务经济活动
中,服务企业根据区域的劳动、资本、技术、制度等方面的比较优势选
择服务业生产方向(产业定位),形成服务企业优势产品,营造服务企
业比较优势;区域内部大量优势服务企业集合形成区域服务产业优
势,从而决定区域服务产业竞争力。因此,一个区域的服务业比较优
势模式是由具体的现实经济因素(劳动、资本、技术、制度等)决定的。
各个区域以现有的相对于其他区域具有比较优势的经济条件来选择
服务业分工和专业化生产,形成区域服务企业、服务产业比较优势。

10.2　区域服务业竞争优势理论

10.2.1　从比较优势到竞争优势

比较优势理论只是从静态角度研究区域产业选择和专业化生产方
向,从静态角度研究了区域产业竞争力的来源。但是,现实经济社会不
是静态的,随着社会生产力发展、生产要素流动和区域市场变化,以及地
方政府对区域发展环境的改造,区域比较优势特征会发生改变。因此,

---

①　向国成:《综合比较优势理论:比较优势理论的三大转变》,经济学家网 2004
年 2 月 29 日。

一个区域必须根据比较优势选择产业发展定位,从静态和动态相结合上寻找更加有效的产业发展路径,营造产业竞争优势。

20世纪80年代以来,伴随着经济全球化和经济一体化进程的加快,有关产业国际竞争的研究已逐步展开,国内外学者在这一领域从比较优势理论和竞争优势理论等角度进行了有益的探索,认为比较优势与竞争优势之间具有密切的关系。① 比较优势是竞争优势的基础,一个区域具有比较优势的产业往往易于形成较强的竞争优势。② 相反,没有比较优势,也很难形成竞争优势,即使暂时形成了一定的竞争优势,也很难持续保持下去。同时,一个区域产业的比较优势要通过竞争优势才能体现出来,即使是具有比较优势的产业,如果没有培育起来竞争优势,也无法实现其比较优势。③

厉无畏和王秀治(2001)认为,产业竞争优势是由产业组织效率、投入要素的数量和质量、学习和创新能力、合作的效率、文化力量以及产业政策等因素决定的。其中,产业组织效率从两个方面影响产业的竞争优势:一是竞争性组织结构,有效竞争的市场结构和产业组织结构是增强服务业竞争力的关键因素;二是规模经济,包括企业内部的规模经济和企业外部规模经济。④

这些理论无疑为我们对区域服务业竞争优势的研究提供了理论和借鉴。

10.2.2 波特的服务业竞争优势模型

尽管关于竞争方面的理论在西方经济学中早有论述,但是,真正

---

① 仇方道、朱传耿:《区域产业竞争力评价研究》,载《国土与自然资源研究》2003年第3期。

② 穆荣平:《中国高技术产业国际竞争力评价指标研究》,载《中国科技论坛》2000年第3期。

③ 邵润堂、张华:《比较优势、竞争优势及国际竞争力》,载《经济问题》1999年第4期。

④ 厉无畏、王秀治:《产业竞争论》,载《上海经济》2001年第11期。

系统、完整地将竞争作为专门领域进行研究并卓有成效的,应首推美国哈佛商学院教授迈克尔·波特的著名三部曲《竞争战略》、《竞争优势》和《国家竞争优势》。这三部著作以创造性的思维提出了一系列竞争分析的综合方法和技巧,为理解竞争行为和指导竞争行动提供了较为完整的知识框架。也正因为如此,这三部著作已成为当代管理领域的权威著作。

波特在《竞争战略》和《竞争优势》两本书中提出了驱动产业竞争的五种力量,即进入威胁、现有企业间的竞争强度、替代威胁、买方砍价能力、供方砍价能力。这五种作用力综合起来决定着该产业的最终赢利能力。由于这些作用力随着产业不同而强度不同,所以并非所有产业都具有相同的赢利能力。①

波特在《国家竞争优势》中提出了竞争优势的"钻石模型"。②波特的竞争优势理论主要指一个区域使其企业或行业在一定的领域创造和保持竞争优势的能力。波特把一国(或区域)产业竞争优势归结为四个基本要素和两个附加因素,构成一个"钻石模型"。其中:一是要素条件,指生产某种产品所需要的投入,包括人力资源、自然资源、科技知识等,其中强调的是创造的要素,而不是资源禀赋。二是需求状况,指市场对某种产品或服务的需求,包括市场需求的量和质。一国国内市场对某一产业提供的产品和服务的需求复杂程度影响该国这一产业的竞争优势。三是相关产业和支持性产业,主要指上游产业、下游产业的相互合作程度。四是企业战略、结构和竞争者。五是机遇,指科学技术突破、自然灾害、社会变革等企业和产业不能控制环境发生变化改变现有竞争态势带来的机遇。六是政府行为,通过产业政策等对上述四因素产生的积极或消极的影响,后两个为附加因素。

---

① 迈克尔·波特:《竞争优势》,《竞争战略》,华夏出版社1997年版。

② 迈克尔·波特:《国家竞争优势》,华夏出版社2002年版,第3章。

波特结合钻石模型提出了服务业竞争优势的四个基本要素理论。① 主要包括:

10.2.2.1　生产要素——人才储备不可缺

在服务业的竞争中,生产要素的角色必须依各服务业的国际竞争形式而定。对吸引外国客户主动前往的服务业而言,生产要素通常是成功的关键。例如,观光业对气候和地理环境的依赖很深,教育和医疗保健服务则要靠当地人员的训练和技术。如果服务业务主要是由母国的设备和人员完成,显然也应对国内生产要素极为敏感。

但是,对于通过海外办事处网络的服务企业而言,生产要素以外的其他关键要素,可能更具影响力。在服务业企业通过国外分支机构网点为该国提供服务业的服务业竞争中,大部分的雇佣人员是当地人。因此,母国公司所发展的技术、科技和劳务特色退居第二线。需求因素和相关产业则成为这类服务业成败的决定因素。

而地理位置在一些服务业中亦扮演了相当重要的角色。新加坡船业实力强劲,与它位居中东和日本之间重要航线上有关。瑞士身处欧洲贸易路线要冲,使它在许多与贸易相关的服务业中成功。与一国所处位置类似的是它的时区。伦敦之所以能成为全球金融和贸易中心,条件之一是它处于美洲和亚洲之间的枢纽位置。这表示伦敦的服务企业在上班时间能同时与两个地区联系。

一般说来,母国非技术性和半技术性人工的成本,并不是大多数服务业竞争优势的重要来源。劳力密集的服务业通常由在其他国家的办事处提供。不过,建筑等服务业仍需要低工资国家大规模输出人工,这就是为何韩国建筑业能在某些市场环节赢得国际性成功的原因之一。

10.2.2.2　需求条件——成败的关键

对服务业的国家竞争优势而言,需求条件可能是当今最具影响力的一个决定性因素。这种情形与20世纪50年代和60年代初期,需求

---

① 迈克尔·波特:《国家竞争优势》,华夏出版社2002年版,第6章。

条件在制造性消费商品中扮演的角色很类似。服务业目前正处于快速成长和进步的阶段。许多新式服务业正在开创,既有的服务业则在重组和变革。需求条件使这个过程更为深化。捷足先登者为许多传统服务业缔造了可观的国家优势。服务业在这个阶段所面临的变革和结构重组,再次提升了需求条件对国家竞争优势的重要意义。

10.2.2.3　相关与支持性生产业——提升效应依然如故

如同制造业的情形,当服务业的相关产业具有国际竞争优势时,它们会孕育出其他的服务业,这种情形就和制造业提升相关制造业的情形一样。与信息科技相关的产业就是许多服务业中最重要的一组支持性产业。美国拥有世界级的电脑公司、应接不暇的顾客与套装软件经销商,这样的优势也转嫁到自动化程度相当高的美国服务业。

当国家能在商品或其他劳务方面形成相互依赖的国家优势时,也会开启一些服务业的需求。有国际竞争力的产业对相关服务业具有三方面的好处:可以提供母国挑剔的客户、创造国外的需求市场、提升相关的服务业。

近年来,服务业的多元化趋势已逐渐展开。在美、英等国出现的大型国际服务企业正开始在相关领域中取得优势。强势的服务企业进入新行业之后,也带来了它们在系统化方面的优势。当国内产业结合的脚步加快时,下一个会采取的步骤就是海外扩张。

10.2.2.4　企业战略、企业结构、同业竞争——行行出状元

各国的服务企业在组织运作上也有一些差异。瑞士企业擅长处理一些重视信任、需要特别谨慎的项目,或是当事人之间复杂的协议谈判。美国企业则精于系统分析技术的相关领域(像咨询顾问业),或必须迅速解决问题的产业(如广告业等)。

服务业的声望也随各国情形不同而有显著差别。有些国家的重工业和技术性职业吸引了最优秀的人才,服务业只有敬陪末座。但是,在美国情形刚好相反,任职咨询顾问公司或在华尔街工作的人,则享有相当高的声望。许多最聪明干练的人才也为服务业所吸引。

在英国,咨询顾问、拍卖以及近年来的理财服务等服务业也是为社会所接受的,然而很多一心要出人头地、跻身上流社会的年轻人,兴趣却不在这些产业。

当国家能提供不受限制且强劲有力的竞争环境时,就可以算是培养世界级服务业的沃土。过去美国"八大"会计事务所之间的竞争、为数惊人的瑞士银行以及阵容庞大的英国保险公司就是最好例证。大多数服务产业的竞争的焦点:对细节的注重、不断引进新式服务变革、即时回复客户的需要等方面。国内的竞争对手仍是这类产业爬升的重要因素。但若是国内缺乏有效的竞争时,该国的服务业将很难在国外成功。

10.2.3　竞争优势的四个发展阶段

波特在《国家竞争优势》一书中创造性地提出了关于竞争优势的发展阶段理论。[1]

波特认为,国家经济会表现出不同阶段的竞争优势,这反映出该国企业、产业、产业集群的国际竞争本钱。一般来说,竞争优势主要反映在国家相关产业的国际竞争表现,但也涉及一些只在国内市场竞争的产业表现;不过,国内市场需求表现并非必要条件。

将国家竞争优势阶段化,目的不在于解释国家经济的完整表现,或是它的全部发展过程。这种阶段化进程,可能会排除一些考虑因素,而且也没有哪个国家完全符合这种阶段设计方式。因此,在设计竞争优势的阶段化过程中,主要目的在于清楚地刻画那些促进国家经济繁荣的产业特色。

每个国家的经济都是由各种类型的产业组成的,这些产业又有不同的竞争条件。即使像美国、德国等发达国家,还是有完全依赖天然资源而求得竞争力的产业。不过一般而言,大多数成功的产业,其竞争优势是基于更广泛而精致的条件。

---

① 迈克尔·波特:《国家竞争优势》,华夏出版社 2002 年版,第 10 章。

暂时撇开经济的多样性,可以在一个时间定点上,标出国家经济形成竞争优势的模式,这些模式也可以从成功的产业、产业环节乃至于采用的战略形态看出。这种相似性主要是因为产业的钻石体系和国家优势的关键要素基本上是相同的,差别只在个别产业有它的独特情形。同样地,由于产业集群效应会使国内产业发展和升级齐头并进,因此竞争优势状态也有集中化的倾向。更重要的是,成功的生产要素(如高级技术人力资源)可以广泛地用在各种产业,生产要素的创造机制又有先后发生顺序(部分来自于成功的示范效应),同样促成成功的生产要素,会以平行方式横跨各产业之间,以至于各产业之间一方面致力于竞争,另一方面也努力推广新的规范与价值。

波特提出了国家经济发展的四个阶段。它们分别是生产要素导向阶段、投资导向阶段、创新导向阶段和富裕导向阶段。图 10.1 是这四个阶段的关系链。在这个系统中,前三个阶段是国家竞争优势发展的主要力量,通常会带来经济上的繁荣。第四个阶段则是经济上的转折点,有可能因此而走下坡路。这四个阶段虽然是一种概略性分类,但有助于了解在经济发展过程中,国家与企业在不同时期所面对的问题,以及促成经济发展或导致衰退的力量。

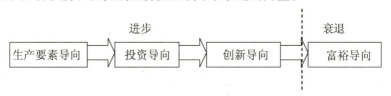

图 10.1　国家经济发展的四个阶段

阶段一:生产要素导向

在经济发展的最初阶段,几乎所有的成功产业都是依赖基本生产要素。这些基本生产要素可能是天然资源,或是适合农作物生长的自然环境,或是不匮乏且又廉价的一般劳工。这个阶段中的钻石体系,只有生产要素具有优势。在这种条件下,只有具备相关资源的企业才有资格进军国际市场。

在此一阶段的本地企业,完全是以价格条件进行竞争,能够提供的产品不多,应用的流程技术层次也不高,技术本身也是广泛流传、容易取得的一般技术。此外,企业本身尚无能力创造技术,必须依赖外国企业提供经验与技术,企业本身能表现的技术主要是来自模仿,或是在本地投资的外商所引进的;亦即拥有较高级的产品设计和技术的本地产业,大多是来自外商投资兴建一体化作业工厂,或是选择该国作为生产网点的外商提供技术,或是本地制造厂商以半成品加工方式学习而来。处在这个阶段的企业,很少能与产品的最终顾客直接接触,海外市场的贸易机会也掌握在外国代理商手中。另外,有些外销产品,在本地的市场需求有限,甚至是根本不存在的。

生产要素导向阶段的经济,对全球经济景气循环与汇率变动非常敏感。因为它们会直接影响产品的需求程度和价格高低。同样地,本国生产要素一旦不如其他国家,产业将严重受创,丧失它的领导地位。尽管充沛的天然资源能带来一段时期的高所得,但是对提升生产力的帮助并不大。

每个国家都曾在某段期间经历过生产要素导向阶段,目前几乎所有的发展中国家、计划经济型国家都正处于这个阶段。另外像加拿大、澳大利亚等天然资源特别丰富的国家,也是在这个阶段。

一般而言,能够从生产要素导向阶段迈出,成功转入下一个阶段的国家并不多。在这个阶段中,以国内需求市场为主的产业可能因进口替代效应而持续扩张,但是驱动它发展的力量是政府的保护措施,不让外国竞争者加入的结果。进口替代型产业基本上缺乏国际市场的竞争优势条件,而且保护政策一旦扩散,反而会因产业缺乏效率而降低国家的生产力。

阶段二:投资导向

在投资导向阶段,国家竞争优势奠基于从政府到企业之间积极投资的意愿和能力。这个阶段的企业投资行动频繁,它们会大量投资兴建现代化、高效率与生产大量的机器设备厂房,并努力在全球市场上取得最佳的技术,也常以支付专利费、合资或其他途径找寻更精密的外国产品和制造技术。这一切行动的目标,都在提高更精密产业与产业环节的竞争能力。虽然,这个阶段的企业努力争取到的技术仍落后国际领先厂商一代左右(原因是各厂商保留了最先进技术),但至少是公开渠道中的最进步技术。此外,投资导向阶段的企业不单单应用外国的技术和方法,同时也致力于改善外来的技术。企业具有能吸收并改良外国技术的能力,是它们突破生产要素导向阶段、迈向投资导向阶段的关键。当企业进入投资导向阶段时,外国技术和方法大多仅供内部参考,主要依靠的是自行改良行动。由外国协助兴建的一体化作业工厂,此时已不能满足企业的需要。

阶段三:创新导向

当国家进入创新导向阶段时,许多产业已出现完整的钻石体系。在这个阶段中,钻石体系的所有关键要素不但发挥自己的功能,交互作用的效应也最强。

当国家处于创新导向阶段时,各种产业和产业环节中的竞争开始深化与扩大,代表这个国家的特殊环境与历史文化传统特色,也在特定产业与产业环节中出现。由于个人收入提高、高等教育普及,对便利的需求增强、国内竞争激烈,消费者的需求也更加讲究了。产业集群中的企业也以自己强劲的竞争实力,影响相关企业与国内客户的精致化。许多产业因为蓬勃出现的新厂商而加速改善和创新的步伐,重要的产业集群也开始出现世界级的支持性产业,具有竞争力的新产业也由相关产业中产生。

产业处于创新导向阶段时,依赖生产要素而形成竞争优势的情形越来越少,许多产业也在升级过程中,摆脱生产成本与币值汇率的威胁。产业虽然没有生产要素优势,但能在不利因素的刺激下创新,产品与流程技术也不断往前推进。大环境中,更高级的基础建设、研究机构与更具水平的大学体系也在形成中。这些新机制不但保持自我强化状态、创造高级而专业化生产要素,同时也与特定产业形成联系,塑造出锐不可当的气势。钻石体系正在产业与产业集群中发挥自我强化功能。

这个阶段被称为创新导向阶段,原因是企业除了改善国外技术和生产方式外,本身也有创造力的表现。本土企业在产品、流程技术、市场营销和其他竞争方面已经接近精致化程度。同时,本国有利的需求条件、坚强的供应商产业基础、专业化生产要素,以及在相关产业的支持下,企业也能持续创新;它们的创新能力又形成其他新产业出现的原动力。

阶段四:富裕导向

如果能持续国家发展动力、充分发展本国优势,那么应该可顺利通过竞争优势发展过程的前三个阶段。国家的竞争优势会越来越精致,有竞争力的企业与产业也会越来越多,跟不上步伐、生产力低下的产业环节,也将被淘汰。

富裕导向阶段的情况与前三阶段正好相反,这个阶段是经济走入衰退的局面。主导这个时期的力量是前三个阶段积累下来的财富。但发生的问题是,处于富裕导向阶段的国家,既有的财富并不足以支撑经济本身的需要。形成这种困境的原因是,投资人、经理人和人民试图新的转变,持续投资和创新的行动也已不再,经济发展的步调受到了挫折。此阶段的国家经济目标也与过去不同,重心放在社会价值上面;但是很多人却忽略了,社会价值其实是根植于经济持续进步的基础上。

进入富裕导向阶段后,企业也开始丧失它们国际间的竞争优势。会形成这种情况的原因包括:国内的竞争活动衰退、经营战略由积极转向保守、企业再投资的意愿降低、大企业左右政府保护政策使自己与竞争者隔离。另外,赤手空拳打天下的第一代企业家逐渐凋零,取代他们的是习惯在体制内活动的新生代经理人。企业、工会既失去冒险精神,也缺乏竞争的热情,创新冲劲与敢向成规挑战的勇气也不复见。员工因收入提高、视野开阔,而不再热衷于工作。劳资之间也为了维持自己既得的权利,关系日渐僵化;劳资的互不相让又成了改善生产力的根本障碍。

处于这个阶段,人民对其他领域的工作兴趣远大于在产业界。实用主义的教育观念逐渐消失,社会和家庭对教育的疏忽,又造成教育标准的低落。社会对创造生产要素的投资比例大不如前,其他领域的投资反而抬头,而国家对有钱人课以重税的趋向,又降低了人民的投资意愿。总而言之,富裕导向阶段的最大讽刺是,产业投资表现不但不足,而且还在慢慢衰退中。

处于这一阶段的国家,过去成功积累的资金也使国内资本市场结构出现改变,投资人的目标从积累资本变成保留资金。经济体系创新速度减缓,又造成产业投资利益不如从前。资金流到土地等不动产上面。

根据波特如上的理论,处于不同发展阶段的国家,建立竞争优势的途径是不同的。因此,各国首先应就目前的情况正确评价自身的发展水平及在国际竞争中的地位,从而才能规划本国的发展前景。同时,也应研究一国如何创造条件,从一个发展阶段向更高阶段发展的问题。这对处在发展中的国家而言,具有重要的实践指导意义。

10.3　服务业与产业集群竞争优势

10.3.1　产业集群竞争优势理论

产业集群竞争优势揭示了相关企业之间在特定的地域范围内集结成群,从而获得竞争优势的现象、结构和机制。产业集群竞争优势是一个产业集群在竞争和发展过程中,与其他非集群的企业相比较所具有的更有效地满足市场需求、获取更大的价值收益的优势。它本质强调一个产业集群相对于竞争对手(非集群的企业)在整个产业中的竞争优势地位。

产业集群的概念提供了一个思考、分析国家和区域经济发展并制定相应政策的新视角。产业集群无论对经济增长,企业、政府和其他机构的角色定位,乃至构建企业与政府、企业与其他机构的关系方面,都提供了一种新的思考方法。

产业集群从整体出发挖掘特定区域的竞争优势。产业集群突破了企业和单一产业的边界,着眼于一个特定区域中,具有竞争和合作关系的企业、相关机构、政府、民间组织等的互动。这样使它们能够从一个区域整体来系统思考经济、社会的协调发展,来考察可能构成特定区域竞争优势的产业集群,考虑邻近地区间的竞争与合作,而不仅仅局限于考虑一些个别产业和狭小地理空间的利益。

产业集群被认为是获取区域产业竞争优势,夺取产业主导权的重要途径。区域经济学及产业经济学认为,产业集群能够带来行业的规模经济,有助于本区域产业获取竞争优势。产业集群是创新因素的集群和竞争动力的放大。对产业集群的研究在国外始于20世纪90年代初,是对波特国家竞争优势理论的延伸和拓展。在我国,对这方面的研究直到20世纪90年代末才开始出现。迈克尔·波特从竞争经济学的角度研究了产业集群问题,他认为,产业在地理上的集群,能够对产业的竞争优势产生广泛而积极的影响。当前,贸易理论学者研究竞争优势的目光已经深入到了产业内部,认为产业集群能够产生外部规模经济效应,企业集群在同一区域,能够获得在其他地方所不能得到的好处。区域内这种对企业及其产品竞争优势独有的好处,正是区域因素的体现。它不再是传统的自然禀赋等外生因素,而是区域内由于集群、竞争、合作、创新、"干中学"等动态因素产生的优越于其他区域的内生因素。马歇尔100多年前就发现,一些主要依赖工匠技能的特定产业部门在特定地区集群,有利于提高生产效率。这种存在于行业内部而非个别厂商内部的规模经济效应产生的原因有三种:一是厂商在地理上的集中能促进专业化供应商队伍的形成;二是厂商的集中能创造一个完善的高度专业化的劳动力市场,公司能够迅速地在市场上招聘到合适的人员;三是厂商的地理集中分布有助于创造性的构想以及技术秘密在个人之间非正式的交流,即产生知识外溢。

　　产业集群要求政府重新思考自己的角色定位。产业集群观点更贴近竞争的本质,要求政府专注于消除妨碍生产力成长的障碍,强调通过竞争来促进集群产业的效率和创新,从而推动市场的不断拓展,繁荣区域和地方经济。

10.3.2　国外服务业产业集群理论

　　自马歇尔以来,集群研究大多集中于制造业及工业集群,许多经济学家和经济地理学家致力于理论化制造业集群的"集群经济"的观点。他们认为,集群经济是企业因在某地的产业规模及由此引发的与同处集群的其他企业分享外部性支出能力而带来的企业成本的节约,如 Keeble。[①] 然而许多学者如 Moullaert & Gallouj[②] 等指出,制造业集群的理论与模型并不适合服务业。因为服务性企业提供用户定制的服务,其创新的信息、专门的知识和技能有别于为最终消费生产产品的制造企业。由于对服务业集群研究的不足,而对用传统产业集群的概念解释服务业集群的局限性导致一部分国外学者试图开发出现代服务业集群的新框架。

　　Scott[③] 率先将"服务业集群"概念化,强调"极为适应外界变化的外部联系和劳动力市场关系的网络的重要性"。Wood[④] 是在产业集群框架下考察服务业增长,但并未直接研究地理集群及其决定因

　　①　Keeble, D., Wilkinson, F. (Ed.), "High – technology Clusters, Net Working and Collective Learning in Europe", *Ashgate Aldershot*, 2000, pp. 1 – 20.

　　②　Moullaert & Gallouj, "The Locational Geography of Advanced Producer Firms: the Limits of Economies of Agglomeration in Daniels", *The Geography of Services Frank Case*, 1993.

　　③　Scott, A. J., "Flexible Production System and Regional Development: the Rise of New Industrial Spaces in North American and Western Europe", *International Journal of Urban and Regional Research*, 1988, 12.

　　④　Wood. P. A., "Flexible Accumulation and the Rise of Business Services", *Transactions of the Institute of British Geograghers*, 1992, 16.

素的问题。Moullaert 和 Gallouj①、Pinch 和 Henry② 认为,来自距离最小化的交易成本节约,其自身不足以解释高附加值和知识型集群活动的持续增长相反,对这些企业重要的是获取当地化和相对不流动的隐性知识以及知识外溢;对知识型服务业集群的研究需要包含越来越重要的全球网络、客户与集群企业间的联系。

Camagni③ 和 Keeble & Wilkinson④ 认为,对于成功的知识型集群而言,重要的是与"创新环境"有关的当地"集体学习过程"。他们强调特定产业或部门的企业在地区集群的方式能随时间产生充满活力的过程,这一过程明显增强了企业的创造性及学习和分享集群企业所创造新知识的能力。在成功的知识型创新的环境下,通过使集群企业接入"集体学习过程",从而增强了集群的竞争优势,提高了集群的增长率。而这一过程是通过地方劳动力市场的技术劳动力的流动、客户—供应商在技术和组织上的交流、模仿来运作的。

Miller 的研究表明⑤,大伦敦区聚集了全英国最重要的服务业集群。伦敦市中心的商业性服务集群,伦敦市区的金融服务业集群,伦敦区的电影、电视等媒体制作集群。Nachum & Keeble⑥ 深入研究了伦敦中心区的媒体集群,他们发现了地方化集体学习过程作为媒体

① Moullaert & Gallouj, "The Locational Geography of Advanced Producer Firms: the Limits of Economies of Agglomeration in Daniels", *The Geography of Services Frank Case*, 1993.

② Pinch. S., & Henry, "A Paul Krugman's Geographical Economics, Industrial Clustering and the British Motor Sport Industry", *Regional Studies*, 1999,33.

③ Camagni, R. Local Milieu, *Uncertainty and Innovation Networks: Towards a New Dynamic Theory of Economic Space in Camagn*, Belhaven Press, 1991.

④ Keeble, D., Wilkinson, F. (Ed.), *High - technology Clusters, Net Working and Collective Learning in Europe*, Ashgate Aldershot, 2000, pp. 1 – 20.

⑤ Miller, "Business Clusters in the UK—a First Assessment", *Trade and Industry Main Report*, 2001,10.

⑥ Nachum, L. Keeble, "Neo - Marshallian Nodes, Globle Networks and Firm Competitiveness", University of Cambridge Working, 1999, p. 154.

集群创新和活力主要源泉的有力证据。为进一步验证此结论的适用性,Nachum & Keeble 详细调查了伦敦和南英格兰的中小型管理和工程咨询类企业,他们发现不仅大的咨询机构而且中小型专业性咨询机构都倾向于集群在大都市,因为他们均看重集群位置所提供的全球网络的机会。Nachum & Keeble 认为,对于专业性服务业集群,极为适应外界变化的外部联系和劳动力市场关系的网络十分重要。因而专业性服务业集群高度重视空间上聚集的网络对获取重要新知识,尤其是专业和市场知识的重要性。Sassen 也认为咨询企业定位在国际性大都市的知识型服务业集群内对开发和促进全球联系具有超常的优势。[①]

而对于服务业在空间分布上呈现集中发展的现象的原因,丹尼尔·贝尔认为,造成服务业集中发展的关键因素是互补共生,也就是单一类型服务业需要各种不同的服务业聚集在一起,才能完成其服务的最终目的。[②] 但是,丹尼尔·贝尔认为虽然服务业会因互补共生而获得收益增加或成本降低,服务业的聚集也会产生聚集不经济的现象。并因为不同类别服务业对产业区位影响因素不同,所以在空间分布上受集群经济的影响程度也不同,进而造成在空间分布上的集中程度也有所不同。Verson & Hoover 认为,服务业在空间分布上会受到交通成本、劳动力、办公租金及其他空间因素的影响,并认为消费性服务业与生产性服务业都同属服务业范畴,在空间分布上有正的相关性存在,但因两种类型服务业的区位条件要求有所不同,所以在空间分布上也存在差异。[③] 这些研究表明服务业集群发展的一个理由是获取全球网络、客户和知识以及地方知识基地的需求。

波特在《国家竞争优势》一书中对"服务业与产业集群"进行了

---

① Sassen, S. , *Cities in the Word Economy*, Pine Forge Press, Thousand Oaks, 1994.

② Daniel Bell, 1974, *The Coming of Post-industrial Society*, Heinemann Educational Books Ltd. ,1974.

③ Verson A. , Hoover E. M. , *Anatomy of a Metropolis*, Harvard University Press, 1959.

研究。① 波特认为,服务业是产业集群体中不可或缺的一环。竞争性的服务业有助于孕育或提升供应商和客户所属的产业,而竞争性的制造业也会刺激相关的服务业在国际上成功。意大利的设计服务企业为国外客户设计汽车、鞋类、服装和其他多种产品,它们的实力是发轫自意大利在这些领域的强大制造业。

波特认为,服务业在产业集群中非常重要。瑞典的专业船务业企业擅长制造汽车运输船,或是运送汽车往返于欧洲、北美洲和亚洲之间的特殊船舶,这方面它们可以算是世界级厂商。它们的成功是瑞典其他多项国际级产业共同孕育和强化的结果。在瑞典,商业船务本身就有悠久的传统,但是为了适应国内昂贵的工资成本与亚洲市场的竞争形态,它的船务业必须依靠精湛的船坞技术与专业化船舶的实力,朝更专业化的形态发展。但真正促使船务业能面面俱到的关键是瑞典两家扬名国际的汽车和货车制造企业——富豪和绅宝。由于富豪与绅宝早期输出许多产品到各国,使瑞典的汽车运输船厂商成为新式、专业船舰的先发积极投资者,并成为相关产业的领导者。另一个在汽车运输船方面领先的国家则是以出口为导向的日本。

波特研究发现,在服务业与产业集群的竞争力方面,有另一个例子可供参考,就是美国的广告业。美国投注于日用消费品产业上的广告量,可谓世界之冠,这也使得相关厂商成为广告服务的挑剔型客户。在美国广告业的发展中,广告代理商除了曾在第二次世界大战后,随美国日用商品企业前往世界各地发展外,美国本土更致力于发明传播媒体,建立了悠久的传统。例如美国是最先引进电视的国家,并且是早期电子营销的主要市场。传播媒体的民营制度、公司的经验丰富和多年前就开始在电视台与广播电台上自由播放广告等情形,再次强化了美国广告代理商的地位。

波特认为,服务业的产业集群和制造业情况一样,也有地理集中

---

① 迈克尔·波特:《国家竞争优势》,华夏出版社2002年版,第253~254页。

性。例子之一是伦敦的理财服务和相关产业,而美国波士顿则汇集了诸多形式的咨询顾问和软件公司。服务业和制造业的产业集群都会与专业学校合作,要不然就全力投入特定领域具有实力的大学研究计划。

波特通过对10个工业化国家的考察发现,产业集群是工业化过程中的普遍现象,在所有发达的经济体中,都可以明显看到各种产业集群。产业集群是指在特定区域中,具有竞争与合作关系,且在地理上集中,有交互关联性的企业、专业化供应商、服务供应商、金融机构、相关产业的厂商及其他相关机构等组成的群体。不同产业集群的纵深程度和复杂性相异。产业集群超越了一般产业范围,形成特定地理范围内多个产业相互融合、众多类型机构相互联结的共生体,构成这一区域特色的竞争优势。产业集群发展状况已经成为考察一个经济体,或其中某个区域和地区发展水平的重要指标。

10.3.3　服务业集群竞争优势

服务业集群可以理解为在某一特定区域范围内形成的大量联系密切的服务性企业及相关机构的集群。

10.3.3.1　现代服务业集群的特点

对于现代服务业集群而言,集群具有如下几个特点:

一是面对强大的内外竞争压力,集群内企业容易形成新的竞争—合作局面。集群中的企业既面临群内企业的竞争,同时也面临本企业所处集群与其他集群的竞争。集群把单体企业的竞争提升到了更大群体之间的竞争,重塑了竞争形态。因此,集群内的企业会削弱彼此之间的摩擦,更倾向于合作,这种建立在合作基础上的竞争,形成了集群中新的竞争—合作格局。

二是由于企业集群地理位置相对集中,集群内企业对竞争的压力感受更为直接,从而为企业服务质量的提升、个性化服务的实现与技术创新等有利于企业发展的服务与项目更新创造了条件。

三是从服务业对外部知识与信息的依赖性看,集群中的企业由于规模效应,能较早地感知外部市场的变化。服务性企业的成功更多的是靠对外部信息的快速反应与运用,取得市场先导与舆论优势。服务业集群,从根本上改变了单个服务企业势单力薄、无所依托的局面,有利于集群内企业对外部信息与知识的获取。

四是从服务业的劳动智力密集型特点来看,集群效应有利于吸引大批人才和智力机构的进驻,形成产学研互动机制,为集群及企业的长期发展提供持续的智力支持。

10.3.3.2　类型

根据服务业的特点和企业关联方向、关联程度可以将服务业集群分为水平型集群、前联型集群和后联型集群。水平型服务业集群主要是指狭义上的企业集群,即各种类型的服务性企业在一定地域范围内的集中,企业间业务关联程度较低。前联型和后联型服务业集群主要指广义的服务业集群。前联型主要侧重于与企业生存发展、日常经营发生联系的物资与设备供应商、政府部门、科研教学等支持机构。这种前联型集群的形成主要为产业与企业的运作与可持续发展提供良好的宏观环境与氛围,以保证企业正常运作所需的人力、财力、物力支持。后联型产业集群主要侧重于企业日常经营与市场营销网络的构建,包括与企业相关的顾客群的形成、交通运输公司网络、中间商网络、信息化平台等,它是服务业集群形成与发展的重要内容。前联型和后联型集群之间的关联程度较高。

10.3.3.3　现代服务业集群竞争优势表现

一是服务差别化优势。现代服务业集群内专业化的服务、相关支持、创新的外部性等便利条件为集群企业的服务产品提供了丰富的差异化机会,它们使集群企业不仅易于服务的开发、设计,而且集群内企业间处于对产业分工的需要,对产业链细化,使得企业能够在集群中通过相互的互补获得服务差别化竞争优势。现代服务业集群内部具有激烈的竞争压力与动力,刺激服务企业不断地革新、努力发现和适应市场的需要,无形中培育了集群企业敏锐的洞察力,能够迅速发现客户潜在需求的细微变化,使服务业由简单的低附加值服务升级为高附加值的精益服务,从而改变了过去不灵活、简单粗糙的服务模式。

二是品牌共享优势。现代服务业集群企业最重要的优势就是区域品牌的共享。区域品牌蕴涵了服务业集群独特的地理特征和人文历史特征,是众多集群企业品牌的提炼和浓缩,比单个企业品牌更形象、更直接,而且区域品牌的效应也更持久。例如,北京 CBD 既是现代服务业的集群,更是金融服务业的集群区。随着引进外资金融机构优惠政策的落实,其对外资金融机构的吸引力逐步增强,北京 CBD 已经在全国甚至世界上形成一个响当当的区域品牌,即使在城市中高度发达区域,也是最有实力的代表。

三是共享服务资源优势。资源共享行为在产业集群中表现为,集群企业为了个体和集群发展的需要,通过领域共享客户资源、信息,以增加集群竞争力。在现代服务业集群竞争优势获取过程中,硬件设施不足是制约企业发展,特别是中小企业发展的一个关键因素。但是众多相互关联的服务企业聚集在一起,形成现代服务业集群,可以实现资源、客户共享,克服单个企业硬件设施不足的缺陷。现代服务业集群拥有共同的专业人才市场,可以取得人才竞争的优势;可以共同吸引风险基金,获取创业资金保障的优势;可以相互利用对方的特长,获取能力互补的优势;可以通过互为创新成果的传播者和使用者,获取创新优先扩散的优势;可以利用区域整体品牌优势,取得营销的协同效应,从而创造市场优势。

四是服务创新优势。现代服务业集群具有更高的学习与创新效率,主要表现为,集群内企业间的激烈竞争促使企业往往具有更强的创新意识,不断进行技术创新和管理组织创新;集群内企业联系频繁,创新成果扩散更快,更易为其他企业所学习和吸收,从而促进整个群体创新能力的提高;产业集群具有有利的创新条件,创新者在集群内更容易找到所需的信息、技术、人才、资金等;相关企业合作创新既可以分散风险、减少困难,又可以加快创新速度。所以,集群在学习与创新的动力、环境、组织等方面具有很高的优势,可促使集群成为创新的主体,成为推动产业进步的力量。

五是学习效应优势。学习效应是指产业内部存在着信息、知识和技术共享以及相互学习、共同提高的必然趋势,产业集群这种特殊的组织形式能够产生一种加速集群内部成员之间、集群与外部系统之间信息、知识和技术交流的效果,提高集体学习的效率和能力,从而吸引企业从分散走向聚集。相比个体企业的"单打独斗",集体学习具有无与伦比的优势。首先,它能够在产业内部形成相互依存的产业关联和共同文化,促进人们的信任和交流,加快信息、观念、思想和创新的扩散速度,节约企业的交易费用;其次,它能够使具有异质性资源的企业通过学习实现资源的互补与融合,达到核心能力的叠加;再次,它还能够驱使企业个体之间积极协同,营造有序的竞争环境。正因为如此,集体学习成为产业集群化发展的内在吸引力。集群中的企业可以凭借空间聚集,跨越简单的规模扩张所带来的组织障碍和弊端,既保持单个企业的灵活性,又能利用集群协调机制和地理接近优势所形成的长期信任与合作关系。D. Keeble 和 L. Nacham 对伦敦的服务业集群中122家管理和工程咨询服务企业和英格兰南部非集群化布局的178家同类企业的对比表明,在集群中的服务企业确实可以通过集群学习机制来获得优势。并且它们还发现这种集群学习机制主要通过三种途径实现:一是通过非正式的社会关系网络获得新知识;二是通过集群区中服务企业之间正式的合作安排来促进集体学习机制;三是通过集群区中技能劳动力的流动来促进知识的流动。

10.3.3.4 服务业集群的形成与发展

同工业制造业相比,服务业集群的形成既具有与之相同的共性,同时由于其产业特性,又有形成的特殊性。相比而言,服务业集群的形成对外部环境、制度背景、文化环境、相关产业发展等的要求较高。这就是说服务业集群的形成高度依赖于区域整体的经济基础、社会结构、产业构成与发展、人才培养与提供、现代信息技术的应用等基础性条件;而且服务业集群对外部知识、信息流动等要素的使用更多,对区域整体甚至全球市场的依赖更大。就世界范围而言,比较著名的现代服务业集群如以金融商务服务业为主导产业的纽约曼哈顿模式、以金融业为主的伦敦金融城模式、以生产服务业集群为主的东京新宿模式以及美国东部的从波士顿至华盛顿一线的旅游产业密集带等等。纵观这些服务业集群的形成与发展,虽然依托于各自特定的地域与产业基础,有各自形成与发展的不同特点,但从总体上说,服务业集群的形成与发展有一些规律性的共同特点,如历史文化因素是服务业集群形成的内在诱因、经济产业结构构成与演变是服务业集群发展前提与基础、完善的外部环境与政府扶持是服务业集群发展的重要依托、专业人才与科研机构的规模与质量是服务业集群持续发展的核心因素、现代信息技术的广泛应用及面向全球市场的服务业发展需求是服务业集群形成的重要因素。

10.3.3.5　现代服务业集群获得竞争优势的途径

现代服务业集群要想建立自身独特的竞争优势,必须从战略高度对服务业实施管理,规避集群风险,创建自身竞争优势。以整个产业为对象实施战略管理,围绕人才、文化、学习、战略四个方面,基于现代服务业集群的角度构建一个系统化的战略管理模型实施管理,以获取产业的核心竞争优势。

一是充分发挥人力资源集群优势。现代服务产业中人的因素是其兴衰成败的关键,充分发挥人的积极性、挖掘人的创造力是提高服务发展水平的基础。人力资源集群是在某一相近或离散区域、某一特定专业领域集聚了许多人力资源。现代服务业集群是能够从事服务领域人力资源集群形成的基础,人力资源集群是为某一区域的产业集群服务的,产业集群的竞争优势可以通过人力资源集群得以良好的实现。服务产业一旦拥有人力资源,通过正确合理使用,发挥优势,就可以提高产业竞争力。

二是培养融合积极的集群文化。当一定数量的现代服务业在某一区域聚集后,与当地的社会、文化历史相融合,形成具有共同历史观和价值观的产业集群。在集群内,隐性知识通过非正式交流形式进行传播,形成区域性的隐性知识。由于这种隐性知识根植于区域内共同的社会和文化背景,集群外的企业不能轻易模仿,因此它成为产业集群的核心竞争力。当这种隐性知识和当地的企业家精神及制度环境(如政府制定的一系列鼓励创新的政策)相结合,就形成了一种创新文化。

三是强化集群企业学习能力。集群的学习能力是现代服务业集群竞争优势的重要组成部分。集群学习是以一系列集群共享的制度、规则、程序等为基础,集群成员和个人通过相互协调行动以寻求解决问题时产生知识积累和转移的社会化过程。集群的学习模式是一种跨越企业组织边界的知识共享的特有机制。随着集群的逐渐成熟,学习模式趋于多样化,促使集群创新能力的逐渐提高,尤其在成熟阶段的现代服务业集群中,核心企业和中介机构对于集群学习以及创新活动都有举足轻重的影响。随着我国现代服务业集群的日趋成熟,集群内核心企业和中介机构在产业集群学习和创新过程中的作用日益重要。因此,应加大对核心企业和中介机构的引导和扶持,为产业集群创新能力提高提供支持。

四是树立品牌战略。现代服务业集群区品牌建设的策略要实行"以名牌兴业,以品牌立区"的战略。政府和企业共同努力,以多种渠道推动集群区品牌建设,实施名牌带动战略,以企业品牌带动积聚区品牌。现代服务业集群区品牌的强弱体现在集群区内产业规模竞争力的强弱上,而产业规模竞争力的强弱则表现为龙头企业群的大小和强弱上,因此培养强势的服务龙头企业便成为重中之重。以强势企业带动一般企业可以使整个集群区内的企业群具有较高附加值的服务提供和较强的竞争力。

促进现代服务业集群还应采取品牌的区域延伸扩张。利用已树立起来的品牌,将品牌扩展到新的区域,可节省大量的品牌建立费用,提升竞争能力。由于区域产业品牌的市场影响力大多局限于一定的地理区域或文化风俗群体,只有通过区域延伸才能产生规模经济效应,形成集群名牌。

11 区域服务业竞争的内容和特征

区域服务业竞争的内容包括诸多方面,如服务产业升级竞争、服务业资源的竞争、服务业项目竞争、服务业发展政策的竞争等;同时,区域服务业竞争也有其相对特征。这些正是本章研究的内容。

11.1 区域服务业竞争的内容

为了尽量扩大市场占有份额、提高市场占有率,区域之间必将展开激烈的服务业竞争,竞争的内容主要包括如下几个方面。

11.1.1 服务产业升级竞争

服务业产业升级有两个方向:现代服务业和生产性服务业。现代服务业代表着服务业发展前景,具有巨大的市场需求,不仅是本区域增长与就业的重要领域,而且是区域服务业竞争的关键。因而,从传统服务业向现代服务业的产业升级是区域服务业竞争要点。生产性服务业是作为其他产品生产的中间投入的服务业,即以为生产部门和其他服务部门提供服务为主的服务业。生产性服务业发展是制造业竞争乃至经济竞争的关键。著名服务经济学家格鲁伯和沃克把生产性服务提供者比作生产过程中的重要专家组。生产性服务实际上是人力资本、知识资本和技术资本进入生产过程的桥梁。世界产业发展规律正在证明,服务业尤其是生产性服务业正在成为后工业化时代的经济支柱。因此,实现生产性服务业的产业升级同样属于区域服务业竞争发展的重点。

11.1.2　服务业资源的竞争

人才与资本等资源从来都是竞争的基础,区域服务业竞争也不例外。服务业人才的短缺已成为我国各区域发展的瓶颈。这一方面与我国长期以来对服务业及服务业人才培养的重视程度不够,另一方面也与服务业内部行业种类复杂、多变有关。优秀的服务业人才无疑是服务业发展壮大、提升服务业竞争力水平的第一资源。近年来,各区域认识到了服务业竞争的重要性,因而对服务业人才在人才培养、人才引进、人才利用等方面加大了力度,各区域之间的服务业人才竞争也日趋激烈。服务业资本的竞争主要表现在服务业投资方面。我国的服务业发展虽然具有区域不平衡性特征,但基本上都还处于投资驱动期,即投资对服务业的成长和服务业竞争具有直接的推动作用。因此,鼓励区域内资本向服务业转移、积极利用区域外投资包括国内投资与利用外资等成为区域服务业竞争发展的重点。

11.1.3　服务业项目竞争

项目带动已成为区域服务业发展和服务业竞争的切入点。一个好的服务业项目既能吸引优秀的服务业人才和各路投资,又能带动相关产业的发展。因此,各区域在服务业项目谋划方面,有的依托本区域既有的服务业比较优势项目谋划做大做强,有的积极开发具有发展潜力的新型服务项目开拓创新,还有的积极发展与其他优势产业相关联的服务项目实现共同繁荣等等。

11.1.4　区域服务业竞合发展

包括两方面的内容:一是同一区域内服务企业之间的竞争与合作。在创造市场时,经济活动主要体现在合作上,而在分配利益时,经济活动主要体现在竞争上。竞合就是要求在"做饼"的时候进行合作,在"分饼"的时候进行竞争(廿华鸣、姜钦华,2002)。换言之,商战是战争与和平的结合体,竞争与合作是同时存在的。二是区域之间的竞争与合作,即通过合作实现竞争力水平的提升已成为当今区域服务业发展的主题。区域服务业合作的实质是合作博弈。在合作博弈中既包含合作又包含竞争,是一个竞合过程(陈进,2000)。也可以说竞合论是一种将合作战略与竞争战略相结合,使区域服务业竞争活动获得成功的博弈论原则。参与者通过合作做大市场,通过竞争分配利益。发达地区与不发达地区之间的服务业合作,使发达地区实现了服务业的对外扩张,也是不发达地区引入了发达地区的服务业项目和相关要素,提升了区域服务业发展水平;发达地区之间的服务业合作,实现了优势互补,经验沟通。在合作方式上,各区域也采取了多种有效形式,比如各地区政府间签订协议;各地区政府召开定期高层联席会议,研究确定区域合作的总体要求和重点事项;推动服务业企业之间进行联合项目开发;联合举办服务业发展论坛,探讨当前区域合作中存在的问题及解决办法,密切各区域之间的联系;举办服务业洽谈会,将该行业中的具有一定规模及实力的服务企业会聚一堂,促进各企业之间的信息交流及合作;举办服务业展览会,为区域特色服务业产品、特色资源提供一个展示的平台,为各区域提供更多的发展机会,打造区域性品牌,从而推进区域服务业的进一步发展等等。

11.1.5　服务业发展政策的竞争

区域服务业发展政策是非常重要的区域服务业发展环境。于是,各区域既在本区域发展的总体规划中强调大力发展服务业,又在具体的服务行业发展政策方面对服务业发展提供优惠发展政策,比如在服务业发展中的市场准入政策、用地政策、投融资政策、人才政策、开放政策、价格政策、税收与收费政策、管理体制改革政策、产业政策重点等方面,各地都相应出台优惠政策,推进区域服务业发展。

总之,由于区域经济的复杂性、服务业行业种类的复杂性,使得区域服务业竞争的内容非常广泛。除了上述几个方面外,区域服务业竞争还有着更广阔的竞争领域。

11.2 市场空间二元结构下区域服务业竞争

11.2.1 市场空间结构影响区域服务业竞争

在一国市场发育存在发达与落后的空间二元市场结构下,市场经济体制因其天然存在竞争优势和竞争劣势累积的区域两极分化机制,并最终表现出全国经济发展不平衡和地区差距拉大而非共同富裕。这种空间二元市场结构的作用机制对区域服务业竞争也有很大影响。区域间不可能达到竞争均衡状态,因而存在着区域两极分化机制。因此在分析区域服务业竞争研究的内容时,应充分考虑到在二元结构下,区域服务业之间按照市场机制进行竞争可能会有一些特殊的结果。①

11.2.2 市场空间二元结构的影响机制

经济学原理表明,如果一家厂商或社会在它的生产可能性曲线以下进行生产,其资源配置就可以被认为是低效率的。不妨令一国经济由 A、B 两区域构成,其中区域 A 服务业发达,区域 B 服务业落后。在这种服务业空间二元结构中,相比较而言,区域 A 的资源配置具有相对效率,其经济增长具有内在扩张机制。区域 B 的资源配置相对无效,其经济增长存在内在收缩机制。在区域市场动态运行过程中,对区域 B 而言,由于区域 A 资源配置方面的相对效率,无疑会抬高本区域各种投入要素的机会成本。降低机会成本的理性决策会诱导区域 B 中数量愈来愈多、质量愈来愈高的投入要素不断流出,形成所谓"要素效益外溢"。在此情况下,区域 B 所拥有或可支配的投入要素无论从量上看还是从质上讲,都会更加稀缺。更加稀缺的投入要素与经济增长收缩机制黏合在一起,区域 B 经济增长就

---

① 李新安:《空间二元市场结构约束下的中部崛起障碍及突破》,载《当代财经》2007 年第 5 期。

会出现乘数式收缩。相反,对区域 A 而言,由于区域 B 资源配置方面的相对无效,无疑会降低本区域各种投入要素的机会成本,并对区域 B 各种投入要素产生巨大的诱惑力,不仅本区域的各种投入要素不可能流出,反而还会大量吸纳区域 B 的各种投入要素,形成所谓"要素效益内注"。在此情况下,区域 A 可拥有或可支配的投入要素无论从量上看还是从质上讲,都会更加充裕。更加充裕的投入要素与经济增长扩张机制的联姻,区域 A 经济增长便会孕育出乘数式扩张。在投入要素的上述流出流入过程中,尽管区域 A 中要素的边际报酬递减,区域 B 中要素的边际报酬递增,但由于在市场空间二元结构中,两个区域投入要素的机会成本的对比关系不可能发生实质性变化。

生产可能性曲线的非凸性以及区域 A 经济增长乘数式扩张和区域 B 经济增长乘数式收缩,又从一个侧面说明区域 A 经济增长速度超过了 A、B 两区域的平均增长速度,区域 A 的"效率工资"便趋于下降,由此就可获得一种为区域 B 根本不可能与之相提并论的累积竞争优势,同时进一步遏制区域 B,使其在经济增长中不断累积起愈益恶化其自身的各种因素。

区域 A 累积的竞争优势包括:①累积起吸引新兴产业布局的优势。区域 A 凭借其足够的市场实力,能够累积起强大的科技力量、便捷的交通和通讯联系、完备的基础设施和优越的协作条件、雄厚的资本和活跃的消费市场。所有这些方面结合起来,使得区域 A 对于新兴产业部门的空间布局具有巨大磁力。②累积起资本分配的优势。区域 A 市场发达,经济繁荣,人才密集,必然成为政治权势的中心。从而在很大程度上左右着研究与开发经费、政府采购、国家投入、外埠资金以及公共工程项目的分配。③累积起服务部门成长的优势。伴随着工业化进程的不断深入,区域 A 劳动密集型、资本密集型、技术密集型、知识密集型产业的兴起与替代,势必带动一系列为之服务的产业部门,诸如交通运输业、邮电通讯业、居民服务业、技术咨询业、金融保险业等服务业的兴起与发展。④累积起市场成长优势。随着上述各方面优势的不断累积,区域 A 的产品市场、生产资料市场、货币市场、资本市场、人才市场、产权市场、信息市场等也会得到空间发展,并形成相对完备的市场体系。

与此相应,区域 B 尽管由于"扩散效应"的作用较之以往有着某种程度的进化,但也正是在这种进化过程中不断累积起方方面面的竞争劣势。比如说累积起工业化进程的劣势。区域 A 工业化进程的加速,要求充分的初级产品供给,并会通过技术转让、对外投资和产品统购等形式,刺激区域 B 增加初级产品生产,把区域 B 置于工业化进程的附属地位,甚至排斥在外,使得区域 B 工业化进程总是远远滞后于区域 A。比如说累积起产业结构方面的劣势。在市场空间二元结构中,区域间的分工往往是垂直型分工。在这种分工格局中,随着区域 A 产业部门的"外溢",一些淘汰或即将淘汰的产业部门将会转移到区域 B,构成区域 B 举足轻重的产业基础,致使区域 B 产业结构水平及其转换总是远远滞后于区域 A。再比如说区域 B 资本匮乏、人才奇缺、基础设施落后、观念陈旧、市场发育不良等等,归根到底都不过是累积竞争劣势的具体表现。

区域 A 不断累积起竞争优势和区域 B 同时不断累积起竞争劣势,又表明区域 A 实际上取得了一种市场垄断势力,可以通过索取高于边际成本的价格占有尽可能多的市场利益。市场垄断势力的出现,一方面意味着区域 A 的行为本身就违反了公开、公平、公正的市场竞争规则,另一方面意味着区域 B 为了维护自身的利益,也不可能按照公开、公平、公正的市场竞争规则行事。区域间市场竞争的非规范性,又会导致:①区域间不可能达到竞争均衡状态;②区域间资源配置方面不仅低效率,而且还会成为进一步强化这种低效率的手段;③由于可以通过操纵市场,稳定而长期地占有巨额垄断利润,区域 A 经济增长方式转换的动力将大大丧失。

11.2.3　基本结论

在市场空间二元结构条件下,区域间不可能存在足够的市场,也不可能按照公开、公平、公正的竞争规则行事;区域间不可能达到竞争均衡状态,因而存在着区域两极分化机制,并以经济增长乘数式扩张和乘数式收缩、累积竞争优势和累积竞争劣势等形式表现出区域两极分化而不是共同富裕。这是在分析区域服务业竞争时必须给予关注的。

11.3　区域服务业竞争的特征

区域服务业竞争是市场经济条件下竞争的一种特殊形式。虽然区域服务业竞争在形式、功能、手段、目标等多方面与其他形式的竞争有相似之处,但由于将空间因素纳入了竞争之中,区域服务业竞争比一般的经济竞争要复杂得多。它的特殊性可以总结为竞争的相对性、参与竞争主体的非单一性、不完全性、动态性与跨区域性等特点。为了全面理解区域竞争行为,有必要对区域服务业竞争的特点作进一步分析。

11.3.1　区域服务业竞争的相对性

区域服务业竞争的相对性是指这种竞争并非你死我活,而是区域之间在共同生存、共同发展中的相对竞争。由于区域经济中的地理、空间因素的存在,使得区域竞争不会像企业竞争那样由于竞争失败而导致企业实体的消亡。企业间的竞争是一个企业的成功常常以另外一些企业的失败为代价,因为前者要从后者夺取市场,结果是一个"零和博弈"。而区域服务业竞争不是"零和博弈",不存在生与死,只存在强与弱。所以区域服务业竞争是一种为谋求更大的竞争优势而展开的竞争。区域竞争的相对性又为区域协调提供了可能性。

11.3.2　区域服务业竞争主体的非单一性

竞争主体的非单一性是指区域服务业竞争不仅包括区域间服务

业企业、区域间集团、区域间地方政府的竞争,还包括一个区域的企业与其他区域的集团之间、地方政府与中央政府之间的竞争。这种多个利益主体之间为获取经济利益而进行的竞争使区域竞争变得十分复杂,大大增加了区域协调的难度。

11.3.3　区域服务业竞争的不完全性

区域服务业竞争的不完全性也是因为区域竞争不同于企业之间的微观竞争。由于地理、空间因素的存在,使得西方经济学的新古典完全竞争理论不能有力地分析解释区域服务业竞争。因为根据新古典完全竞争理论,产品差异是阻碍完全竞争、产生垄断的重要原因,而地理位置经常被作为产品差异的基础。

11.3.4　区域服务业竞争的动态性

区域服务业竞争的动态性强调的是条件的变化,随着区域竞争所处的客观经济环境的变化、参与竞争的区域发展水平的变化、参与竞争的区域的主导企业产品所处的生命周期阶段的不同,区域竞争的范围、程度、手段、目标等都会发生变化。

11.3.5　区域服务业竞争的比较性

区域服务业竞争是区域服务业主体在竞争过程中表现出来的比较能力,这种比较可以是产品质量、成本价格上的比较,也可以是占有或控制市场能力的比较和现实经济因素(诸如人力、资本、技术、政策等)的比较。各个区域以现有的相对于其他区域具有的比较优势来选择分工和专业化生产,形成区域服务企业、服务产业比较优势,从而形成一个区域的比较优势模式。

11.3.6　区域服务业竞争的整体性

区域服务业系统是由各要素构成的,要素是形成系统的基础,不同性质的要素在系统中发挥不同作用,从而对系统的整体功能形成特定的影响。它们不是机械相加而是依托于其特有的制度结构,有机地结合在一起,交互作用产生出来一定的功能,从而形成各要素所没有的整体性。系统的整体性还表现在构成各要素具有不可分割性。区域服务业竞争包括了各要素的基本实力,但如果把各要素的基本实力分割成各个部分,相互独立,也不能形成有效的区域服务业竞争力。

11.3.7 区域服务业竞争在一国内部展开

区域服务业竞争研究将区域产业竞争研究从在全球范围中讨论国与国之间的产业竞争延伸到一个国家内部的各子区域之间的竞争。不过不同层次的区域服务业竞争的受制因素随层次不同存在着一定的差异。如在一个国家中研究其子区域的服务业竞争,与在全球中研究一个国家服务业竞争比较,至少有这么一条明显的不同:国家中的一个区域服务业在其所从属的国家大区域中的开放度和对国家中其他子区域的关联度要比一个国家区域服务业在其从属的全球大区域中的开放度和关联度大得多。

下　篇　区域服务业合作研究

12 区域服务业合作内涵与意义

本章将阐明区域服务业合作含义、研究的意义以及研究的问题，并对国内外相关观点进行归纳总结。

12.1　区域服务业合作的含义

12.1.1　**区域合作与合作主体**

12.1.1.1　区域合作的含义

区域合作是指区域主体之间的一种互动关系状态，是相对于对抗，或不合作（非对抗也非合作）而言的一种行为方式的表现。合作既是一种行为的方法，又是一种行为的结果。它是行为主体对抗冲突势均力敌时出现的状态。用经济学分析，这种状态也就是均衡状态。

12.1.1.2　区域合作主体

从经济学角度看，合作主体的行为是一种理性行为，一种利益最大化行为。区域合作作为区域主体总的目标行为，它来源于既定条件局部利益主体最大化目标的有机组合。合作作为主体之间的一种社会关系和行为方式，又是一种交易，一种权力的让渡。在区域经济合作中，合作各方经过认真反复磋商，互相在一些关键问题上，作一些让步（权力让渡），形成互相遵守的一些共同规则，达到了一种暂时的均衡状态。

12.1.2　区域服务业合作

区域服务业合作是指不同区域的经济主体,依据一定的协议章程或合同,将服务业生产要素在地区之间重新配置、组合,形成相互依存、相互促进、取长补短、优势互补的服务业发展合作关系,促使区域经济结构得以合理调整,各区域的比较优势得到最大限度地发挥,各区域服务业的共同发展。在区域服务业合作中,各区域主体经过磋商,形成互相遵守的规则,共同推进各地区服务业发展。

12.2　研究的意义与问题

12.2.1　实践层面

从现实层面上看,我国的区域服务业合作,在"珠三角"、"长三角"等发达区域正在如火如荼地开展,而有些地区还处于起步阶段,无论处于哪个阶段,进一步的发展都需要理论的指导。特别是继长江三角洲、珠江三角洲经济圈之后,环渤海地区正在成为我国第三大最具发展潜力的区域经济发展的新的增长极,具有良好的发展前景。而相对于发达区域而言,环渤海经济圈的区域服务业合作还处于起步阶段,由于受到历史、行政、经济、市场、环境、自然资源以及人才等多方面因素的影响,使环渤海服务业的发展面临着大量亟待解决的问题。本书通过对实践的分析,找出其中的不足,提出具有实践指导意义的对策建议;特别是本书的研究将对环渤海经济圈的区域服务业合作具有重要的实践指导意义。

12.2.2　理论层面

在理论层面上,由于区域经济合作对经济发展的作用越来越重要,因而对区域经济合作的研究备受重视。但是,目前研究区域经济合作的文献中,专门针对区域服务业合作的研究不仅很少,而且仅有的研究也是直接针对某一区域或某一服务行业实践的对策研究。本书通过对中国国内区域服务业合作实践的总结,如"泛珠三角"、"长三角"、环渤海经济圈等区域的服务业合作,归纳出区域服务业合作模式,提炼出相应的理论。因此本研究会丰富和完善区域经济合作理论和服务经济理论,具有重要的理论意义。

12.2.3　政策层面

从政策层面看,《国务院关于加快发展服务业的若干意见》(2007 年 3 月 19 日)中明确提出:"鼓励部门之间、地区之间、区域之间开展多种形式的合作,促进服务业资源整合,发挥组合优势,深化分工合作,在更大范围、更广领域、更高层次上实现资源优化配置。"此外,各地区也在促进区域服务业合作方面积极谋划。因此,对区域服务业合作进行研究,既有利于相关政策的完善,又可以积极推动相关政策的落实。

12.2.4　若干问题

通过对区域服务业合作的研究试图解答如下几个问题:为什么要进行区域服务业合作? 区域服务业合作的影响因素是什么? 我国区域服务业合作模式是怎样的? 我国国内区域服务业合作的现状是什么、存在哪些问题? 完善我国区域服务业合作模式需要怎样的机制设计? 这些问题包含了区域服务业合作的理论、实践和对策三个方面的内容。

12.3　国内外理论观点

对于区域服务业合作,国内外学者还是比较重视,但没有专门针对区域合作的系统研究。

12.3.1　国外研究观点

国外研究主要集中在区域经济合作方面。国际区域经济合作作为区域经济一体化的一个重要组成部分,从经济学的角度来看,比较有代表性的理论主要是美国经济学家贝拉·巴拉沙对区域经济一体化的形势和不同阶段的研究和分析的基础上发展起来的,包括关税同盟理论、自由贸易区理论、共同市场理论、大市场理论、协议性分工理论、次优理论、内生交易费用理论、产业内贸易理论、博弈论及最优货币区理论等等。近年来,有关区域经济合作的主要研究对象更多地集中在关于是应先通过区域内合作实现区域内自由贸易,而后扩展全球,还是应先实现全球化,以及怎样减少区域经济合作组织内贸易与全球贸易的冲突等方面。

具体到服务业合作的研究,以研究区域旅游业合作为主。国外的区域旅游合作研究大多集中在区域合作组织行为模式上,Hills 和 Lundgren(1977)①、Britton(1980)②建立了关于核心—边缘理论模型,强调在旅游行为中边缘地区对核心地区的依赖作用;Mill 和 Morrison(1985)③认为区域旅游系统的几个要素是以多层次的功能关系和空间关系共同编织成一个复杂系统;Liu(1996)提出了三圈层的旅游系统及其环境结构模式,包括内部环境、运作环境、宏观环境三个圈层;Francois Vellas、Lionel Becherel(1999)总结了区域旅游合作竞争优势的五个基本要素:要素条件、需求条件、旅游环境、区域行为、介入机会;Bramwell(2001)在区域旅游合作的决策制定方面提出了一个理论框架,重点探讨了合作的范围、强度以及参与者一致合作的程度,以及可能出现的问题。

由此可见,国外理论界尚未对区域服务业合作模式进行研究,我们将结合当前我国服务业发展现状进行研究,这将弥补该领域的

---

① Hills,T. L. , Lundgren, J. ,"The Impacts of Tourism in the Caribean:A Methodological Study",*Annals of Tourism Research*,4(5).

② Britton, S. G. , "The Spatial Organization of Tourism in a Neo – colonial Economy:A Fiji Case Study",*Pacific Viewpoint*,21(2).

③ Mill R. , Morrison A. , *The Tourism System*,Englewood Cliffs:Prentice – Hall, 1985.

空白。

12.3.2　国内理论观点

目前国内关于区域经济合作的研究很多,在这些研究中,主要是研究中国与其周边国家的经济合作,其中以研究中国与东盟区域经济合作为主;而关于中国内部区域间的经济合作,也主要集中于研究长三角、泛珠三角及环渤海地区,因此,本书主要从这三个区域出发,研究目前我国区域服务业合作中存在的模式,并从以下几方面综述目前理论界的观点。

12.3.2.1　关于区域服务业合作的基础与条件

在泛珠三角地区服务业合作中,李江帆等认为,泛珠三角地区按经济发展水平和产业结构高度,大致可分为三个层次。第一层次是"香港、澳门",经济发展水平最高,第三产业发达。第二层次是"广东、福建",经济发展水平较高,农业比重低,制造业发达。第三层次是"江西、湖南、广西、海南、四川、贵州、云南",经济发展水平和产业结构层次相对较低,国民经济以工农业为主体,农业比重高,第三产业发展水平较低。这种产业特点,使该地区三次产业之间存在着很强的互补关系。① 毕斗斗认为,处于龙头地位的粤港澳核心地区的辐射和带头作用,以及泛珠三角各地区明显的互补优势和经济落差,为泛珠三角生产服务业合作提供了良好的基础和条件。② 在长三角区域服务业合作中,陈祥麟认为,长三角所具有的经济发展水平、人口发展规模、城市集聚效应,以及生生不息的市场主体,可以对上海现代服务业的发展起到积极的推动作用。③ 在环渤海的服务业合作

---

①　李江帆、陈凯:《泛珠三角区域服务业的合作与发展》,引自《2006 年:泛珠三角区域合作与发展研究报告》,社会科学文献出版社 2006 年版。

②　毕斗斗:《泛珠三角生产服务业区域合作展望》,载《当代经济管理》2005 年第 1 期。

③　陈祥麟:《融入长三角,加快上海现代服务业发展》,载《上海企业》2006 年第 2 期。

中,陈永国等认为,河北在传统服务业方面有比较明显的优势,北京的新兴服务业有明显的优势,通过京津冀之间取长补短、优势互补的合作,将会产生"1＋1＋1＞3"的整体区域经济效应。①

由此可见,理论界普遍认为,区域内各省市之间的产业梯度、经济落差、优势互补是我国区域服务业合作的基础与条件。例如,泛珠三角地区,香港、澳门的经济水平高,第三产业发达,与其他省市间存在产业梯度及经济落差,因此,其他省市可以利用这一点与香港、澳门进行服务业合作。但是,除此之外,笔者认为制度的差异、目标的多元化以及思想观念与文化的差异,也是我国区域服务业合作的影响因素,而目前理论界关于这方面的研究较少,本书将主要从行政区划、制度差异、经济实力的差距、目标的多元化及思想观念和文化差异几方面,分析其对我国区域服务业合作的影响。

12.3.2.2　关于我国区域服务业合作的模式

在泛珠三角地区服务业合作中,刘书安等认为,泛珠三角区域旅游合作模式特点有:地域时空跨度较大;多向度开放;多级次、多层次的复合结构;分步推进合作进程以及动力中心多元。② 杨荣斌等认为,珠江三角洲区域旅游合作属于核心边缘模式,呈现多级圈层结构,不同圈层的旅游功能有差异,旅游业发展水平呈现由核心向边缘的渐降次序,而区域整体水平高,竞争力强。③ 在长三角区域服务业合作中,宋军认为,长三角地区银行合作形式有:风险规避型合作、资源共享型合作以及优势互补型合作。④ 秦学认为,粤港澳旅游业的合作模式有:区域多极化、多层次、圈层式的旅游业联合模式;主体多

① 陈永国、马丽慧:《关于京津冀服务业各行业的梯度分析》,载《经济工作导刊》2002年第7期。

② 刘书安、林刚、王平:《"泛珠三角"区域旅游合作模式及其利益均衡机制探讨》,载《乐山师范学院学报》2005年第10期。

③ 杨荣斌、郑建瑜、程金龙:《区域旅游合作结构模式研究》,载《地理与地理信息科学》2005年第9期。

④ 宋军:《长三角区域银行合作创新模式探讨》,载《上海金融》2005年第6期。

元化、行业综合性、区域联动式旅游业联合发展模式以及多种机制综合协调、政府力量积极主导的旅游业区域联合发展模式。① 杨荣斌等认为,长三角地区旅游合作属网络型模式,区域经济发达,旅游业一开始就受到区域经济活力的强有力支撑。区域基础设施完备,旅游资源丰富,旅游市场发育,城市间往往互为市场,互为资源,并且度假、商务、节事等专业层次旅游活动所占比重较大。② 在京津冀的服务业合作中,张昕玲认为,京津冀地区旅游合作模式有:"农村包围城市,内陆挺进沿海"及"一带、三圈、五走廊"模式。③

可以看出,目前理论界主要是选取我国区域服务业合作中某一行业的合作来研究其合作模式,如旅游业、金融业等。此外,合作的模式主要是从空间、资源、基础条件等方面进行划分。由此可见,目前理论界并没有从总体上针对我国区域服务业合作模式的系统研究,在此,本书将是一个创新。此外,本书将从合作的主体上对服务业的合作模式进行划分。在综合研究目前我国区域服务业合作之后,本书将归纳总结出政府主导、企业主导型以及行业协会主导型服务业合作模式,并分别探讨几种模式的内涵、表现形式及其优缺点。

12.3.2.3　关于推进我国区域服务业合作模式的政策建议

在泛珠三角地区服务业合作中,刘书安等认为,泛珠三角区域旅游合作应立足于长远和大局利益,采取短期的不均衡策略;完善市场制度建设,建立利益均衡的基础;建立多元利益分配机制;建立政府利益导向和利益补偿机制。④ 李江帆等认为,推进泛珠三角服务业

---

① 秦学:《旅游业区域合作的一般模式与原理探讨——兼论粤港澳地区旅游业合作的模式》,载《商业经济文萃》2004 年第 5 期。

② 杨荣斌、郑建瑜、程金龙:《区域旅游合作结构模式研究》,载《地理与地理信息科学》2005 年第 9 期。

③ 张昕玲:《京津冀地区旅游合作模式与机制研究》(硕士学位论文),2006 年。

④ 刘书安、林刚、王平:《"泛珠三角"区域旅游合作模式及其利益均衡机制探讨》,载《乐山师范学院学报》2005 年第 10 期。

合作应突破行政壁垒,加强政府合作;建立地区间的利益协调机制。① 在长三角区域服务业合作中,宋军认为,长三角银行合作创新的途径包括:要突破行政区划对金融合作与创新的体制约束;加强金融组织体系创新,增强互补性;金融合作文化的融合;产品合作创新;服务创新。② 在京津冀的服务业合作中,张昕玲认为,京津冀区域旅游合作要确立"市场主导,政府推动"的合作机制;制定京津冀旅游合作的补偿机制实现利益共享;制定京津冀旅游联席会议制定期开展区域对话。③ 王景武认为,加强京津冀地区金融合作要建立区域金融中心,构建区域金融合作网络;突破金融资源条块分割格局;注重区际协调,形成市场化的运行机制。④

由此可见,目前理论界仍主要是针对我国区域服务业合作中某一行业的合作进行研究,并提出推进该行业合作的政策建议,并没有针对我国区域服务业合作模式的整体研究。此外,建议大多是围绕市场机制、利益协调机制,并没有结合其合作的各种模式进行总结。本书将结合文中所举的我国区域服务业合作的三种模式,以及当前我国区域服务业合作发展存在的问题,同时,结合博弈论,提出促进各种区域服务业合作模式发展的政策建议。

综上所述,目前我国理论界关于我国区域服务业合作的研究还存在许多不足之处,主要是合作的影响因素、合作模式的划分方式以及推进这些合作模式的政策建议几方面。因此,本书将从这些不足之处入手,系统研究我国区域服务业合作模式,对当前理论界关于我国区域服务业合作模式的研究进行完善,同时,对于这部分的研究也是本书研究的重点及难点。

---

① 李江帆、陈凯:《泛珠三角区域服务业的合作与发展》,引自《2006 年:泛珠三角区域合作与发展研究报告》,社会科学文献出版社 2006 年版。

② 宋军:《长三角区域银行合作创新模式探讨》,载《上海金融》2005 年第 6 期。

③ 张昕玲:《京津冀地区旅游合作模式与机制研究》(硕士学位论文),2006 年。

④ 王景武:《加强京津冀金融合作,构建环渤海区域金融体系》,载《港口经济》2006 年第 1 期。

13 区域服务业合作的基本理论

区域服务业合作的基本理论要回答合作的原因背景、影响因素与合作类型等问题。本章通过研究这些基本问题,形成区域服务业合作的基本理论。

13.1 区域服务业合作的理论基础

13.1.1 区域分工理论与服务业合作

最早的区域分工理论,即绝对优势理论是由英国经济学家亚当·斯密于 1776 年在《国民财富的性质和原因的研究》一书中提出的。斯密认为,国际贸易产生于各国之间生产商品的技术水平的绝对差别,贸易可以实现分工,各国分工分别生产具有技术水平绝对优势的产品,然后进行国际贸易,参加贸易的国家都能从中获利。同时他提倡自由贸易,认为通过国际分工和自由贸易可以使各国的资源、劳动力和资本达到最有效、最合理的利用,劳动生产率会大大提高,物质财富也会不断增加。

大约在斯密提出绝对优势理论 42 年后,英国经济学家大卫·李嘉图在 1817 年于《政治经济学及赋税原理》中,提出了比较优势理论。该理论认为,即使一国劳动生产率处于绝对劣势,而另一国处于绝对优势,只要某国自己与自己比有相对优势,就可以参与国际分工,两国仍可以进行贸易并从中获利。

1920 年,瑞典经济学家赫克歇尔与俄林提出了生产要素禀赋理论,指出各国生产成本的差异主要是由各国生产要素的丰裕度的差别造成的,正是这种要素禀赋的差异促使了国际分工与国际贸易的发展。要素禀赋论将国际贸易和区域贸易的领域由产品拓展到生产要素,并认为正是由于各地区生产要素禀赋的不同决定区域贸易格局,而生产要素的区域流动能够改变地区要素的不足,提高地区生产效率。

　　服务业的合作与发展是实现区域内部产业分工协调发展的重要内容。区域经济合作发展中的一个关键环节,是要利用在区域合作条件下出现的产业梯度转移、资源重新整合的机会,形成区域内部基于各地比较优势的合理产业分工,以此促进产业结构调整、升级并带动总体产出能力的提高。我国各地区之间的分工协调是包括农业、工业、服务业三次产业在内的分工协调。2006 年我国服务业占 GDP 比重为 39.4%①,服务业成为我国经济的主要构成部分,这决定了在我国区域经济的产业分工协调中服务业应占据主要地位。服务业的合作有利于各地区基于自身资源禀赋,发展具有比较优势的服务部门,避免结构同化和恶性竞争。

　　以我国长三角地区旅游业合作为例,长三角地区旅游业的比较优势在于:

13.1.1.1 　旅游资源种类繁多,互补性强

　　协同效应和互补效应是区域旅游合作的基础。长三角除具有很强吸引力的 4A 级旅游景区和国家重点风景名胜区外,旅游合作的各方都具有独特的难以替代的旅游资源,都市文化资源、历史文化资源、园林文化资源、海洋文化资源等旅游资源融合于长三角区域,相得益彰,为开展观光、度假等各种特种旅游以及区域旅游合作奠定了基础。

13.1.1.2 　内客源市场广阔,潜力巨大

　　长三角地区是中国经济最发达、增长最快的区域之一,被看做是中国经济发展的"发动机"。中国大陆经济实力最强的 35 个城市,

---

①　数据来源:《中国统计年鉴》(2007)。

长江三角洲地区占了 10 个；在全国综合实力百强县中，长三角地区占一半。长三角经济实力的加强使人们的生活水平整体提高，可供任意支配的收入呈上升趋势，城镇居民人均国内旅游消费连年增长。同时由于长三角地区旅游产业各组成要素发展状况良好，旅游专业服务设施与基础设施比较发达，为旅游者开展旅游活动提供了强有力的保障。因此，从长三角内部区域来看，各城市可以互为旅游客源地和旅游目的地，区域内旅游发展空间巨大。

13.1.1.3　民营旅游企业发展迅速

长三角民营经济发展无论在数量上还是在规模上都有不断扩张的趋势，虽然目前大部分投资主要集中在第二产业上，但民营资本正逐步转向投入到第三产业，投入到旅游业。一些专业性的旅游企业集团的发展势头也颇为迅猛，长三角荣居 2005 年全国百强国际旅行社和国内旅行社之列的旅行社大部分都为民营企业。不仅如此，在以民营企业为主角的投资商中，除了以旅游为主业的旅游投资集团，不少在其他产业领域取得成功的企业正在成为新的主角。

目前，我国长三角地区的旅游业合作也正是基于以上比较优势的存在而进行的。因此，我国区域服务业合作可以采取借对方的资源优势来弥补自己的资源缺陷的办法，以达到资源共享、优势互补的目的。

13.1.2　产业梯度转移与区域服务业合作

梯度转移理论，源于 20 世纪 60 年代，弗农在《产品周期中的国际投资与国际贸易》一文中提出了"产品生命周期说"，他认为，产品生命周期包括新产品阶段、成熟阶段和标准化阶段，间接地阐释了产业在国家间的梯度转移。区域经济学家将这一理论引入到区域经济学中，便产生了区域经济发展梯度转移理论。该理论认为，区域经济的发展取决于其产业结构的状况，而产业结构的状况又取决于地区经济部门，特别是其主导产业在工业生命周期中所处的阶段。如果其主导产业部门由处于创新阶段的专业部门所构成，则说明该区域具有发展潜力,因此将该区域列入高梯度区域。该理论认为,创新活动是决定区域发展梯度层次的决定因素,而创新活动大都发生在高梯度地区。随着时间的推移及生命周期阶段的变化,生产活动逐渐从高梯度地区向低梯度地区转移,而这种梯度转移过程主要是通过多层次的城市系统扩展开来的。梯度转移理论主张发达地区应首先加快发展,然后通过产业和要素向较发达地区和欠发达地区转移,以带动整个经济的发展。

根据产业梯度转移规律,由于产业梯度的存在以及各地区产业结构不断升级的需要,产业在地区之间是梯度转移的,一个地区相对落后或不再具有比较优势的产业可以转移到其他与该地区存在产业梯度的地区,成为其他地区相对先进或具有相对比较优势的产业,从而提高吸收方的产业结构层次与水平。地区间的产业转移使先进地区加快了产业升级,摆脱了产业包袱,从而可以集中人力、物力发展高附加值、高技术含量的产业;后进地区则可以以较低的成本引进相对先进的产业与技术,以"后发优势"尽快提高产业层次与水平,从而实现产业转移方与被转移方的"双赢"。

我国不同地区的服务业发展存在着较大的差距(如表 13.1 和图 13.1所示),无论是服务业(第三产业)的整体比较,还是分行业的比较,都表明我国不同地区的服务业发展存在梯度差,科学地利用这种梯度进行产业转移和协作,对促进我国服务业的整体快速增长具有重要意义。

结合表 13.1 与图 13.1,我们可以发现,2006 年我国各地区服务业(第三产业)占 GDP 的比重是存在一定差距的,比重最大的前三名依次是:北京、西藏、上海。北京位于京津冀经济圈的核心地带,对周边省市具有一定的辐射力,因此,北京服务业(第三产业)良好发展经验可以被其他城市所借鉴,此外,周边城市也可以通过与北京建立合作关系,共同促进双方服务业(第三产业)的发展。西藏旅游业的发展较为突出,并带动其服务业(第三产业)整体发展,因此,我们在进行西部大开发战略时,可以充分利用这一有利条件,促进其他省市的经济发展。上海是长三角地区的核心,我们同样可以利用上海优越的地理位置及环境优势,带动其周边地区服务业(第三产业)共同发展。

表 13.1　2006 年我国各地区第三产业占 GDP 的比重

单位:%

地区		构成 (100%)	指数 (上年=100)	地区		构成 (100%)	指数 (上年=100)
		第三产业	第三产业			第三产业	第三产业
北京	BJ	70.9	114.1	湖北	HUB	40.6	113.7
天津	TJ	40.2	111.1	湖南	HUN	40.8	111.7
河北	HEB	33.8	114.3	广东	GD	42.7	113.4
山西	SX	36.4	107.6	广西	GX	39.7	112.2
内蒙古	NMG	37.8	115.8	海南	HAN	39.9	111.0
辽宁	LN	38.3	110.0	重庆	CQ	44.8	114.0
吉林	JL	39.5	117.4	四川	SC	37.8	111.8
黑龙江	HLJ	33.7	112.4	贵州	GZ	39.8	112.3
上海	SH	50.6	112.0	云南	YN	38.5	109.2
江苏	JS	36.3	115.5	西藏	XZ	55.0	112.4
浙江	ZJ	40.1	115.2	陕西	SHX	35.3	112.4
安徽	AH	40.2	110.9	甘肃	GS	39.5	111.1
福建	FJ	39.1	116.0	青海	QH	37.5	110.5
江西	JX	33.5	109.9	宁夏	NX	39.6	109.1
山东	SD	32.6	114.5	新疆	XJ	34.7	113.6
河南	HEN	29.8	112.9				

资料来源:《中国统计年鉴》(2007)。

13.1.3　合作博弈论与区域服务业合作

博弈论是研究决策主体的行为发生相互作用时的决策以及这种

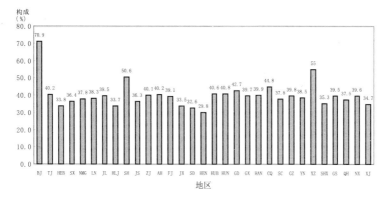

图 13.1　我国各地区第三产业占 GDP 的比重（2006 年）

决策的均衡问题的理论,可以分为合作博弈和非合作博弈。由于这里侧重于研究我国区域服务业的合作共赢问题,所以这里侧重于合作博弈的机制分析。而且,合作博弈论探讨博弈中的合作问题有多个方法,其中无限次重复博弈属于合作博弈的非合作方法,联盟博弈是多人合作博弈的核心。①

13.1.3.1　无限次重复博弈:合作博弈的非合作方法

区域博弈中的对弈者(即地方政府)制定各种政策作为博弈策略,以期达到区域利益最大化。假设有两个博弈方甲、乙,双方均有合作和不合作两个策略,博弈矩阵如图 13.2 所示。其中 A、B、C、0 为得益,且有 $A > B > C$ 和 $B + B > A > C + C$。

如博弈方均采取合作策略将会使整体结果实现帕累托最优 $(B + B)$,但并不使个体利益达到最大 (A);如果一方采取合作时另一方选择不合作,那么后者的这种机会主义行为将会以牺牲前者的利益(得益为 0)而获得最高得益 (A);如果各方都拒绝合作,那么各得到较小的得益 (C),但比第二种情况(得益为 0)要好。在完全信息静态博弈中,各博弈方的占优策略为"不合作";于是该博弈的纳

———————————

①　董保民、王运通、郭桂霞:《合作博弈论》,中国市场出版社 2008 年版,第 185 页。

博弈方乙

		合作	不合作
博弈方甲	合作	(B, B)	$(0, A)$
	不合作	$(A, 0)$	(C, C)

图 13.2　博弈矩阵

什均衡为(不合作,不合作),得益组合为(C, C)。虽然存在更好的组合(B, B),却不能实现。这是一个典型的"囚徒困境"式博弈,它揭示了一个深刻的问题:个体理性和集体理性的矛盾。反映在我国区域服务业关系中就是:每个区域追求自身利益的最大化,选取占优战略,结果却是得益较小。区域间所存在的冲突与无序竞争,正是各方追求自身利益最大化、陷入"囚徒困境"的结果。

"囚徒困境"并非不能化解。假设这是一个无限次重复博弈,博弈双方都采取如下"触发策略":在第一阶段选择合作,在第 t 阶段,如果前 $t-1$ 阶段的结果都是(合作,合作),则继续选择合作,否则选择不合作。在引入贴现率 δ 后,可以讨论上述触发策略构成无限次重复博弈的子博弈完美纳什均衡的可能性,即合作的可能性。如果每次博弈的结果都是(合作,合作),则各博弈方的得益均为:

$$B + B\delta + B\delta^2 + \cdots = \frac{B}{1 - \delta}$$

如果一方合作时另一方选择不合作,选择不合作的一方的机会主义行为使其在当期得到最大的得益 A,但在触发策略下,以后各期均为较小的得益 C,不合作的总得益为:

$$A + C\delta + C\delta^2 + \cdots = A + C \cdot \frac{\delta}{1 - \delta}$$

据此,博弈各方选择合作的条件是:选择合作时的总得益大于选择不合作时的总得益,即:

$$\frac{B}{1 - \delta} > A + C \cdot \frac{\delta}{1 - \delta}$$

也就是：

$$\delta > \frac{A - B}{A - C}$$

通过对上式中 δ、A、B、C 的分析可讨论"合作"可能性的四种情况：

第一，在其他条件不变的前提下，贴现率 δ 须足够大（即大于 $\frac{A - B}{A - C}$）。由于贴现率与利润率 r 的关系为 $\delta = \frac{1}{1 + r}$，所以说贴现率 δ 须足够大意味着利润率要足够小。由于最小的利润率为完全竞争市场中的平均利润率，所以，竞争程度越高或者说垄断程度越低，贴现率越大，合作的可能性越大。

第二，在其他条件不变的前提下，A 尽可能小。由于假设 $A > B > C$，所以 A 应尽可能接近于 B，这意味着由于机会主义行为所增加的得益要尽可能小。

第三，在其他条件不变的前提下，B 尽可能大。由于假设 $A > B > C$，所以 B 要尽可能接近 A，这意味着合作能够得到充分的激励。

第四，在其他条件不变的前提下，C 足够小，这意味着"不合作"的发展路径严重制约了进一步发展。

13.1.3.2 联盟博弈：多人合作博弈的核心

联盟博弈属于三个或三个以上博弈方的多人合作博弈问题。由于多人合作博弈中存在博弈方之间联盟的可能性，因此多人合作博弈分析必须包含对联盟的分析，因此多人合作博弈也称联盟博弈。

合作博弈的本质特征及其与非合作博弈的根本区别是允许存在自愿签订并有约束力的协议。存在有约束力的协议，实际上说明了合作博弈的博弈方之间既存在共同利益，但利益又不完全一致。因为如果博弈方之间利益完全对立或完全一致，就没有协调的余地或不需要协调，就可以用个体理性决策解决问题，也就不需要有什么协议。只有在博弈方之间既存在共同利益但又不完全一致利益的情况下，才可能和需要利用协议协调行为以实现更大的共同利益和自身利益。存在共同利益和利益不完全一致,又进一步决定了利益的分割分配,以及关于利益的分割的讨价还价,是合作博弈的共同特征。事实上,合作博弈协议的内容包括了约定行为和利益分配,达成协议的前提是通过讨价还价就利益分割达成一致。区域服务业合作博弈同样如此。各区域主体之间既存在共同利益,但利益又不完全一致。因为各区域主体作为利益主体有着自身的利益诉求,同时为实现更大自身利益的目标,各区域主体又有动力通过自愿签订有约束力的协议而实现合作。而在区域主体的服务业合作协议中也必然包括对各区域合作主体的行为约定和利益分配,从而使合作顺利进行。

设区域服务业联盟博弈有 n 个博弈方,可以直接用数字 1,$2,\cdots,n$ 表示,它们构成集合 $N=\{1,2,\cdots,n\}$。博弈中的联盟就是 N 的子集 $S\subset N$。N 的所有子集构成的集合记为 $P(N)$。因为 N 有 n 个元素,因此 N 有 2^n 个子集,包括 N 本身,单元素子集 $\{i\}$($i=1,2,\cdots,n$),以及空集 Φ。在这些子集中非空子集有 2^n-n-1 个。很显然,联盟博弈的参与人数越多,可能的联盟就越多,博弈也就越复杂。

联盟博弈中一般用 $x=(x_1,\cdots,x_n)\in R^n$ 表示分配,其中 x_i 为博弈方 i 的期望得益。联盟博弈的分配必须符合博弈问题的基本假设,以及博弈方的风险和效用偏好。此外,联盟博弈的分配必须满足每个博弈方的得益都不少于其不参加任何联盟时的得益,否则相关博弈方就不会参与联盟博弈,联盟博弈就无意义。满足这些要求的分配全体构成联盟博弈的"可行分配集"。因为联盟博弈可以用有约束力的协议形成联盟统一行动和分配利益,因此分配在联盟中有核心作用。

联盟博弈另一个重要概念是"特征函数"。特征函数是建立在联盟博弈中联盟的基础上的,反映联盟的价值和形成联盟基础的一个非常重要的概念。确定特征函数的过程实际上就是一个建立合作博弈模型的过程。特征函数的一般定义为:对于 n 人联盟博弈中的联盟 $S\in P(N)$,不管联盟外成员如何行为,联盟成员通过协调行为可保证实现最大联盟总得益,称为联盟的"保证水平",记为 $v(S)$。

一个联盟博弈所有可能联盟的保证水平 $v(S)$，构成 $P(N) \rightarrow R$ 的一个实值函数，该函数称为这个联盟博弈的"特征函数"。特征函数是衡量联盟价值的重要基础，特别是对于可通过内部转移支付调节联盟成员利益不平衡的可转移效用博弈（TU），特征函数对形成何种联盟和博弈结果有决定作用。

联盟博弈包含联盟，而联盟的形成和瓦解情况又非常复杂。由于联盟博弈最终还是博弈方的策略选择问题，因此类似非合作博弈的占优分析是有意义的。同时联盟博弈的本质又是讨价还价和利益分配问题，因此类似讨价还价纳什解法的公理化方法在联盟博弈分析中也有用。前一类方法是联盟博弈的"核"和"稳定集"分析，后一类方法则是"夏普里值"的赋值法分析。①

13.1.4　区域服务业合作与共赢

从扩大就业角度看，服务业内部行业较多，劳动密集与技术、智力密集行业并存，因而能够容纳各种层次、不同素质的劳动力就业。由表 13.2 和图 13.3 中可以得出，2000～2006 年间，第一产业的就业人员占全部就业人员的比重下降了 7.4 个百分点，第二产业上升了 2.7 个百分点，第三产业则上升了 4.7 个百分点。从服务业内部各行业情况看（见表 13.3），2003～2006 年，我国城镇交通运输、仓储和邮政业及批发和零售贸易的就业人员分别减少了 23.8 万人及 112.4 万人，而计算机和信息、租赁和商务服务、金融及教育的就业人员却分别增加了 21.4 万人、53.2 万人、14.1 万人及 61.6 万人，这表明，传统服务业吸纳就业的能力在衰退，而现代服务业②吸纳就业

---

①　谢识予：《经济博弈论》，复旦大学出版社 2007 年版，第九章。

②　现代服务业主要是指那些依托电子信息等高技术和现代管理理念、经营方式和组织形式发展起来的，主要为生产者提供服务的部门。如金融保险、商务服务、计算机和信息、教育和保健服务、通讯服务等高增长和占主导性的服务部门；网络服务、第三方物流服务等新兴服务部门；以及一部分被新技术、新经营方式改造过的传统服务部门。

的能力在增强。此外,各地区之间的劳动力素质也存在着差异,难以满足新兴服务行业的要求。因此,加强我国区域间的服务业合作,有利于加速现代服务业的发展,扩大就业。

表 13.2　就业人员在各产业中的分布情况

单位:万人;%

年份	就业人员	第一产业	比例	第二产业	比例	第三产业	比例
2000	72085	36043	50.0	16219	22.5	19823	27.5
2001	73025	36513	50.0	16284	22.3	20228	27.7
2002	73740	36870	50.0	15780	21.4	21090	28.6
2003	74432	36546	49.1	16077	21.6	21809	29.3
2004	75200	35269	46.9	16920	22.5	23011	30.6
2005	75825	33970	44.8	18084	23.8	23771	31.4
2006	76400	32561	42.6	19225	25.2	24614	32.2

资料来源:《中国统计年鉴》(2007)。

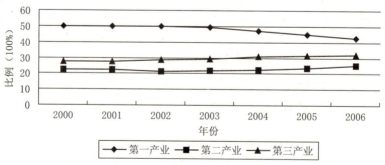

图 13.3　2000～2006 年就业人员在各产业中的比重

表13.3　按服务业行业分城镇单位就业人员数

单位：万人

年份	交通运输、仓储和邮政业	信息传输、计算机服务和软件业	批发和零售业	住宿和餐饮业	金融业	房地产业	租赁和商务服务业	教育
2003	636.5	116.8	628.1	172.1	353.3	120.2	183.5	1442.8
2004	631.8	123.7	586.7	177.1	356.0	133.4	194.4	1466.8
2005	613.9	130.1	544.0	181.2	359.3	146.5	218.5	1483.2
2006	612.7	138.2	515.7	183.9	367.4	153.9	236.7	1504.4

资料来源：《中国统计年鉴》（2007）。

　　从提升产业竞争力角度看，服务业的合作与发展是提高区域产业竞争力从而提高整个区域综合竞争能力的有效途径。随着现代经济的不断发展，金融、保险、通讯、商务服务业等生产性服务业对于产业竞争力的提升起着越来越重要的作用。生产服务业是指为三次产业的实物生产和服务生产过程提供中间服务投入的部门。从外延来看，主要包括三个领域：为农业提供的生产服务、为工业提供的生产服务以及为服务业提供的生产服务。随着生产社会化、信息化、市场化程度的提高，三大产业中对生产性服务业的需求越来越大。制造业的结构优化升级、服务业的不断发展壮大也将滋生出对相应服务型生产资料的强大需求。此外，农业要实现现代化发展，需要农业信息、农业科技和农产品的销售服务等农业生产服务，在向工业化中期阶段不断迈进的同时，其工业对生产服务业的需求也将越来越大。服务业尤其是生产服务业的区域合作发展对区域产业竞争力有着举足轻重的作用。

13.2　区域服务业合作的影响因素

13.2.1　行政区划

中央与地方的分权化,使各级地方政府获得了对经济较大的干预能力。这虽然推动了地方经济的发展,但在其区域合作方面有较大的负面效应。现行体制下,地方行政主体的利益导向还十分突出,还难以摆脱政绩考核等自身利益的束缚,地方利益本位主义现象严重。许多地方官员为了保护自己的地方利益和自己的政绩,往往以行政区为依托,构筑贸易壁垒,实行市场封锁,阻碍经济要素资源的自由流动。这种行政模式给市场经济在空间上的扩展设置了障碍。外来经济要在本地区扩张空间,只有向政府寻租。一方面导致政府行政成本和企业成本急剧上升;另一方面给腐败的产生创造了空间。旧的行政区划分割导致的利益分割可能会影响到区域合作的进程。

以长三角区域合作为例,在现行的行政管理体制框架下,上海作为长三角的中心城市,法定管理权只限于其所辖的行政区划范围,根本不具备跨行政区划的管理协调权限。中心城市管理职能的不完备导致城市群区域内经济发展无法协调,从而在很大程度上制约和影响了城市群区域内的协调发展。

13.2.2　制度差异

我国内陆地区与香港、澳门进行合作时,其制度差异显现出来,主要涉及政治、法律、经济等方面。从政治制度来看,香港、澳门作为特别行政区在回归后仍保留原有的资本主义制度,而内地实行的是社会主义制度。政治制度的差别会产生不同的政体、政党制度及社会运行规则。从法律制度来看,内地和澳门属大陆法系,香港属英美法系。法律制度的健全、统一是市场经济有效运行的重要保障,民商法律体系的差异会对内地与香港、澳门的经济融合造成困难。从经济制度来看,按市场化发展水平的差异,目前港澳地区已是全球经济开放度最高的地区之一,市场经济体制非常发达;我国沿海发达地区由于在全国率先进行经济体制改革,市场经济的基本框架得以确立,市场经济体制相对比较完善;内陆地区改革相对滞后,市场经济发育水平比较低。不同层次的经济体制使得不同地区的企业跨地区发展时难免会遇到运作方式、规则等方面的对接障碍,市场机制优化资源配置的功能难以正常发挥,区域服务业合作的效果也因而大打折扣。

13.2.3 经济实力的差距

目前,我国存在着四种不同的经济发展水平:东部沿海城市属于发达地区;中部城市属于在发展地区;西部城市属于落后地区;香港、澳门属于富裕地区,存在着三种货币:人民币、港币和澳元。在市场经济条件下,区域间的经济合作的本质不是以消除经济差异为目的,而是以寻求区域利益最大化为目标。经济差异既使区域合作成为可能,也是阻碍区域合作的因素。

梯度转移理论也有一定的局限性,主要是难以科学划分梯度,有可能把不同梯度地区发展的位置凝固化,造成地区间的发展差距进一步扩大。另外,如果产业积聚过程没有完成或者存在产业转移黏性,虽然存在产业级差,仍不能形成次发达区域经济的发展,次发达区域的经济发展如果不愿意忍受这种掠夺式的合作,它们就会中止合作。反过来,经济差异小的地区更容易进行互补合作。此外,没有统一的货币,使得一国范围内的区域服务业合作变得较为复杂,合作成本也由此变高了。

13.2.4 目标的多元化

市场经济条件下的区域经济合作并非以消除经济差异为目的。在理性经济人的假设前提下,各个地区都希望通过区域经济合作实现自我利益的最大化。然而,区域经济合作的发展过程并不一定都是帕累托改进,各个地区从经济合作中获得的收益也有或大或小之分。目标的多元化容易导致区域经济合作难以形成合力。

以泛珠三角地区为例,香港是国际金融、商贸、物流、旅游、信息和专业服务中心;广东也是我国南部的金融、商贸、物流中心,在向服务型经济逐步转型的过程中会加大对具有比较优势服务部门的支持力度,这难免会与香港的发展目标部分重合。泛珠三角区域中的绝大多数地区都是著名的旅游胜地,如何在合作中展开有序竞争有待解决。此外,泛珠区域的内陆省份在一些劳动密集型的服务业发展方面也存在激烈的竞争。各地区目标的设定不同使得区域合作难免出现分歧,完全统一、高度一致的合作机制难以建立。

13.2.5　软环境的差异

软环境的差异主要表现在思想观念和文化等方面。我国地域辽阔,民族众多,几千年来的发展,形成了各自的文化体系,即使是地域相邻的地区,也存在着文化差异,不同的思想观念和文化会对区域经济合作产生影响。例如,我国京津冀地区,虽然地域相邻,但却存在着三种地域文化:北京是"皇城文化",大气但稍显霸气,官气十足;天津是"漕运文化",也有称"小市民文化",天子脚下的天津人顺民思想比较重,做事不好争先,能忍则忍,小富即安;河北是"燕赵文化",慷慨悲壮,讲究正义,憨厚,朴素,但缺少精明,商业意识淡薄,经营不是长项,在市场竞争中优势较弱。总体而言,位于黄河中下游的京津冀地区,在数千年的封建王朝更迭中,稳定传承了在封建社会占主导地位的"知足常乐"、"自给自足"的农业文化。然而,我国长三角地区,以上海为中心的"海派文化"或称吴越文化,融合了含蓄温和的吴文化和激越奋进的越文化于一体,人们商业意识浓厚,精明,开放,讲实际,重规矩,重秩序,奉行"没有永远的敌人,只有永远的利益",且义利并重。我国珠三角地区,以广州为中心的"岭南文化"凝聚力强,人们有商业头脑,骨子里竞争意识强烈,"商场如战场"。此外,我国新疆、西藏、内蒙古、云南、贵州、四川等少数民族聚集地区,他们的少数民族文化很浓,而香港受英国文化影响很大,澳门受葡萄牙文化影响很大。我国不同地区间文化的不统一,导致各地区对商品及服务的认同程度不一致。

服务业要发展,很大程度上依赖文化发展的推动,然而地方文化是最深厚、最难以改变的东西,因此,地方文化的碰撞将是合作中的一个重要问题。推动区域内文化的认同,对推动区域服务业合作具有重要的意义。

13.3 区域服务业合作的主要类型

从服务业合作关系来看,可以分为三种合作类型:层次差异型分工合作、资源依赖型互补合作、扩散带动型合作。

13.3.1 层次差异型分工合作

具备不同发展层次的服务业子系统组成相关的经济圈系统。有些服务业是区域产业系统中不可或缺的单元。区域经济的发展水平是其发展的重要约束条件,为其提供了承载基础。经济圈内的不同区域处于不同的经济发展阶段,具有不同的生产性服务业发展水平,这就决定了各区域的相关生产性服务业具有不同的发展层次,处于产业生命周期的不同阶段。层级不同的区域服务业子系统构成了经济圈的产业系统。发展层级较高的服务业子系统具有较强的辐射带动作用,与层级较低的子系统形成垂直分工。同一层级的子系统之间形成水平分工。各子系统相互依赖、相互作用,实现共同进步、整合发展,并推动整个系统功能的提升,实现与所依托区域经济的良性互动。与地方经济发展水平关联密切的金融业、商贸业、文教卫生等属于这类服务产业。

13.3.2 资源依赖型互补合作

经济圈内各区域通过服务业功能互补、分工合作,实现服务业发展共赢。有些服务业受地方经济发展水平的影响程度相对不高,其发展一定程度上依赖于资源禀赋等因素,并对区域经济有较强的带动作用。这类服务业在各地区往往各具优势,应通过资源共享、优势互补、水平分工,实现产业的共同发展,从而有效促进各区域经济的协调统一。物流业是这类产业的典型。北京、天津与河北省各城市虽然是处于区域物流产业网络上不同层级的节点,但其内在联系机制以水平分工、优势互补为主。

13.3.3 扩散带动型合作

服务业集聚于中心城市,以中心城市对其他地区的服务、辐射为主,通过中心城市服务业的产业扩散带动经济圈产业的进步。一些知识密集型服务业和高端的服务业属于此类产业。主要包括计算机服务业、软件业等信息服务业,研究与实验发展、专业技术服务业、科技交流和推广服务业、商务服务业等涉及企业研发、营销、管理和控制职能的服务业,以及新闻出版业、环境管理业等其他产业。这些产业向中心城市集聚且在地区间呈现非均衡发展的态势。这是因为这类产业的发展水平与地区的经济社会发展水平直接相关。中心城市特别是大都市具有优越的服务业发展环境,高素质的人才资源,丰富的知识、技术、信息,接近市场和中间需求服务(前向和后向联系机会),以及同业集中所带来的集聚效应。这类服务业充分发挥了中心城市的比较优势,成为中心城市为经济圈服务实现经济控制力的主要载体。其他地区所提供的服务业需求也是中心城市产业发展的重要支撑。这类产业的经济圈协调发展机制是中心城市充分发挥对其他地区的服务和辐射作用,以此带动其他地区同类产业水平的提升,实现与其他产业的互动。在京津冀,北京的知识密集型服务业和高端服务业正日益成为主导产业,并在经济服务中实现与经济圈其他产业的良性互动。

13.3.4 强强联合型合作

各地区服务业整合发展,共同打造经济圈产业的整体竞争力。有些服务业在各地区均具有一定的发展优势,并已形成一定规模。

如果能强强联手,实现统一规划,资源整合,共同打造经济圈整体的产业品牌,则会达到多方共赢,并有望以此为切入点,推动经济圈经济、社会的融合。京津软件业的联手已经启动,这是各方互利、提升经济圈产业竞争优势的必然选择。

14 区域服务业合作模式分析

我国理论界关于服务业某些具体行业合作模式已经开始进行研究,例如旅游业、物流业的合作模式等。但是由于服务业所包含的具体行业较多,且行业之间存在较大的差异,因此我们的研究将站在更高的角度,借鉴有关产业合作的模式,把服务业作为一个整体,总结提炼出我国区域服务业合作模式(如表 14.1 所示)。

表 14.1　我国区域服务业合作的三种模式的区别

模式＼区别	内涵	表现形式	优势	不足
政府主导型	政府统一规划实施	政府间签订协议;召开高层联席会议	解决区域合作中因区域分割而造成的发展不协调	制约市场化改革;弱化企业的主导性
企业主导型	企业配置资源	联合开发;分工协作;组建集团;结成战略联盟	灵活利用特定企业配置资源的能力;提高企业的竞争力	企业间的信息不完全;利益协调困难;缺乏有效的约束机制
行业协会主导型	行业协会为企业搭建桥梁	举办论坛、洽谈会、展览会	促进各企业之间的信息交流;具有较大的可信度	规模较小;区域协调存在难度

资料来源:《中国统计年鉴》(2007)。

14.1 "政府主导型"服务业合作模式分析

本节我们将对"政府主导型"服务业合作模式进行分析,首先针对"政府主导"给出明确的界定,然后就其合作的表现形式、优缺点进行分析,最后结合现实中的实例进一步分析此种模式的利弊之处。

14.1.1 "政府主导"的内涵

所谓政府主导,由政府有关部门为推动合作的主体开展区域服务业合作。政府作为区域服务业合作体系的推动主体,具有统驭社会各方面力量的职能作用,它能使不同类型的区域服务业合作行为融合为一个有机整体,以通过相互之间的协同产生最大的创新绩效,纠正系统失灵和单纯市场机制调节带来的市场失灵,同时为区域服务业的合作发展指明方向。

14.1.2 "政府主导型"服务业合作模式的表现形式

14.1.2.1 各地区政府间签订协议,促进服务业合作

由各地区政府派代表进行协商,达成共识,并签订协议,在发展地区经济的同时,促进地区间服务业的合作。例如,2004 年 6 月,"泛珠"11 省区政府领导共同签署《泛珠三角区域合作框架协议》。根据协议,泛珠三角区域合作有 10 个领域,其中属于服务业的有 7 个领域:基础设施(交通运输)、商务与贸易、旅游、劳务、科教文化与信息化建设、环境保护、卫生防疫;涉及服务业的有 3 个领域:产业与投资(投资环境与投资促进机制,技术、生产、投资合作)、农业(农产品购销、农业科技开发、食品安全体系)、劳务(劳动力供求信息传递交流、职业技能培训、鉴定和资格认证)。因此,在某种意义上可以说,泛珠三角区域合作是由政府推动的以服务业为主要内容的区域合作。

14.1.2.2　各地区政府召开高层联席会议,促进服务业合作

各地区政府主要领导每年定期召开会议,着重磋商事关区域发展的重大战略问题,研究确定区域合作的总体要求和重点事项。通过磋商达成的一致意见,是地区间开展区域合作的直接依据,能够起到明确方向、推动工作的作用。

如环渤海地区经济联合市长联席会,是 1986 年在时任天津市市长李瑞环同志的倡导下,由环渤海地区 15 个城市共同发起的。20多年以来,市长联席会不断发展壮大,成员单位由 15 个发展到 32个。联席会坚持从实际出发,建立了多元化的区域合作机制,实现了由单一经济合作向科教、卫生旅游等全方位合作的转变;实现了从资本、项目合作向提升区域自主创新能力的转变。联席会定期召开高层论坛,推动建立了环渤海地区技术、人才、旅游、卫生、信息等行业性协作网络,成立了多种所有制企业参与的环渤海企业合作促进会,形成了多种形式的合作与交流的新格局。联席会的发展成长,体现了区域服务业发展的愿望,已经成为充满活力和发展潜力的合作组织,为促进环渤海区域振兴做出了重要贡献。

14.1.3　"政府主导型"服务业合作模式评析

14.1.3.1　优点分析

政府主导型的区域服务业合作模式是由政府促成合作项目,签署各项区域合作协议,政府引领企业参与省际的服务业合作,在合作初期充分体现了高效的资源配置优势,能事半功倍地解决区域合作中因区域分割而造成的区域发展不协调的问题。

14.1.3.2　缺点分析

政府主导型服务业合作模式只能暂时弥补市场经济的不足,从长远来看,可能对市场机制造成损害,导致区域市场化进程缓慢,且进度不一,造成人流、物流、信息流流通过程中的人为障碍,导致区域服务业合作受到市场因素的制约,从而和市场化改革的方向形成冲突。在引进外资上,政府包办了外资项目洽谈、引进和实施的全过

程,而区域间又缺少对区域经济的宏观资源整合,从而弱化了企业在区域服务业合作中的主导性。

14.1.4 案例分析——CEPA 的签署及实施

2003 年,中国中央政府与香港、澳门特别行政区政府分别签署了《内地与香港关于建立更紧密经贸关系安排》和《内地与澳门关于建立更紧密经贸关系安排》(简称 CEPA)。CEPA 的签署,是中国内地在入世时间表开放之前及不违背世贸规则的情况下提前向香港、澳门开放,实际上是为 3 年后外资服务业进入内地做准备。CEPA 中服务贸易的开放最为突出,涉及的领域有 17 个。① CEPA 的实施部分解决了内地与香港、澳门合作发展的制度与技术障碍,为三地在服务业领域展开合作提供了现实条件。

14.1.4.1 CEPA 实施所取得的成就

CEPA 自 2004 年 1 月起实施,三年多来已取得显著的成果。在服务贸易方面,截至 2007 年 6 月,已有 1040 家公司获签发《香港服务提供者证明书》,其中很多家已在内地开办业务,包括跨省市运输物流网络、连锁零售店、管理咨询公司、电影院等。此外,截至 2006 年 12 月,香港居民在全国设立 2485 户个体工商户,注册资金达 1.39 亿元人民币,当中超过八成在广东省,主要从事零售和餐饮业务。自内地于 2004 年 8 月底简化了内地企业来港开业的申请程序后,至 2006 年年底,已有 603 家内地企业获准来港投资,涉及投资额高达 39 亿美元。

香港特区政府于 2007 年 6 月完成 CEPA 经济影响新一轮评估,结果显示,在实施的首三年,CEPA 已为香港创造 36000 个新增职位,带来 51 亿港元的额外资本投资,而"个人游"计划访港的旅客则带来 227 亿港元额外消费。结果还显示,CEPA 在 2004 年至 2006 年

---

① 包括管理咨询、会议展览、广告、法律、会计、医疗、房地产、建筑工程服务、运输、分销、物流运输、旅游、视听、银行、证券、保险等行业。

为内地居民在内地创造 16000 个新增职位,以及引动香港公司在内地服务业作出港币 92 亿港元的额外资本投资。①

此外,由于 CEPA 的签订,2006 年内地与港澳实现共赢。首先,内地与港澳的服务业在 CEPA 框架下的合作空间进一步拓宽。内地在 27 个领域对香港投资者提供了优惠待遇,并取得了积极成果。截至 2006 年 10 月底,共有 1669 家香港企业和 292 家澳门企业申请按照 CEPA 优惠到内地投资,其中半数已在内地开业。其次,港澳银行全面办理个人人民币存款、兑换、银行卡和汇款业务。截至 2006 年12 月底,香港共有 38 家银行开办了个人人民币业务,在港人民币存款余额约 226 亿元;澳门共有 14 家已开办人民币业务,在澳人民币存款总额 5.7 亿元。再次,内地居民"个人游"赴港澳增长迅速。2007 年 1 月 1 日起内地 49 个城市,近 3 亿居民可以以"个人游"方式赴港旅游观光。截至 2006 年 10 月底,内地累计赴港"个人游"旅客达 1600 万人次,赴澳"个人游"旅客达 1418 万人次。"个人游"政策的实施,有力地支持了港澳旅游业的发展,促进了港澳经济的繁荣。此外,内地与港澳在贸易投资促进、通关便利化、知识产权保护等 8 个领域加强了便利化合作;内地与香港在建筑、会计、证券、法律、医疗、保险等 6 个领域的专业人士资格互认取得一定进展,其中建筑领域两地共有约 1400 人通过互认取得了对方的专业资格。②

以上充分显示了 CEPA 自实施以来给内地及港澳带来的丰硕成果,其中大部分合作项目都十分有效地推动了三地服务业的发展。

14.1.4.2　不足之处

虽然 CEPA 的实施取得了累累硕果,但不少港资服务业仍反映其中存在不少问题和障碍,并形象地将之称为"大门打开后仍有多

---

① 《CEPA 为内地和香港创造的新职位将达 69000 个》,中国新闻网,http://www.chinanews.com.cn/ga/gaynd/news/2007/07 - 27/988418.shtml,2007 年 7 月 27日。

② 《2006 年内地与港澳通过 CEPA 实现共赢》,泛珠三角合作信息网,http://www.pprd.org.cn/cepa/200701/t20070123_14194.htm,2007 年 1 月 23 日。

个小门"。具体来说,问题主要集中于服务业领域开放仍显不足、限制太多,申请审批手续繁杂、透明度不高,以及实施细则和配套政策仍不够完善,从而影响实际运作。

①开放领域仍面临操作性限制

法律行业是在内地经营遇到限制最多的行业之一,主要问题集中在不允许聘请内地律师的条款上。香港律师事务所驻内地的代表处按照规定,是不允许聘请内地律师的,除非这些内地律师放弃其律师身份,但是这些代表处在内地的业务往往非常需要内地律师的协作。虽然部分港资代表处以高薪聘请内地同行在代表处工作,但由于必须放弃律师身份,不少内地律师往往不愿意在港资律师事务所工作,或流动性很大,使这些事务所的内地业务难以开展。

进入速度最快的物流业也遇到了一些限制。由于目前经营跨境业务的指标不足,使得很多香港公司经营跨境物流业务的愿望不能实现。

②申请审批手续繁杂且透明度不高

当前商务部已将大部分 CEPA 项下服务业开放项目的审批权限下放给省商务厅(外经贸厅)和国家级开发区管委会办理,市、区两级外经贸部门对 CEPA 项目的批准和设立也能起到较好的服务。从这一角度,与 CEPA 刚开始实行时相比,港商得到审批的时效已有较大进步。但是据香港工业署 2006 年年初做的调研显示,希望借CEPA进军内地的香港企业家仍然认为,申请开业手续繁杂依然是困扰香港服务业界进入内地开业的一个主要问题。在调研中有香港房地产界人士表示,虽然 CEPA 条款不断放宽,但仍然感觉"大门打开后仍有多个小门"。比较典型的例子是:有的申请在内地某个城市被批准后,到了另一个城市又需要再申请一次,同样的申请需在不同城市多次进行。还有业界人士认为,项目在审批的运作过程中透明度不足,虽然政府规定了审批回复的时限,但由于缺乏跟进机制,导致某些申请呈交后港商不知道如何跟进及何时会有结果,这对企业的业务推进计划的时间安排影响较大。

14.1.4.3　改进建议

可以设立服务业开放试验区,目的是在区域范围内进一步加大对香港服务业的开放力度,将目前仍难以在全国范围内推行的服务业开放制度在区域内试行,为在全国范围内服务业的开放提供先行经验。同时,加大金融、物流等重点领域开放度,并修订经营管理、监督检查及法律责任等政策法规,使之与 CEPA 的开放政策相配合,以加快推动三地服务业融合的步伐。

14.2　"企业主导型"服务业合作模式分析

本节我们将对"企业主导型"服务业合作模式进行分析,首先针对"企业主导"给出明确的界定,然后就其合作的表现形式、优缺点进行分析,最后结合现实中的实例进一步分析此种模式的利弊之处。

14.2.1　"企业主导"的内涵

所谓企业主导,就是指服务企业通过灵活利用配置资源的能力,包括服务企业的影响力和支配力,进行跨区域的服务业合作,实现服务业资源跨区域优化配置的效果。随着市场化竞争的加速,服务业区域合作的主要动力,将越来越多地由企业来承担。

企业主导的服务业合作,主要表现在两个层面:企业间的区域分工和企业外的区域分工。我们通常所说的地区之间的产业分工,其主要载体就是各地企业之间的分工,以及跨区域企业的企业内区域分工。随着改革和发展的深入,区域间要素流动壁垒的弱化,区域内部的产业转移和企业跨区域联合发展必然兴旺起来,也会带来区域服务企业的分工协作进一步深化,比如交通系统的联网服务等都是这种融合的具体表现。

所谓服务企业内的不同区域分工,主要是指服务业企业跨区域发展后,充分利用不同地区的优势和资源优势,形成企业内部分工的行为。随着改革的深入发展,市场经济环境的逐渐形成,企业和政府之间的关系也逐渐地规范化,在此背景下,市场竞争也越来越激烈,为了提高企业的竞争力,寻求企业经济效益的提高,突破原有的区域条件限制,进行企业调整和产业转移,实现跨地区发展,就成为越来越多的企业的发展战略的重要选项,这种企业战略的结果,就是形成企业内部的区域分工。

企业内区域分工的展开形式多种多样,较多的是:在若干地区设立企业的子公司,或者事业部,彼此在企业统一的经营理念、计划、组织和经营管理下展开分工,或者将企业的生产机构、研发机构、融资机构、销售机构,乃至企业总部分别置于不同区域,在统一的经营管理下,进行跨区域运作,这样作为单个企业就能利用各个不同区域的资源,从而有效提高企业自身的竞争力、促进企业快速发展。

企业内区域分工的展开,从微观经济的角度是为了提高企业自身的竞争力和寻求企业自身的发展,是市场竞争的必然结果。从宏观经济角度,或者说从经济地理或区域经济的角度分析,企业内分工的展开,以及由此而来的大量的跨区域企业(或者无区域企业)的出现,对于更广范围内的服务业区域一体化,具有重要的积极意义。

14.2.2 "企业主导型"服务业合作模式的表现形式

14.2.2.1 联合开发

同一行业的不同企业间可以利用区域内丰富的资源,在共同开发资源的基础上展开合作,如围绕港口资源,可以联合开发仓储物流业、转口贸易业;围绕区域内的人文资源,可以联合开发旅游产品,发展旅游业等。通过对资源的联合开发,能够最大限度地发挥资源效能,并在共同利益的作用下,使企业的发展保持协调的状态,最终把企业做大做强。

例如,在内蒙古与周边省区的旅游合作中,立足于次级区域的旅游合作,整合和组合区域内的独特旅游资源,联合打造次级旅游合作区具有市场吸引力的旅游精品,从而增强参与市场竞争的实力。例如,在内蒙古西部与甘肃、宁夏形成的合作区内整合甘肃敦煌石窟、宁夏西夏王陵、内蒙古腾格里沙漠绿洲、贺兰山森林等资源,开发集观光、学习、体验功能为一体的历史遗产、自然生态旅游产品群,培育一条特色各异、多功能、高质量的中国西北部旅游精品线路;在内蒙古中部与北京、河北、山西、陕西构建的旅游合作区域内,组合开发草原、山岳、蒙古族文化、历史文化遗产等旅游资源,开发自然与人文生态旅游产品,满足旅游者休闲度假等多样化旅游需求,推出中国一流的历史文化旅游、自然生态旅游产品群;在内蒙古东部与东北三省旅游合作区内,围绕森林、草原、温泉、冰雪等自然旅游资源进行有侧重的组合开发,打造特色不同的中国北方温泉、森林等生态度假旅游精品。

14.2.2.2 分工协作

在社会化大生产的条件下,同一区域内生产同一产品的企业完全可以开展零部件、材料、工艺、销售服务等专业化协作。尤其是在区域内,企业空间距离近、交通方便、人员交往频繁,有开展各种专业化协作的优越条件。因此,区域内企业可以在加强沟通、联合的基础上,大力开展专业化协作,以提高产品的技术水平,降低生产成本,扩大生产规模,增加经济效益,提高产品知名度和竞争力,扩大地区影响力。

例如,京津冀地区的物流业的合作,首先,可以整合北京和天津的航空港资源,促进北京首都国际机场和天津机场的战略联盟,实现北京空港物流园区和天津空港国际物流区的协调互动发展。其次,整合天津和河北的海港资源。促进天津港、秦皇岛港、京唐港、黄骅港之间的分工协作、功能互补,形成全方位、多功能、多类型的港口综合体,通过有序发展充分发挥港口群体优势,支撑京津冀临港产业的发展。最后,通过以北京为中心的铁路、公路枢纽与海港、空港的整合,建设京津冀经济圈的现代化物流网络体系。其中,北京、天津以及石家庄、唐山、秦皇岛等城市共同构成物流中心体系。

14.2.2.3 组建集团

企业经过协商,可以采取组建跨区域的企业集团的形式。各区域的企业采取入股、参股、投资等方式,把资金、技术、土地、设备、劳动力等各种要素聚合在一起,通过优化组合,聚集优势,形成各种类型和规模的跨区域的大型企业集团。在商业、外贸业、金融业、旅游业、教育文化业、信息业等领域组建一批大型企业集团,不仅会大大提高区域产业发展的协调性,还能给企业带来巨大的规模效益。

如北京、辽宁等省市旅游资产存量向旅游欠发达省区的流动和重组,通过收购、兼并、参股等资本经营手段,实现这些省区旅游企业规模扩张、实力增强和效益增长。再如,2004年成立的湖南科技职业教育集团,是湖南中华职教社牵头,以湖南科技职业学院为核心,包括全省11所高职院校、2所中等职校、1个培训中心以及8家企业单位、1家科研所参与的跨行业、跨地域、跨层次的职教集团。① 组成集团后的优势主要体现在:首先,各成员单位因资产联结而形成“一荣俱荣,一损俱损”的利益制约关系,使集团内部形成较强的凝聚力和向心力;其次,通过控股、持股,核心职业学校可以运用少量资产支配大于自身数倍的社会资产;再次,由于这种管理关系是建立在权利义务对等的资产占有关系上的,有利于职教集团内部实现民主与公平,提高各成员单位的积极性;最后,由于职教集团内各成员之间是以协议、合同等契约形式为纽带进行联结的,所以各成员单位能够很好地保持自主权、选择权,进退自如。

14.2.2.4　结成战略联盟

战略联盟的概念最早由美国 DEC 公司前总裁简·霍普兰德和管理学家罗杰·奈格尔提出,主要指两个或两个以上有着共同战略利益和对等经营实力的企业(或特定的事业部门)为达到共同拥有市场、共同使用资源的战略目标,通过各种协议、契约而结成的优势互补、风险共担的一种松散的合作模式。在我国区域服务业合作过程中,企业也有可能为了实现共同的目标而结成战略联盟。例如,我

---

① 李让恒:《湖南组建科技职业教育集团》,中国教育新闻网,http://www.jyb.com.cn/gb/2004/04/14/zy/jryw/11.htm,2004 年 4 月 14 日。

国的物流企业间通过建立战略联盟,共享原来属于不同物流企业所有的物流要素,从而满足客户多样化的物流服务需求;此外,国内的物流企业间通过组建战略联盟,做大、做强,以便与实力超群的外资物流企业相抗衡。

14.2.3 "企业主导型"服务业合作模式评析

"企业主导型"服务业合作模式的优点就是,能够灵活利用特定企业配置资源的能力,包括企业的影响力和支配力,实现其对于地方服务业发展的推动作用。尤其当服务业企业跨区域发展后,可以充分利用不同地区的优势和资源优势,形成企业的内部分工,使资源配置达到最优,更为有效地推动地方服务业的发展。同时,该模式的服务业合作还能提高企业的竞争力,有助于企业扩大规模,形成规模经济。"企业主导型"服务业合作模式的不足之处在于,在区域合作的过程中,容易导致企业间的信息不完全,利益协调困难,以及缺乏有效的约束机制。

14.2.4 案例分析——新浪与易居的合作

2008年2月25日,中国最大的门户网站新浪与中国领先的房地产流通服务商易居中国在北京联合召开新闻发布会,正式宣布新浪将分拆其房产及家居频道,与易居中国强强携手成立由新浪控股的合资公司,共同打造中国最大的房地产网络媒体及信息服务平台,全面开创房地产网络媒体新格局。

14.2.4.1 合作内容

根据双方协议,新成立的合资公司将负责经营新浪房产和家居频道,而易居中国将通过其所拥有的克而瑞信息系统,为合资公司运营提供专业房产信息数据以及相关的网络产品,并将与合资公司一起开发新的收入模式。

在中国房地产传媒领域,门户网站与专业的房地产流通服务商的全面合作,在国内尚属首例。新浪房产一直致力于为中国房地产业界人士、关心中国房地产市场的人群提供权威、快速、全面、准确、客观的新闻资讯,为广大购房、租房、家居装修、装饰用户提供丰富、实用的内容资讯。长期以来,新浪房产依托中国网民最信赖的强势门户网站新浪网的巨大流量优势,始终保持在房地产网络广告收入的领先优势。易居中国作为中国领先的房地产流通服务商,于2007年8月8日成功登陆美国纽约证券交易所。易居中国拥有自主研发的克而瑞信息系统,覆盖中国30个主要城市,拥有最全面准确的土地、住宅、商业和办公楼宇的信息以及交易数据。克而瑞系统于2007年通过了中房协的认证,目前国内有5000余家房地产开发企业使用该系统。

14.2.4.2　合作成果

新浪与易居中国此次的合作将极大地提升新浪房产信息和服务的深度和广度,并将新浪房产的影响力迅速地推向全国各主要城市。同时,在生活化房产理念的指导下,合资公司运营的新浪房产将为广大购房者乃至广大网民创造一个全面便捷的信息发布平台和互动的生活社区,为房地产业及家居业的客户提供更为全面的网络营销服务。

新浪CEO兼总裁曹国伟表示,"易居中国是中国房产流通产业领域的领头羊,新浪与易居中国的合作是实至名归的强强携手。易居中国给新浪房产提供最为全面的房产信息和交易数据的同时,也为我们带来了深厚的专业背景和行业影响力。双方的合作实现了优势资源的完美融合,必将为广大网友和业界人士提供更为完善的房地产资讯和服务平台"。

易居中国董事局主席兼CEO周忻表示:"新浪是中国最有影响力的网络媒体,我们希望通过携手新浪,共同创建中国最大的房地产信息平台。同时这也是易居中国自主研发的克而瑞信息系统在B2C领域的应用。我们希望通过我们专业的服务,给广大消费者更多及时准确的房产信息,以及个性化的专业服务。"

此次由双方合作成立的公司不仅将充分利用现代网络及通讯技

术,以领先的商业模式,向房地产业界和广大网民受众提供专业化的服务,而且还将在以居住为核心帮助人们打造快乐生活的远景上做出有益的探索。合资公司的目标是打造中国最具实力的房产及家居专业网络传媒。①

14.2.4.3 点评

新浪与易居的合作就是建立在优势互补的基础之上,根据各自的需要,灵活利用特定企业配置资源的能力而促成的。双方结成联盟之后,将资源和能力用于各自发展中的主营业务和价值创造方面,并以此提高企业效率,建立企业优势,实现价值最大化,同时,降低企业风险,形成企业独有的竞争优势。

14.3 "行业协会主导型"服务业合作模式分析

本节我们将对"行业协会主导型"服务业合作模式进行分析,首先针对"行业协会主导"给出明确的界定,然后就其合作的表现形式、优缺点进行分析,最后结合现实中的实例进一步分析此种模式的利弊之处。

14.3.1 "行业协会主导"的内涵

所谓行业协会主导,在此指区域之间以行业协会为主导,通过举办经济论坛、商贸洽谈会、展览会等形式,密切各省市服务企业之间的联系,展现各地从事服务行业的企业的特色及实力,促进各企业之间的信息交流,同时,可以有效地吸引外资,为各地服务行业的企业合作搭建平台,促进区域内服务业的合作发展。举办洽谈会及展览会,不仅能够带动房地产、宾馆、旅游、商贸、金融、信息、物流等上下游产业的相应发展,对于结构调整、市场开拓、促进消费、加强合作交

---

① 《新浪易居强强联手打造最大房地产网络媒体》,新浪网,http://bj. house. sina. com. cn/news/2008－02－25/1034239902. html,2008 年 2 月 25 日。

流、扩大产品出口、推动经济快速持续健康发展也能发挥重要作用。

14.3.2　"行业协会主导型"服务业合作模式的表现形式

14.3.2.1　举办论坛

区域内各省市或行业协会通过定期举办论坛,探讨当前区域合作中存在的问题及解决办法,密切各省市之间的联系,促进区域服务业的合作。

14.3.2.2　举办洽谈会

区域内各省市或行业协会通过举办洽谈会,将该行业中的具有一定规模及实力的企业会聚一堂,促进各企业之间的信息交流及合作。例如,2004 年 7 月 14 日,首届泛珠三角区域经贸合作洽谈会开幕,洽谈会期间,组委会举行了"好邻居,大串门,百佳千品万众游"旅游的首发式。这个区域旅游推广活动包含了近 100 条泛珠三角精品旅游线路,采取包机、包专列、开辟自驾车路线等多种形式,基本实现"天天有包机,周周有专列",促进了泛珠三角地区旅游业的合作发展。

14.3.2.3　举办展览会

展览会能够为地区特色产品、特色资源提供一个展示的平台,为各省市提供更多的发展机会,打造区域性品牌,从而推进区域服务业的进一步发展。香港是国际性的会展中心,北京、上海、广东则是我国区域性的会展中心,其周边地区可以充分利用这一优势,进行服务业的合作。

例如,2007 年 10 月 12 日,上海市信息服务业行业协会和上海市软件行业协会联合主办了第二届中国数字内容博览会,博览会以"创新·交流·转承·发展"为办展理念;以软件外包、3G 通信技术、手机电视、IPTV 为特色;汇集商务数字应用,软件及信息化行业应用,服务企业与社会的数字内容企业、产品和解决方案。为中外客商搭建宣传推广、融资投资、交流合作的平台,全方位体现数字内容产业内涵,达到艺术和科技、文化和娱乐、商务和休闲的完美结合。①

14.3.3 "行业协会主导型"服务业合作模式评析

"行业协会主导型"服务业合作模式的优点在于,通过搭建合作的平台,可以密切各区域之间的联系,展现各地从事服务行业的企业的特色及实力,促进各企业之间的信息交流,使合作双方在彼此较为了解的基础上开展合作,确保合作成功。同时,由于该平台是由正规行业组织带头搭建的,具有较大的可信度,在一定程度上排除了某些空壳公司的存在,避免有意合作的企业上当受骗,维护了企业的合法利益,促进了区域服务业合作的发展。

但是,目前有些地区在进行区域合作时还未充分认识到该模式的优势。同时,发展"行业协会主导型"服务业合作模式还存在着一些不足之处。由于我国会展业刚刚起步,目前我国区域会展业的发展也存在着一定的问题。首先,在规模方面,大型的展览场馆不多,重复办展多,行业集中度和延展性弱、展品档次参差不齐、缺少整体科学规划和独立分工,缺乏市场化运作。许多场馆配套设施不完善、缺少健全的基础设施及辅助设施,各地交通状况不相平衡。其次,在观众及人员构成方面,专业比例较少,海外贸易观众不多。会展从业人员大都来自各相关行业,没有经过专门培训,素质良莠不齐,缺乏系统的会展知识和相应的工作技能,专业人员匮乏,从而制约了会展业的办展水平和服务质量。再次,展览的管理模式和体制管理也已经不适应会展业发展的需要。最后,我国区域会展业的协调存在一定的难度。由于会展业的影响面极其广泛,牵涉许多经济活动部门,在基础设施建设、市场开拓与投资招揽等方面都需要政府的大力配合与扶持,这就需要各地方政府及行业协会相互协调,共同制定规划合理的、顺应市场发展的政策,并营造有利的市场投资环境。

---

① 2007 第二届中国数字内容博览会介绍,上海市信息服务业行业协会,http://www.sisa.net.cn/news/show_news.asp? id＝1794,2007 年 7 月 6 日。

14.3.4　案例分析——2006 首届中国数字内容博览会

数字内容产业是以 IT 为轮,以文化为轴的创意产业,已经成为世界上七大发展最快的产业之一。2006 年,中国数字内容产业持续高速增长,成为全球关注的焦点。Web2.0 的迅速崛起吸引了业界、媒体和投资者的高度关注;无线内容日益丰富,移动音乐、手机游戏渐趋普及,3G 的临近也让这块潜藏无限商机的市场成为企业和投资者的必争之地。此外,中国政府也积极扶持本土数字内容产业,我国"十一五"规划纲要中首次提出"鼓励教育、文化、出版、广播影视等领域的数字内容产业发展,丰富中文数字内容资源"。

14.3.4.1　展会内容

2006 年 11 月 15 日,上海市信息服务业行业协会和上海市软件行业协会联合主办了首届中国数字内容博览会,博览会汇集商务数字应用,软件及信息化行业应用,服务企业与社会的数字内容企业、产品和解决方案。为中外客商搭建宣传推广、融资投资、交流合作的平台,全方位体现数字内容产业内涵,达到艺术和科技、文化和娱乐、商务和休闲的完美结合。主要参展商有:Microsoft、IBM、上海电信、信产集团、实信软件、无锡国家动画基地、金蝶软件、苏州工业园科技园、常州国家动画基地、同济大学、TMT 数字媒体产业园、汉王科技等。①

14.3.4.2　分析

会后,主办方分析得出:参加此次活动的观众,从行业来看,主要来自软件、通讯、移动增值、动画创意、网络服务、金融、医疗、教育等行业;从地域来看,国内的观众主要来自华东、华北、华南与华中。这些观众普遍所关注的领域分别为:行业信息化应用、网络增值服务、动漫卡通、移动内容、数字广播电视、数字影音等。

博览会的举办取得了累累硕果,对于我国信息产业的发展起到

①　2007 第二届中国数字内容博览会网,http://www.digitalcontent.org.cn。

一定的促进作用,也为其将来的发展找到一些新的模式,同时,还促进了信息行业内的合作以及与信息产业相关的行业间的合作,带动一些相关行业共同发展,对提升我国服务业的整个水平起到举足轻重的作用。

14.3.4.3 点评

不能一味地追求博览会的举办数量及签约的数量,还要保证博览会的质量,保证参展企业的合法权益;此外,不能只将合作停留在书面合同上,还是要切实履行合同,将其转化为现实的生产力。这样,才能有效地利用洽谈会这一平台,更好地促进区域服务业的合作。

15 重点服务业区域合作

由于服务业内部行业的复杂性,在上文对区域服务业合作的一般理论和总体合作模型进行研究之后,本章将对七个重点服务业行业的区域合作问题进行专门分析,包括区域金融合作、区域科技合作、区域物流合作、区域信息业合作、区域流通业合作、区域劳务合作和区域旅游业合作。

15.1　区域金融合作

随着经济全球化的迅速发展,区域经济合作被更多的地区利用,金融合作作为经济合作的核心,也得到迅速发展。关于国际的金融合作,无论是理论研究方面还是实践探索方面,都已在如火如荼地进行着;而关于同一货币区或一个国家内部各区域间金融合作的研究理论和实践都还没有受到应有的重视,理论研究资料较少,而这对于像中国这样的大国来说是非常重要的。本章将对此进行探讨。

15.1.1　区域金融合作的内涵

区域金融,是指一个国家金融结构与运行在空间上的分布状况,在外延上表现为具有不同形态、不同层次和金融活动相对集中的若干金融区域。①

区域金融结构是区域现存的金融工具、金融机构、金融市场和金

---

① 张军洲:《中国区域金融分析》,中国经济出版社 1995 年版,第 19~35 页。

融制度体系的总和,反映出各种现存的金融工具、金融机构和金融市场的性质、种类、绝对数量、相对规模、经营特征和经营方式,金融机构和金融市场的集中化程度,以及金融机构组织和金融交易的方式、范围、规则、惯例、收益分配和有效性。[①]

金融合作是各国、地区金融当局通过协调各项金融政策、防范金融风险,挖掘经济潜力以促进各参与国、地区经济稳定增长的一种合作机制,[②]其具体表现方式为合作区内各金融机构、金融市场、金融业务及金融监管等方面的深层次、全方位合作。[③]

关于区域金融合作的定义,国内外研究尚少,没有权威性定义,为了具体清晰地研究区域金融合作问题,这里有必要将区域金融合作的概念予以定义,根据区域金融合作理论研究与发展成果和合作的本质,将区域金融合作定义为:某一个区域内有关国家或地区,为了实现利益共享、风险共担,各行为主体之间在平等协商的基础上自愿就货币金融领域实行协调与合作,从而消除区域间的金融资产流动的障碍,保持区域内金融体系稳定,促进区域经济发展。

15.1.2 区域金融合作的类型

区域金融合作的类型从不同的研究视角,划分有所不同。

根据金融合作主体的合作范围将区域金融合作的类型分为世界性合作、区域性合作、国内地区性合作。

根据合作内容的深度将其分为:政策协调性合作、区域性解救危机合作、区域固定汇率合作、区域汇率联盟合作、单一货币区合作。政策协调性合作主要适用于地理位置不相邻、经济上具有互补性、金

---

① 刘仁伍:《区域金融结构和金融发展理论与实证研究》,载《中国社会科学》2000年第9期。

② 汤敏:《中国应如何应对亚洲金融合作的机遇与挑战》,载《金融周刊》2002年4月7日。

③ 覃晓雪:《CEPA背景下中国内地与香港的金融合作》,载《南京理工大学学报》2004年。

融体系能够相互协调的区域主体之间合作;区域固定汇率合作、区域
汇率联盟合作主要适用于地理位置临近,金融发展水平相似,金融体
系能够相互协调,金融市场运行的紧密的区域主体之间合作;单一货
币区合作主要适用于地理位置临近,金融市场运行的紧密,经济依存
度较高的区域主体之间合作。

15.1.3　区域金融合作模式

根据区域金融合作的条件要求和我国区域金融合作发展现状,
这里将区域金融合作模式归结为:市场推动型、政府主导型、政府与
市场联动型三种金融合作模式。

15.1.3.1　市场推动型区域金融合作

市场推动型区域金融合作模式是指随着区域经济一体化进程的
深入,区域经济主体根据市场需求而进行的跨区金融合作,这种金融
合作的规模、层次是按照市场需求不断加强和深入,由于宏观金融管
理体制的约束,各区域金融同业机构设立联合机构,负责协调合作中
出现的问题;区域政府部门对合作中出现的问题起辅助协调作用。

15.1.3.2　政府主导型区域金融合作

政府主导型区域金融合作模式是指为了促进区域金融合作,各
区域主体的地方政府联合设立区域金融管理机构(办公室),区域金
融管理机构下设货币市场、银行、资本市场、证券等区域金融合作分
机构,统一制定金融合作规划,协调合作项目,监督合作进程。

15.1.3.3　政府与市场联动型金融合作

政府与市场联动型金融合作模式是指首先运用政府力量来启动
区域金融合作区的建设,通过各地方政府的协商与合作,对金融合作
进行科学合理的规划设计,区域成员共同协商制定区域金融合作法
规和政策,引导和支持区域金融机构的合作与交流。到了内在自发
的合作推动机制已初步形成,金融机构之间以及金融机构内部各分
支机构之间已建成全方位的合作机制,政策效应逐渐减弱,而由市场

力量来主导金融合作的继续进行。①

15.1.4　中国国内区域金融合作实践

这里主要针对长三角区域、泛珠三角区域和环渤海区域三个经济区域的金融合作进行分析。

15.1.4.1　长三角区域金融合作

15.1.4.1.1　长三角区域金融合作进程与现状

在长三角经济一体化的推动下,长三角地区的金融合作起步较早,2002年7月中国银行华东信息中心建成,该中心覆盖了上海、江苏、浙江、安徽、江西及福建五省一市,成为中国银行华东地区的信息枢纽;2003年7月,长三角地区民生银行启动"民生非凡理财万里行"活动;2003年10月,人民银行上海分行与南京分行联合起草了一份《长江三角洲金融合作框架研究总报告》,该报告核心内容就是在长三角重点建设信息流、资金流和人才流,从而消除银行在该区开展业务面临的障碍。2004年农业银行和建设银行分别开始构造长三角地区金融共同体,加强系统内的信息沟通和共享。2005年8月10日,中国人民银行上海总部正式挂牌成立,推动了上海金融发展和上海国际金融中心建设,为加快长三角金融合作创造更多发展机会。

目前,长三角已经实现的金融合作主要表现在以下几个方面:

第一,银行业务、货币市场业务方面。首先,启动银行跨地区金融合作,签署区域金融的合作协议;异地贷款业务得到了快速的发展,截至2006年6月末,上海市中资银行、外资银行和非银行金融机构的异地企业贷款余额为2016亿元,其中贷给江苏企业和浙江企业的比例分别为39.6%和20.8%,两省合计达到60.4%。② 2007年1

---

①　吴丽:《泛珠三角区域金融合作问题研究》,载《湖南大学学报》2007年第5期。

②　数据来源:恒康天安人寿保险有限公司网站(http//:www.jhta.com.cn/)。

月底,建设银行总行同意长三角地区行之间的异地信贷业务无须报总行审批,可由牵头行在权限内直接进行审批和分割。其次,在票据业务方面,上海已经形成了区域性票据市场中心,"长三角"地区票据贴现、转贴现十分活跃。截至2005年年末,上海市的汇票承兑累计发生额1046.1亿元,较上一年增长9.7%,占全国总量2.4%;汇票贴现累计发生额5461.2亿元,较上一年增长45.3%,占全国总量8.1%。再次,长三角地区银行间债券市场金融机构现券买卖十分活跃,2006年上海交易量位居全国第二位。长三角有20个金融机构进入银行间本币市场交易量前100名,进入债券市场交易量前100名的有21个。①

第二,证券、期货、产权业务。长三角地区企业上市融资主要是通过上海证券交易所进行,上海证券交易所、上海期货交易所为长三角企业上市融资提供了方便高效的平台,跨国公司和金融机构在上海设立本部,在长三角地区落户,为长三角地区上市融资、招商引资增添巨大吸引力。2004年上海期货市场的成交金额占到全国总量的57%;证券市场交易金额占到80%左右,产权市场以3612.35亿元继续占据全国首位;此外,位居上海的还有全国最大的黄金交易市场、中国外汇交易中心,以及中国银联等全国性交易和结算机构。②2006年上半年上海联合产权交易所操作的企业并购共259宗,其中长三角企业间的区域内并购达124宗,数量占近50%。③

第三,央行金融职能方面。2004年人民银行在长三角地区实施信贷管理职能改革,中央银行的清算等金融服务突破行政区范围,各省地市支行的货币信贷和金融市场管理原来由上海、南京两个大区分行管理,改由省会中心城市支行负责管理,并直接向总行负责。

---

① 丁萌:《长三角区域金融合作机制研究》,载《南京理工大学学报》2007年第6期。

② 王伟藩:《长三角地区金融合作优势与前景探讨》,载《国际经济合作》2006年。

③ 资料来源:上海联合产权交易所网站(http://new.suaee.com)。

2006 年 12 月 19 日,全国支票影像交换系统在上海市顺利试点运行,使上海票据流通范围的又一次扩大。

第四,保险业务。根据通行的国际保险业监管标准,保险经营实行严格的划区域经营模式,保险公司的业务范围必须在核定的区域内开展,若超出核定的区域范围则属于违法行为,因此长三角地区跨区域保险业务开展比较有限。目前长三角区域异地保险主要是跨区域的运输保险、旅游保险、跨国公司公司统一承保保险。

15.1.4.1.2　长三角区域金融合作的制约因素

(1)金融调控和监管体系的分割。长三角地区目前有中国人民银行上海分行和南京分行两家区域金融调控部门,上海分行负责浙江、福建和上海两省一市的金融调控;南京分行负责江苏和安徽两省的金融调控。由于银行业实行的是严格的划区域经营体制,其内部管理实行的是从上到下的垂直型管理体制,这种调控框架必然使跨区金融调控实施困难。

(2)信息流不畅阻碍了长三角地区的金融合作。在市场经济环境下,信息已成为一种非常重要的资源,在金融领域更是如此。通畅的信息交换(比如有关企业诚信、金融发展等数据的共享)可以降低银行搜寻信息的成本,有利于其做出更加科学合理的决策,提高经营管理的安全性和效益。而信息流不畅则会提高企业和银行的经营成本,增加银行面临的潜在风险,最终抑制经济的增长。当前长三角地区金融机构之间信息的交流和共享还很不完善,已成为影响本区域金融合作的一大障碍。

(3)长三角地区金融联系程度不平衡。著名地理学家塔费(E. J. Taffe,1962)认为,"经济联系度同它们的人口乘积成正比,同它们之间距离的平方成反比"①。丁萌(2007)在前人研究基础之上对长三角城市间的经济联系强度进行分析和计算,其结果为:上海与

---

① 塔费(E. J. Taffe):《城市等级——飞机乘客的限界》,载《经济地理(英文版)》1962 年。

苏州的金融联系度最强,其次为无锡、南通和嘉兴,而与南京、杭州的金融联系度都低于平均水平。在省域范围内,南京与镇江、扬州的金融联系度较高,杭州与绍兴、嘉兴、湖州的联系度较高,与本省其他城市间的金融联系度都非常低。决定城市间金融合作程度的关键因素是地理距离,而非金融资源的供需情况。城市间的金融合作仍然局限于短距离的地域范围内,长距离城市间金融资源的流动存在较大障碍。①

综上所述,虽然长三角的金融结构与我国其他地区相比具有明显的优势,但长三角的金融还存在许多不足,需进一步推进金融开放的程度,提高金融业效率,使有限的金融资源得到最优配置。

15.1.4.2　泛珠三角区域金融合作

泛珠三角区域包括广东、福建、江西、湖南、广西、海南、四川、贵州、云南等九省(区)和香港、澳门特别行政区(即"9+2"),2003年,广东省倡导的泛珠三角区域合作引起了相关地区各界的普遍关注和赞同。

15.1.4.2.1　泛珠三角区域金融合作进程与现状

2004年6月3日,"9+2"省区政府领导在香港共同签署的《泛珠三角区域合作框架协议》,这是我国迄今为止规模最大的经济合作区域。随着泛珠三角区域经济合作深化,泛珠三角区域金融合作也越来越受到各个区域成员和相关专家的重视。2004年12月泛珠三角区域金融学会联合召开的首届泛珠三角区域合作与发展金融论坛,深入探讨了经济金融运行的热点问题和泛珠三角区域金融合作与发展问题,本次会议共同签署了"泛珠三角区域合作与发展金融论坛"备忘录,正式建立泛珠三角金融研究合作协调机制;2006年7月第三届论坛9省区城市商业银行签署了《泛珠三角区域城市商业银行战略合作备忘录》,达成关于跨地区票据业务平台、次级债券认

---

① 丁萌:《长三角区域金融合作机制研究》,载《南京理工大学学报》2007年第6期。

购、银团贷款和信贷资产的互相买卖等协议。

目前,泛珠三角区域金融业已形成以银行、证券、保险为主体,期货、信托、产权交易为补充的完善的金融市场体系。截至 2006 年年底,泛珠三角区域共拥有综合类证券公司 40 家,占全国总数的 37%,基金管理公司 21 家,占全国总数的 36.2%,许多外资金融机构如美国花旗银行、香港汇丰银行、英国渣打银行、法国兴业银行、荷兰万贝银行等都在泛珠地区设有分支机构。截至 2007 年 1 月,九省区在国内的上市公司共有 432 家,占全国总数的 28.9%,在上、深两所表现活跃,成为推动我国股市发展的不可或缺的力量。①

15.1.4.2.2　泛珠三角区域金融合作的制约因素

(1)体制障碍。泛珠三角区域不同于国内其他区域,其存在着内陆的社会主义制度和港澳的资本主义制度。两种不同制度下金融体系存在着许多差异,港澳是在市场经济调解下建立起的金融体制,而大陆是在计划经济转变为市场经济的改革中逐步完善的金融体制。尽管内地金融体制虽已经过二十多年的改造,两种金融体制仍然存在差异。

(2)金融调控和监管体系的分割。泛珠三角地区目前有中国人民银行大区分行——广州分行、成都分行、武汉分行、上海分行四个区域金融调控部门,同长三角区域金融合作一样存在着金融调控和监管体系的分割。

(3)各地经济金融发展极不平衡。泛珠三角区域不仅金融制度差异大,而且经济金融发展很不均衡,经济、金融水平存在的巨大差异势必造成金融合作中的地位义务不对等,从而在区域内形成利益之争,这必然会影响金融合作的实现。

---

①　吴丽:《泛珠三角区域金融合作问题研究》,载《湖南大学学报》2007 年第 6 期。

15.1.4.3 环渤海区域金融合作

15.1.4.3.1 环渤海地区金融合作进程与现状

环渤海区域金融合作起步较晚,近年来随着区域经济合作进程的加深,环渤海地区金融机构之间的合作不断加强,主要表现在以下几方面:

(1)银行之间的往来与合作更加密切

1998年,人民银行按照经济区划成立了九个大区行和两个营业管理部,其中环渤海地区的沈阳分行、天津分行、北京营业管理部与济南分行之间一直保持着信息往来关系。

2000年6月,北京、天津、河北部分地区人民银行共同开展金融合作,建立了"京津冀区域票据自动清分系统"。2005年6月11日京津廊三地票据实现了相互流通,突破了同城票据清算的传统模式,开创了全国跨区域票据交换的先例。京津冀区域票据交换的服务范围已经覆盖天津、北京及河北省的唐山、廊坊、沧州、涿州等地区。截至2005年年底,天津市有745家金融机构、北京市有1115家金融机构、廊坊市117家金融机构直接参加京津冀区域票据交换。仅天津票据清算中心的日均处理票据业务约6.7万笔共81亿元。①

2003年10月2日国务院的批准成立我国首家在发起阶段便引入海外股东的商业银行——渤海银行,该行也是首家总部位于天津的全国性商业银行。2005年12月31日,渤海银行正式挂牌成立。渤海银行的成立和发展对推进环渤海区域金融改革创新,加快提高服务功能,促进环渤海区域经济社会发展有积极作用。

2005年8月,建设银行总行在北京、天津、河北、山西、内蒙古、辽宁、山东、大连、青岛等九家分行建立了环渤海区域服务联动机制,该机制的作用就是通过机制联动,实现资源整合优化,加强环渤海区域各分行之间的合作。

---

① 李文增、鹿英姿等:《关于环渤海区域金融合作问题的研究》,载《城市》2007年第3期。

2005 年 11 月 25 日首届环渤海区域金融合作发展研讨会在滨海新区举办。会议探索和研讨了环渤海地区金融合作中的重大问题,为加强环渤海地区金融学会间的沟通和交流提供了平台。至今环渤海区域金融合作发展论坛已经举办过三届,推进了环渤海区域金融合作的发展。

(2)环渤海地区异地融资业务合作不断加强

近年来环渤海地区异地融资业务合作不断加强,例如,股份制商业银行打破行政区域的限制,通过提供优质的金融服务,把业务网络扩展到其他地区和城市。目前,天津市金融机构 85% 的异地贷款约为 115 亿元,投向了河北、北京、内蒙古以及山东、山西和辽宁的企业;在河北省廊坊市,北京、天津、山东以及上海的 64 家中外资金融机构的贷款已占到廊坊市金融机构贷款总额的 14%;天津分行辖区金融机构与北京、辽宁、山东金融机构的融资交易量达 8660 亿元,占到津冀晋蒙金融机构融资业务总量的 65%;另外,天津市商业银行还利用自身融资优势,与河北、山西、内蒙古等省区 39 家地方性中小金融机构开展了融资代理业务。[1]

15. 1. 4. 3. 2 环渤海地区金融合作的制约因素

(1)区划壁垒制约了区域金融合作进程

环渤海区域各城市按行政区域划分属五省二市,金融监管分属中国人民银行大区分行——天津分行、济南分行和沈阳分行。由于金融机构本身管理体制的限制,金融监管的垂直领导致五省二市金融业之间的分割状态,在不同省市之间金融合作难度大,当发生利益冲突时,地方保护思想严重,金融服务都以现行行政区域为主,没有从大区域资源角度进行考虑和安排。区域金融合作渠道不畅通。

(2)金融结构和融资方式不合理

区域内的金融组织以银行为主,除北京、天津等少数大城市外,各

---

① 郭庆平:《关于推动环渤海区域金融合作发展的几点看法》,载《港口经济》2006 年第 1 期。

地区的非银行金融机构数量很少,规模偏小。股份制银行、民营银行和外资银行数量有限,主要以国有大中型银行为主。另外,融资的工具少、流动性差,渠道单一,仍以商业银行直接贷款为主要的融资方式。

(3)京津两个区域金融中心竞争大于合作,核心作用均不明显

天津是历史上的北方金融中心,天津市政府一直有"金融兴市"和"打造北方金融中心"的提法,特别是天津滨海新区的建设,更加坚定了天津"打造北方金融中心"的信心;北京是我国金融管理和监督中心,经济结构合理,金融业发展速度较快,北京的金融业发展既有环境优势,又有政策优势。京津两地距离近,相距只有 137 公里,产业结构也雷同,一直以来竞争大于合作,同质竞争势必造成各自为政、协作困难的局面。

15.1.5 推进我国区域金融合作若干建议

15.1.5.1 环渤海区域金融合作的突破口

从上述长三角、泛珠三角、环渤海区域金融合作的分析可知,目前三大区域均有金融核心:长三角的上海、泛珠三角的香港、环渤海的北京和天津。但环渤海金融核心的作用与其他两区域相差较大:上海、香港对周边地区的金融辐射能力强,已经为区域金融合作的发展和深入起到引领和主导作用;环渤海的北京、天津未能充分发挥出金融中心作用,北京、天津的金融市场与香港相比差距很大:目前香港的证券市场、货币市场、外汇市场、保险市场、黄金市场和期货市场等金融市场体系较完善,交易规模大,交易品种多,香港的金融机构聚集度高,特别是外国银行数和非银行金融机构数在数量和质量上明显高于北京、天津。另外,由于京津竞争使得两者没有形成力量强大的区域经济核心,环渤海区域金融合作没有有力的引领者,因此环渤海的区域金融合作突破口在于北京、天津的联合,天津滨海新区被纳入国家发展战略并定位为北方经济中心,而北京不再提经济中心,这提升了天津与北京在环渤海地区金融合作中的地位,全面推进北京、天津经济合作,将同质竞争转变为同质联合,将会形成巨大的凝

聚力和辐射力,从而成为环渤海区域金融合作的"发动机"。

15.1.5.2　寻求我国区域金融市场发展平衡

长三角、泛珠三角设立了一些金融市场,并逐步建立了比较完善的资本市场和货币市场,特别是上海证券交易所、深圳证券交易所这种全国性的证券市场,对促进其区域金融的合作,带动区域经济发展都起了非常重要的作用。目前环渤海地区目前还没有大规模的全国性的金融市场,由于没有较强区域辐射功能的金融市场,很难起到推动区域金融合作的作用。因此,在环渤海区域建立全国性、辐射能力强大的金融市场,如产权交易市场、证券交易市场等,可以推动环渤海区域经济的发展,促进环渤海区域金融合作。

15.1.5.3　突破行政约束,调整金融机构

从长三角、泛珠三角、环渤海三大区域金融合作的制约因素来看,金融合作区创建初期面临的最大问题是行政区划设置所造成的金融资源流动壁垒。要消除这一制约因素,只靠区域政府力量无法解决,必然需要依靠国家政府力量,通过体制改革,突破行政约束。首先,在政府协调下,按照区域划分,成立长三角、泛珠三角、环渤海等区域金融发展委员会,成员由省地方政府、央行分支机构及三大金融监管部门派出机构、各省金融同业公会共同组成,其任务主要是负责商讨协调区域金融合作区过程中的合作规划、合作进程、融资调剂、风险防范基金管理等。其次,人民银行的大区分行的划分已经不适应目前我国经济发展的需要,应根据区域经济合作的需求对其进行改革,重新划分为:长三角、泛珠三角、环渤海等分行,为了减少行政壁垒带给金融合作区的阻碍,区域各省市地方政府应设立或某部门兼管的行政机构,负责区域金融合作的协调与规划等。

15.1.5.4　建立区域性股份制商业银行

目前,各区域中都存在中小企业、民营融资困难,落后地区贷款难,资金外流等问题,使这些企业和地区资金短缺。国有商业银行出于整体利益的考虑,将大量的资金投资到发达地区,使落后地区的发

展更加困难。区域经济的发展,需要均衡金融资源,缩小地区之间的差距,这就需要依靠投资拉动和资金支持。因此,成立区域性股份制商业银行,将吸收的资金在当地转化为投资。此外,作为独立的商业银行,它还可以取得中央银行再贷款的一定份额,并能在资金市场上拆借资金,促进资金流动和资源的合理配置。这样可以扶持本地区中小企业和中小民营企业的发展。

15.1.5.5 完善信用制度,建立区域性货币市场

在市场经济条件下,从最初的交换到扩大了的市场关系都是以信用为基本准则的,没有信用就没有秩序,没有信用就没有交换,没有信用的市场经济活动就难以健康发展。[①] 建立区域性货币市场的基础是信用制度,目前中国信用制度和信用关系不够完善,商业信用和银行信用的信誉价值低,严重制约了货币市场的发展,因此,建立区域性货币市场首先从建立信用制度开始。其次,通过政府干预和调控,政府和中央银行逐步参与到货币市场中来,提高区域货币市场的可信度,丰富信用工具吸引资金需求者和供给者参与到货币市场中来,参与者主要包括中央银行、商业银行、企业、投资机构、外国金融机构、政府机构等。

15.2 区域科技合作

15.2.1 区域科技合作概念

狭义的区域科技合作是指科技能力的合作,包括科技投入、科技人才、科技活动、科技成果、科技管理等方面的合作,具体合作内容包括知识创新、研究开发、成果转化和应用、科技服务、科技管理、科技培训、生态恢复和污染治理等重大科技问题合作等。

广义的科技合作是指发展科学技术,提高科技管理水平,推动经

---

① 杨承训、乔法容:《市场经济是信用经济》,载《人民日报》2001 年 1 月 18 日第 9 版。

济发展及提升社会文明等方面开展的合作。① 本书所阐释的区域科技合作,是指广义的区域科技合作。

　　各个经济区域由于地理位置、政策环境、文化环境等方面存在差异,区位优势也有着明显的不同,因此在资源、科技、经济等方面互补性大,广泛开展区域科技合作,可以有效地集成区域科技资源优势,提升区域科技创新能力和产业竞争能力,推动区域内支柱产业、主导产业和优势产业发展。但是,由于参与的省区众多,不同区域的政治、经济、文化背景的差异性很大,区域科技合作必然面临各种错综复杂的冲突和矛盾。因此,探索区域科技合作与发展的新模式,构建现实、可行、科学的区域科技合作机制是区域科技合作成功的前提和保障。

15.2.2　区域科技合作主体分析

15.2.2.1　政府是区域科技合作的倡导者

政府在区域科技合作中的作用表现在:创造要素集聚规模效应,促进地区协调发展,健全市场机制;建设基础设施,提供公共物品;推进社会改革、体制改革和制度创新,为区域科技合作提供制度支持;制定方针政策,规范和优化区域科技合作的环境。

15.2.2.2　大学和科研机构是区域科技合作的积极参与者

大学和科研机构在区域科技合作中的作用主要表现在:利用大学和科研机构雄厚的师资力量、办学经验和国际交流渠道,联合培养科技创新人才;面向国际先进水平、面向国民经济战略性调整需要,面向经济发展中的重大问题,发挥各省区大学和科研机构各自的科研队伍、科研设备、科研基地优势,联合进行研究与开发活动,提高知识创新和技术创新水平;利用各省区大科研机构已形成的为国民经济服务的网络,整合各方优势,服务于区域经济建设和科技发展。

---

　　① 李廉水:《东西部科技合作的内涵与模式研究》,载《东南大学学报(哲学社会科学版)》2002 年第 3 期。

15.2.2.3　企业是市场经济的细胞,也是区域发展中的投资主体

企业的发展过程客观上就是区域资源开发利用的过程,尤其是大型企业集团在区域发展中的投资带动作用越来越突出。但由于企业行为目标的局限性,其追逐的不是区域整体利益,而是企业自身利益的最大化。因此,企业主体的投资开发行为应接受政府的政策指导和宏观调控。遵循市场经济规律,正确处理政府调控与企业主体之间的关系,并保持两者的有效协调,从而使区域科技合作在资源、环境、经济、社会和谐统一的前提下,获得最大的经济和社会效益。

15.2.3　区域科技合作机制构建原则

区域科技合作机制与政策创新模式的基本原则是:整合各地区的资源优势,实现科技资源互补,促进经济的共同发展。

15.2.3.1　互利共赢原则

区域科技合作各方共同参与,主动改善合作环境、深化合作内容,落实合作措施,提高合作效益和水平,推动区域经济协调发展,只有存在共同利益的分享合作才能长久。

15.2.3.2　市场主导原则

按照"市场运作,政府推动"的方式推进区域科技合作。充分发挥市场机制在区域经济发展中资源配置的基础性作用,企业作为合作主体,依法自主决策投资经营,政府主要是创造良好发展环境,引导区域科技合作发展方向。

15.2.3.3　优势互补原则

针对各区域的实际情况,充分发挥各方的比较优势和合作的积极性、主动性和创造性,加强经济资源、人才资源、科技文化教育等方面的优势集成与互补,坚持非排他性和非歧视性,打破地区封锁,加强沟通交流,促进共同发展。

15.2.3.4　持续性原则

科技对经济增长的作用不是短期能体现出来的,因此增强科技实力是一个需要积累的过程。区域科技合作正是针对各方在科技实

力上的优劣展开,所以也必须是一个长期的、渐进的过程。科技实力不是一朝一夕能够形成的,科技合作应该遵循客观规律,持续地开展下去,不能急功近利,拔苗助长。

15.2.4　实现区域科技合作的机制设计

15.2.4.1　确立区域科技合作目标

在确定区域合作之前,合作目标是必须事先确立的。确立区域科技合作目标首先要对本区域内各参与主体的科技现状进行细致、科学的评估,然后对各方的优、劣势子项进行分解,最后经过充分讨论确立合作目标。

15.2.4.2　制定区域科技合作政策

区域科技合作政策是实行合作的制度保障,是根据合作目标制定的。合作政策的制定要坚持灵活性和原则性的统一,既要有一定的调整余地,也要对具体目标有硬约束。由于科技内容的广泛性,在目前的科技合作政策中大多灵活性有余而原则性不够,软约束过多而硬约束太少。这是值得决策层注意的问题。

15.2.4.3　建立区域科技合作联席会议制度

区域科技合作的发展离不开成员间充分的了解和协商,要求有相关的机构来保障科技合作的顺利进行。借鉴国内外区域组织进行科技合作的先进经验,区域科技合作需要建立起系统的联席会议机制。

15.2.4.4　营造适应整个区域发展需要的科技政策和法制环境

构建区域科技合作新机制的关键是树立"共进共荣"意识,弱化行政区划概念,加强区域协同发展能力,使通过市场形成的分工成为科技合作的主旋律;再就是区域内产业分工和科技方面的合作在各合作伙伴间应重新定位,使区域内科技资源达到有效整合,以推动区域科技经济的发展。

区域科技合作是一个复杂的循序渐进的过程,需要制定周密而详尽的规划,需要相关地区在硬环境和软环境建设方面加强协调。区内各省要尽快清理现存的法律、法规和条例,消除形形色色的阻碍产品和要素流动的政策和技术壁垒,建立统一体系。实现区域内技术标准、环保标准、认证体系及标准的统一;高新技术企业、民营科技企业的认定规则的统一。建立项目合作机制。鼓励和支持高校、科研院所、企业开展区域合作,围绕区域的特色资源和共性技术,联合承担国家重大科技项目,开展联合攻关。在科技项目招标中,按照公开、公平、公正的竞争原则,区域内的企业、科研机构等法人具有招标资格。

15.2.4.5 制定区域科技合作规范

区域科技合作机制的顺利构建和实施需要制度规范的保障,必须从地方和部门两方面规范区域科技合作行为,建构稳固的区域科技合作机制,保证科技合作的效率:一是要制定完整、细致、务实的区域科技合作发展计划,从短期、中长期和长期3个层面对区域科技合作的目标和具体运行进行规划;二是要制定平等、兼顾、有效的区域科技合作协调规范,从区域内各省区协调和各省区科技部门协调出发,建立两套层级不同的协调机制,保证区域科技合作协调、有序;三是要制定切实可行的区域科技合作监督约束规范体系,区域科技合作主要建立在区域内各省互信合作的基础上,但也必须完备监督约束机制。制定程序确定、操作性和约束力强的监督约束制度体系,防止个别成员省的行为不当或不作为,保证区域科技合作的顺利、公平、有效。

15.2.4.6 建立区域科技合作的政府间协调机制

任何好的政策都需要有力地执行,而协调机构是实施合作政策的组织保障。成立协调机构要遵循成本—效益分析的原则,既要有利于政策的实施,又不至于增加太大的制度成本,否则会抵消科技合作带来的规模收益。协调机构的成立可以采取成本分担的原则,受益多则分担多。

区域科技市场不统一、对生产要素流动的限制等问题实质上都是区域内各省区对本地区利益最大化追求的手段和结果。利益为问题的根源,解决问题也要从利益入手,政府间可以建立经常性的协调机制,来协调彼此的利益纷争,构建发挥政府协调作用及各利益主体参与的协商机制。通过制定区域协调发展的法律法规,建立协调发展基金、财政转移支付和税收杠杆等手段,建立健全区域科技合作中政府间协调机制。

15.2.4.7　建立区域内跨省区产学研合作体制

鼓励和支持区域内高校、科研院所、企业联合承担国家重大科技项目,围绕区域的特色资源和共性技术开展联合攻关。在科技项目招标中,区域内的各省区的企业、科研机构等具有同等的招标资格;围绕区域内的重点领域、重点产业,组织引导区域内形成区域内高技术产业协作,形成跨省区的集大学、科研院所和企业为一体的知识联盟;制定区域高新技术产业发展规划,实行优势互补的高新技术产业链发展战略,形成区域内各具特色、分工协作的发展格局。

15.2.4.8　建立区域内科技资源共享机制

努力实现区域内基础科技资源的开放和共享,加快推进科技文献、科技信息、专家库、动植物资源和水文资源等基础性科技资源的联网共享,并相互开放国家级和省级重点实验室、工程技术研究中心、中试基地、大型公共仪器设备、技术标准检测评价机构;相互享受本地同等的优惠政策;联合设立区域科技交易网络,形成网上技术市场、加速科技成果交易,并联合举办科技博览会、交易会、项目推介会,推动区域内科技成果转化。

15.2.4.9　建立区域内合作培养科技人才机制

区域内各省区间互派中青年专家和科技管理人员到各方所属区域的相关部门学习、培训、挂职锻炼,联合开展国家科技合作、考察、交流与人才培养;合作实施人才培训、培养计划。

15.2.4.10　持续改进区域科技合作绩效

政策制定的初期,由于各种主观、客观条件的限制,不可能对合作中可能出现的各种问题做出全面的预测和提出完善的措施,只有在执行过程中不断地总结和纠正,才能使暴露出的问题得到合理的解决。所以,应该对区域科技合作的绩效分阶段、有步骤地进行考核,及时改正原来政策的不合理之处,并根据实际情况补充新的内容,这样才会使合作的宗旨得到实现。否则问题日积月累,最后会导致合作终止。

15.2.5 区域科技合作的模式

15.2.5.1 知识创新联盟模式

在知识创新层面发展区域科技合作。各省区企业、高校和科研机构可以组成不同的知识创新联盟,使知识与技术的产生、加工、流动、扩散与转移一气呵成,将知识创新的成果转化为经济发展优势,促进知识资本与产业资本的结合,有效解决科技链与产业链相互脱节的状况,推动区域经济的高质量发展。

15.2.5.2 产品合作创新模式

创新则兴,守旧则败,现在的市场竞争关键是创新能力的竞争,企业竞争更多地表现为产品创新能力和创新速度的竞争。各经济区域所辖的省区企业可以通过产品合作创新计划、集成、控制等功能,合理配置各区域内企业的人才资源、资金资源、材料资源,可以填补产品空白、降低资金投入风险和项目开发风险,增强企业竞争能力,并逐步形成企业群体,提升企业创新能力。区域内企业的合作创新,应当遵循产品的生命周期,在不同生命周期选择不同的创新重点,在企业之间实施不同的分工协作模式,以充分利用产品合作创新的成果,获得最大的经济效益。

15.2.5.3 高新技术产业园区协作模式

高新技术产业园区是我国科技创新、产业结构优化和新增长点产生的主要基地,是区域科技合作的重要场所。区域内各大高新区彻底消除人才、成果项目、资金流动和市场交易等方面的壁垒,积极推动要素的优化配置,鼓励各高新区企业间的相互投资、参股,为投资方提供便利条件,抑制不合理的行政干预和扭曲市场关系的恶性竞争。它们还将推动信息资源的合作开发和共享,运用网络技术建立人才、技术、项目、市场等方面的资料库,促进信息的交流和共享。

15.3 区域物流合作

在国际上,物流产业被喻为促进经济发展的"加速器"。在经济全球化与区域一体化发展趋势下,通过进一步加强区域经济紧密联系,促进区域内物流的合作发展,对于促进区域内部贸易自由化和要素自由流动,促进专业化分工和产业结构优化,获取区域内的经济聚集和互补效应,进而提升区域综合竞争力具有重要意义。

15.3.1 **区域物流合作含义**

区域物流合作是在一定的区域地理环境中,以大中型城市或重要交通干线为中心,以区域经济规模和范围为基础,结合物流辐射的有效范围,将区域内外的各类物品从供应地向接受地进行有效的实体流动;根据区域物流基础设施条件,并将运输、储存、装卸搬运、包装、流通加工、配送及信息处理等物流基本活动进行有机集成,提高区域物流活动的水平和效率,扩大区域物流活动的规模和范围,以服务于区域经济发展和提高区域综合经济实力。

15.3.2 **区域物流合作的动力机制**

物流业是国家支柱产业也是区域经济发展重点,区域物流作为"第三利润源",其重要性已被广泛认同。区域物流合作的动力机制主要表现在:

15.3.2.1 *物流服务业广阔的发展前景*

物流服务业虽然是一个新兴的行业,但在我国具有广阔的发展前景和高增长性。国家统计局公布的数据显示,2006年,中国的GDP总额超过20万亿元人民币,进出口总额超过17000亿美元[1],这么庞大的一个经济体,对物流服务的需求可想而知。同时,中国有

---

[1] 《中国统计年鉴》(2007)。

13亿多人口,仅每年净增的人口就达1300万,仅净增人口一项,就要引致经济增长率和物流量相应增加1%~2%。中国改革开放30年,年平均经济增长速度10%,对外贸易量年均增长15%。专家预测,今后5到10年里,我国的经济平均增长速度将在7.8%~8.3%之间变动,对外贸易总额将达到50000亿美元左右。国民经济和对外贸易的高速增长,必然带来物流量相应的快速增长,这为我国的物流服务业提供了一个非常大的市场需求和发展空间。

15.3.2.2　全球流通产业革命的必然结果

随着经济全球化的发展,世界经济形势发生了重大变化。面对经济全球化、一体化、区域化的趋势,具有强大流通能力的区域或国家就会成为主导经济的主体。而作为构成社会流通能力之一的物流产业,不仅对区域经济发展起着基础性的作用,而且影响和制约着整个区域经济运行的速度和效益,即决定着区域经济竞争力的强弱。其优势表现在:第一,降低运行成本,促进规模效应,优化区域经济增长模式。第二,优化产业结构,丰富产业形态。第三,激发区域经济体内城市的"极核"作用,强化城市作为先进生产力载体的扩散作用,从而保证企业、产业、区域物流活动的有效性及协调性,保障各供应链顺利、有效地实施。

15.3.2.3　区域经济发展的客观要求

根据区域经济理论,一个区域一旦具备了某种产业发展的有利条件,就会形成一种比较优势,产生巨大的吸引力,在利益驱动下,大量生产企业和生产要素就会在此区域集聚,形成区域发展的专业化分工,区域经济专业化分工和产业高度化必然产生大量的物流需求。据中科院预计,2007年我国现代物流将保持快速发展,年增12.7%,社会物流总额将达到73.9万亿元,到2010年将达到90万亿元。①但我国现代物流仍然处于初级阶段,运输规模与库存成本之间、配送成本与顾客服务水平之间、中转运输与装卸搬运之间的矛盾,都是我

---

①　中国物流行业协会:http://www.cla.gov.cn/html/200712/6/20071266847.htm。

国建设现代物流系统所面临的问题。同时,在物流行业,由于我国物流规划和布局存在地区分割、部门分割等问题,各地物流资源难以有效整合,大量的物流资源没有发挥出应有的效用。解决这些矛盾,需要利用区域合作对上述物流环节进行功能整合与共享,立足于区域角度的物流系统一体化能更为有效地保证企业、产业在全球化竞争中的优势地位。

15.3.2.4 市场竞争促进了区域物流合作发展

随着全球经济一体化进程的加快,世界经济日益成为一个紧密的整体,市场作用范围逐步扩大,呈现出区域→国家→全球的局面。为了获取更多的资源和发展空间,地区之间的竞争从来没有间断过,其中物流凸显出战略意义。一体化的现代物流系统,能促使以最优的速度、时间、组合,实现商品生产→消费的转移,最大限度地节省流通费用。物流经济已经成为区域经济的重要组成部分,起到了经济的拉动和激活作用。现代物流的发展成为影响地区供应链体系之间竞争力的重要因素,成为提升地区综合竞争力不容忽视的力量。因此,从区域层面宏观地、整体性地考虑和统筹物流成为必要。

15.3.2.5 相关产业形成的巨大推动作用

国民经济作为一个由各种产业有机联系形成的整体,产业之间既相互促进又相互制约。物流业是以物的流动全过程为对象而建立起来的产业,从原材料到成品,一般商品加工制造的时间不超过10%,而90%以上的时间处于仓储、运输、搬运、包装、配送等物流环节。据中国物流与采购联合会统计,2006年,我国工业品物流总额占全国社会物流总额的比例高达86.7%。① 随着新经济时代的到来,制造业与物流业联动发展已经成为现代物流的一大特点。零库存、柔性生产制、准时生产制等不断采用,对物流合作的需求不断加强,要求也在不断提高,从最初的单纯运输或存储合作转变为高难度、高附加值的综合物流合作,对区域物流合作形成巨大的推动

---

① 中国物流与采购网:http://www.chinawuliu.com.cn,2007年3月20日。

作用。

15.3.3 我国区域物流合作主要特征

珠江三角洲、长江三角洲和环渤海区域,是中国最主要的经济发达地区,也是现代物流最为强劲的"增长极",与此相对应形成的珠江三角洲、长江三角洲和环渤海三大物流圈基本代表了我国区域物流合作发展过程中的最高水平。近年来,三大区域中,物流合作的趋势逐步加强,出现了一些新的特征。

15.3.3.1 CEPA 触发珠江三角洲物流新的整合

2003 年,中央政府与香港和澳门相继签署了关于建立更紧密经贸关系的安排(简称 CEPA)。CEPA 规定,自 2004 年 1 月 1 日起,允许香港公司以独资形式在内地提供相关的货运分拨和物流服务,包括道路普通货物的运输、仓储、装卸、加工、包装、配送及相关信息处理服务和有关信息咨询业务、国内货运代理业务,运用计算机网络管理和运作物流业务。[①] 随着关税下降,转口贸易货物数量上升和 CEPA 正式实施,已有多家香港货运企业申请并获准参与内地运输市场经营,许多粤港澳物流合作项目启动。意味着内地对港澳地区提前实施加入 WTO 承诺,也是"大珠三角"物流区域更紧密合作的新机遇。

15.3.3.2 "长三角物流圈"初步形成

长江三角洲地区物流崛起,始于上海浦东开发和开放。以上海为龙头,由江苏、浙江两省 14 座城市组成的长江三角洲经济区,以共赢为目标,努力突破行政区划限制,通过区内资源的整合与调配,初步形成不同城市的定位和分工,区域核心竞争力得以增强。截至 2003 年,全球最大的 20 多家班轮公司已进驻上海口岸,境外航商在上海设立子公司或办事处的已有 100 多家,货运代理 2500 多家,200

---

① 《关于服务贸易领域开放(CEPA 附件 4)》,载《香港商报》2003 年 6 月 30 日。

多家跨国公司设立了采购机构。如何促进长江三角洲物流一体化发展，被提到议事日程上。2003 年，苏浙沪三地物流主管部门齐聚杭州，共同探讨"长三角物流圈"有关事宜。会议决定，建立长江三角洲物流合作联系制度，实现长江三角洲物流区域的突破、行政区划禁锢的突破，打破各种疆界与壁垒，实现"无障碍物流"、"无缝隙服务"，促进长江三角洲物流走在全国前列。2003 年，苏嘉杭高速公路浙江、江苏交界收费站打破行政界限，实现合二为一；2004 年，长三角地区成立了"中国长江三角洲物流发展联席会议"，沪苏浙正在研究提出电子政务信息和信用体系信息的共享方案，以尽快建立覆盖整个区域的信息平台，长三角区域内一体化步伐明显提速，物流平台搭建进展大大加快。"十一五"期间，上海将重点发展口岸物流、制造业物流和城市配送物流，形成深水港、外高桥、浦东空港、西北综合 4 大物流园区和钢铁、汽车、化工、装备制造业 4 大物流基地，物流业增加值年均增速保持在 10% 以上，全社会物流成本下降 2 个百分点左右，实现到 2010 年年初步建成国际重要物流枢纽和亚太物流中心之一的目标。

15.3.3.3　环渤海物流逐步向"东北亚经济圈"融合

环渤海地区紧邻日韩东北亚经济圈，背靠东北和华北广大腹地，有着无可替代的物流优势，这里成为日资和韩资企业登陆中国的首选地。韩国三星在天津投资设立的企业已有 17 家之多。其他知名的日韩企业，如丰田、富士、爱普生、大宇重工、大显手机等纷纷在环渤海地区落户。在烟台，韩国资本开办的独资、合资企业达 2500 家。这些企业成为当地物流企业重点开发的客户资源，许多物流项目已实现成功运作。天津空港开设国际航班的航空公司有国航、大韩航空、全日空和日航等 4 家。以快递和空运代理起家的大通国际运输有限公司在前 3 家中的货运量均居第一位。在大通天津公司的物流客户中，以韩国三星电子集团为代表的电子类企业占据主流。积极融入东北亚经济圈，在东北亚物流中发挥更大作用，是环渤海物流发展的明显趋势。天津滨海新区上升为国家战略后，环渤海地区加快了以港口为依托的外贸物流组织服务的创新,突出的是保税物流园区在环渤海地区的建设和快速发展,为提高国际竞争力和实现可持续发展奠定了物流服务基础。

15.3.4 我国主要区域物流园区发展

15.3.4.1 长三角物流圈

15.3.4.1.1 主要物流园区

表 15.1 长三角主要物流园区

名称	说明	主要物流园区
上海		外高桥物流园区、浦东空港物流园区、西北综合物流园区、洋山港物流园区、上海吴淞国际物流物流园区、上海白鹤商贸物流园区等
江苏	宁镇扬物流区域(5 个)	南京龙潭港综合物流园区、南京王家湾综合物流园区、南京机场物流园区、镇江港综合物流园区、仪征石化物流园区
	徐连盐淮宿物流区域(2 个)	徐州淮海综合物流园区、连云港港口综合物流园区
	苏锡常通泰物流区域(7 个)	苏州唯亭综合物流园区、苏州港综合物流园区、无锡锡北综合物流园区、江阴港综合物流园区、常州新区综合物流园区、南通港综合物流园区、泰州港综合物流园区
浙江		宁波北仑港物流园区、宁波空港物流园区、浙江国际物流中心等

资料来源:上海情报服务平台:http://www.istis.sh.cn,2006 年 1 月 10 日。

15.3.4.1.2 物流规划及动态

长江三角洲地区主要省市基本完成本地物流发展纲要或规划的编制工作,并已进入实施阶段。

表 15.2　长江三角洲地区物流规划制定状况

地区	出台时间	政策规划
上海市	2001 年	《上海市"十五"现代物流产业发展重点专项规划》
江苏省	2002 年	《江苏省现代物流发展规划》
浙江省	2002 年	《浙江省现代物流发展纲要》

资料来源:2005 年《中国现代物流发展报告》。

　　上海重点发展和建成了 4 个(3 + 1)大规模的现代物流园区:外高桥保税物流园区、浦东空港物流园区、西北综合物流园区、洋山港深水物流园区。特别是洋山深水港物流园区一期工程水工码头全部完成,4 条小洋山隧道已经贯通,全长 32 公里的东海大桥基础部分全部完成,主要从事相关海关业务的海关查验区、港区辅助区等已粗具规模。

　　浙江以杭州湾为先导,主动接轨上海、错位发展、互补发展;公路、港口、航空建设步伐不断加快,实现全面进步;宁波、舟山等口岸通关实现全面提速。

　　江苏省政府 2004 年年初投资规模 150 亿人民币启动大批新的物流项目,建设苏州白洋湾等物流园和物流中心。

15.3.4.2　环渤海物流圈

15.3.4.2.1　主要物流园区

表 15.3　环渤海主要物流园区

名称	主要物流园区
北京	北京通州产业物流园区、北京华通物流园区、北京空港物流园区等
天津	天津空港国际物流区、天津保税区物流园、天津散货物流园区、天津物流货运中心等
辽宁	大连国际物流园区、大孤山半岛国际物流园区、甘井子陆港物流园区、大连港老港区市域物流园区等
山东	西部物流园区、西北部物流园区、北部物流园区、东部物流园区、青岛前湾港物流园区、青岛开发区综合物流园区、青岛老港物流园区等

资料来源:上海情报服务平台:http://www.istis.sh.cn,2006 年 1 月 10 日。

15.3.4.2.2 物流规划

自 2002 年起,环渤海区主要省/市从土地、税收、资金、行业管理、对外开放等方面,纷纷出台鼓励性政策,以改善物流发展环境,先后制定物流发展规划。

表 15.4 环渤海地区物流规划制定状况

地区	出台时间	政策规划
北京市	2002 年	《北京市商业物流发展规划》(2002～2010 年)
	2002 年	《北京城市物流系统规划》
天津市	2001 年	《天津市物流发展报告》
	2003 年	《天津市发展现代物流业综合的综合政策意见》
	2003 年	《2003～2007 年天津市现代物流发展实施意见》
河北省	2003 年	《石家庄现代物流发展规划》(2003～2015 年)
	2004 年	《河北省现代物流发展规划》
辽宁省	2003 年	《现代物流产业未来发展规划方案》
山东省	2005 年	起草《关于加快全省现代物流发展意见》

资料来源:2005 年《中国现代物流发展报告》。

环渤海地区主要省/市都在积极实施相关的物流规划。如天津市港口、机场、公路、铁路等物流节点的七个标志性物流园区已经粗具规模,12 万平方公里的天津港散货物流中心、集装箱物流中心 20 万平方米示范区、保税区国际物流运作区 20 万平方米的示范区和 9000 平方米的立体仓库、开发区 20 万平方米的海泰工业物流区、0.95 平方公里的空港国际物流保税区、20 万平方米的天津物流货运中心和邮政物流中心都已经成功运营;北京已完成空港物流园区和通州物流园区,正在进行道路和配套市政府工程建设;青岛前湾国际物流区建成并运行等。

15.3.4.3 珠三角物流圈

15.3.4.3.1 主要物流园区

表 15.5 珠三角主要物流园区

名称	主要物流园区
广州"三大五小"	"三大":南沙物流园区、黄埔物流园区和国际空港物流园区;"五小":芳村、白云、增城、花都、番禺综合物流园区
深圳六大物流园区	盐田港区物流园区、机场航空物流园区、平湖物流园区、龙华物流园区、前海湾物流园区、笋岗—清水河物流园区
福建省	东渡(含象屿)物流园区、海沧物流园区、航空港物流园区、福州长乐物流园区、闽西物流园区、刘五店综合物流园区

资料来源:2005 年《中国现代物流发展报告》。

15.3.4.3.2 物流规划

珠江三角洲区环绕广东省中心城市,以广州市和深圳市为中心,现代物流业总体发展迅速,各地都依托自身城市特点,制定了相应的物流规划,积极推动现代物流业成为地区经济增长点。

表 15.6 珠江三角洲区物流规划制定状况

地区	出台时间	政策规划
广东省	2000 年	《深圳市"十五"及 2015 年现代物流业发展规划》
	2002 年 9 月	《广东省现代物流业"十五"计划》
	2002 年 10 月	《关于加快发展深圳现代物流业若干意见》
	2003 年 4 月	《广州现代物流发展规划纲要》

资料来源:2005 年《中国现代物流发展报告》。

广东省从宏观角度确定物流业发展目标,对珠江三角洲的物流发展作了总体规划,积极推进广州—深圳为轴心的珠江三角洲成为国内和国际双向物流和海陆空立体物流相结合的国际物流中心。2005年广州港集团已投入20多亿元对现有港口码头进行技术改造和新建专业化煤炭码头,预计2006年内建成投产,创造港口物流新优势。

15.4　区域信息业合作

15.4.1　区域信息业合作内涵

区域信息业合作就是不同区域之间进行信息产业发展和信息化合作,使信息化要素在区域经济、社会、文化各个领域全方位地渗透、融合。区域信息产业合作是指具有紧密联系的区域间为了更好地协调发展而进行的信息化联合建设,既是区域合作的重要组成部分,又是区域合作赖以实现的前提。区域信息业合作凭借区域运作的智能化、网络化、数字化推动区域的经济结构从以物质与能量为重心向以信息与知识为重心的转变,最终实现区域工业文明向信息文明、工业社会向信息社会的演变。区域信息业合作是一项集技术、管理、人文、经济、社会于一体的系统工程。

随着区域发展的不断加快,区域信息产业合作正成为新主题。随着信息技术的迅速发展,区域信息产业合作正在成一种新的社会发展形态,并成为区域经济发展的重要驱动力和经济社会综合实力的重要标志。在区域经济的发展中,区域信息产业合作起着重要作用。

目前,国内外学者对区域信息产业合作进行了初步的研究。Briam发现高新技术区和信息服务区形成的增长极和次增长极,以及由此构成的区域经济网络创新体系,是区域信息化作用下区域经济发展的基本构架。[1] Biswas 提出区域信息化主要通过影响生产技术和消

---

[1]　Briam S. ,"Policy Evolution in the Information Economy: An Assessment of the Victoria 21 Strategy," *Telecommunication Policy*,1998,22(4).

费结构两种形式促进经济增长。① 国内学者研究视角涉及信息化与工业化②、信息化与城乡一体化③、信息化与区域空间结构④、信息化与省域经济增长⑤等。施兴德就长三角⑥、黄克亮⑦和吴伟萍⑧就泛珠三角指出信息产业合作的若干问题,而李彦丽等则给出京津冀旅游信息化合作模式⑨。上述研究较好地展示了区域信息产业合作对区域社会经济发展的推动作用,也对区域信息化合作的部分问题进行了初步探究,但在区域信息化合作模式与框架等要点把握上还亟待深入与系统化。这是我们研究区域信息业合作的理论意义所在。

15.4.2 区域信息业合作的特征

15.4.2.1 地域性

区域信息业合作是信息产业在具体空间环境中的落实,是不同地域空间内诸多既有要素与信息化要素相互作用、协同融合的过程。因而,信息业合作并非"空中楼阁",它的根基来自于区域的"土壤",

---

① Biswas D. ,"Economics of Information in the Web Economy towards a New Theory",*Journal of Business Research* ,2004 ,57(7).

② 彭鹏、朱翔、周国华等:《湖南信息化带动工业化机制研究》,载《经济地理》2002 年第 3 期。

③ 许大明、修春亮、王新越:《信息化对城乡一体化进程的影响及对策》,载《经济地理》2004 年第 2 期。

④ 甄峰、张敏、刘贤腾:《全球化、信息化对长江三角洲空间结构的影响》,载《经济地理》2004 年第 6 期。

⑤ 王铮、庞丽、腾丽等:《信息化与省域经济增长研究》,载《中国人口·资源与环境》2006 年第 1 期。

⑥ 施兴德:《长江三角洲地区信息化合作与发展的两个问题》,载《上海财税》2003 年第 6 期。

⑦ 黄克亮:《论"泛珠三角"区域信息化建设的合作与发展》,载《探求》2004 年第 5 期。

⑧ 吴伟萍:《"十一五"期间泛珠三角信息产业与信息化合作思路探讨》,载《南方经济》2005 年第 5 期。

⑨ 李彦丽、路紫:《京津冀旅游信息化合作模式及策略研究》,载《情报杂志》2006 年第 2 期。

区域固有的区位条件、地理环境、经济基础会影响信息业合作的深度和广度,而信息业合作也自然会体现出区域的某些特征和风貌,甚至呈现与区域格局相吻合的发展态势。

15.4.2.2 系统性

区域信息产业合作并非信息资源、信息人才、信息政策、信息产业、信息网络、信息技术的简单堆积,而是区域的各个子系统与信息化各个要素相互作用、相互推进、协同发展,产生创新的结果。区域信息产业合作是一项复杂的系统工程,系统内部诸要素之间,系统与外部环境之间都存在着动态的相关性,某一要素的变化会引发整体系统的变化。

15.4.2.3 层次性

区域有高低层次之分,各个层面的区域都可以分解为若干低层面的区域,区域内部存在着等级从属关系。区域分为城市和农村两大地域景观类型,区域信息产业合作也包含城市信息产业合作和乡村信息产业合作两个基本层面,这两个层面的信息产业合作是各有侧重,又相互推动的。区域信息产业合作的目的就是要通过信息产业合作推动城乡之间的互动,最终形成"区域一体化"的最佳空间结构。

信息产业合作也有层次之分,一般认为,第一个层次是劳动工具信息化,通过信息技术增强劳动工具的信息属性,使劳动工具自动化、智能化;第二个层次是社会生产力系统的信息化,主要是使生产、流通、分配、交换和管理等部门、行业实现自动化,最终实现整个国民经济的信息化;第三个层次是社会生活信息化。区域信息化就是不同规模的区域系统与不同层次的信息化的整合。

15.4.2.4 阶段性

区域信息产业合作需要经历的阶段有:信息基础设施建设阶段、信息工业发展阶段、信息服务业发展阶段、传统产业信息化阶段、社会管理系统信息化阶段、社会生活全面信息化阶段。这些阶段的区分不是绝对的。日前,发达工业国一般处于第四、第五两个阶段,个别国家(如美国)正向第六个阶段发展,新兴工业国家和地区正从第二、第三阶段向第四阶段过渡。发展中国家的信息化进程较慢,但在20世纪90年代全球新一轮信息化浪潮的推动下,其步伐已经明显加快。随着国际经济大流通、大循环的不断加快,许多国家为了达到"赶超"的目的,往往是多种发展阶段并存。

15.4.3　区域信息业合作原则

15.4.3.1　平等、协调原则

区域合作机制内各成员地位平等,不仅是区域信息产业合作存在的必要条件,也是区域经济协调发展的内在要求。在区域信息产业合作过程中,矛盾和冲突在所难免,解决的方式在于各成员增强了解,以平等为基础进行多层次、宽领域的协商。

15.4.3.2　互信互利原则

区域合作机制中各成员凝聚力的提高离不开互信和互利。互信是合作的基础,互利是合作的目的。区域信息产业合作机制内各成员应本着互信的精神,增进往来,加强交流,在交流与合作中实现互信。同时,区域信息产业合作内各成员应努力探求各方的共同利益,寻求利益交汇点。坚持互信是合作的基点,也是实现互利的根本出路。

15.4.3.3　从实际出发原则

经济合作区域在许多方面都存在很大的差异。政治法律制度、经济体制、经济实力、文化观念等方面的差异增加了区域信息化合作的难度。因此区域信息化合作机制构建在吸取国内外合作组织成功经验的同时,必须从本地实际出发,创建具有本地特色的合作机制。

15.4.3.4　市场主导、政府引导原则

区域信息化合作一般都是在市场经济初步建立的背景下,提出和逐步实施的。现代市场经济要求发挥市场和政府的双重作用,市场是资源配置的基础,政府起着宏观调控的作用。区域信息合作必须遵循市场经济的基本原则,防止不必要的行政干预,提高市场发挥

作用的程度。在合作机制构建及运作中,尤其要重视非官方合作组织和机构的作用。

15.4.4　区域信息业合作模式

借鉴国外城市信息产业合作模式,主要有以下几种类型。①

15.4.4.1　政府主导型正式合作模式

在区域信息产业合作过程中,要充分发挥政府的宏观引导、监督、协调和服务功能。特别是在区域信息产业合作初期,政府更要发挥主导作用。主要措施可采取确立有效的区域信息产业联席会议制度,成员轮流每年主办一次或两次,共同确定信息产业合作的领域和项目以及相关的政策、制度、规章、协议、标准等,并成立下属负责日常工作的机构,指定专人负责信息产业合作的日常联系和对执行的监督;建立并有效管理"区域信息合作网",使之效能最大化;制定《区域信息产业合作专项规划》,以此提升合作层次,推动合作向广度和深度发展。

15.4.4.2　点式合作模式

点式合作是指对信息产业合作项目中节点与节点间渠道的合作,项目节点的规模决定了合作渠道,从而影响合作效果。与其他合作模式相比较,点式合作模式合作速度快,允许存在的形式多样,运行机制灵活,较为适宜区域信息产业合作初期阶段的模式选择,可以在较短时期内呈现增长型效益。

15.4.4.3　梯级合作模式

任何一个经济区域比如泛珠三角区域、环渤海区域等,都包含了若干省市,各省、市信息化水平差距较大,决定了信息产业合作的梯

---

① 孙中伟、侯春良:《环渤海区域信息化合作模式与框架研究》,载《地理与地理科学》2008 年第 1 期。施兴德:《长江三角洲地区信息化合作与发展的两个问题》,载《上海财税》2003 年第 6 期。黄克亮:《论"泛珠三角"区域信息化建设的合作与发展》,载《探求》2004 年第 5 期。吴伟萍:《"十一五"期间泛珠三角信息产业与信息化合作思路探讨》,载《南方经济》2005 年第 5 期。

级发展模式。一般情况下,区域梯级合作模式可分为两阶段四层次:第一阶段主要关注各省、市的合作效益,从信息产业在各省区内的局部开发与应用到各省(区)间的应用集成(及各合作方网络互联,业务流程的集成及网络应用互通);第二阶段塑造区域信息化的整体能力,由各省(区)的业务流程重组(BPR)到省(区)间基于信息产业的合作。通过阶段性的同类及非同类企业间信息产业合作的梯级转移,区域信息产业合作也将逐步转移并取得实效。两阶段各有侧重,前一阶段以省区间的同类企业的横向合作为主,后一阶段以不同类型企业间的纵向合作为主。

15.4.4.4　供应链企业合作模式

信息时代的供应链企业合作也属于区域信息产业合作中企业合作模式之一。目前,供应链不再是由人、组织简单组成的实体,而是以信息处理为核心、以计算机网络为工具的"人—信息—组织"集成的超智能体。在这种情况下,供应链企业可以看做一个个代理,是在供应链环境下能独立自主运行的实体,具有自己的知识、目标和能力。企业之间的合作也可看做是代理实体之间的合作。从代理实体的角度分析,供应链企业合作运作模式表现为一对一、一对多、多对一和多对多四种形式。

15.4.5　目前区域信息业合作存在的问题

15.4.5.1　发展水平仍表现出明显的地域不平衡性

例如以上海为龙头的长江经济带横跨东西,具有"东部率先、中部崛起、西部开发"的所有特征,整个流域信息化正继续走出低谷,进入平稳发展,信息产业所带来的经济和社会效益日渐明显;随着东部率先、中部崛起和西部开发战略的推进,长江经济带区域信息产业总体发展势头良好,但整个流域发展还不平衡,东中西部地区存在的"信息孤岛"亟待消除,流域"数字鸿沟"仍有不断扩大的趋势,长江经济带面临如何缩小地区信息贫富差距的挑战。

15.4.5.2　信息化和信息合作与区域经济互动,效果尚不明显

信息化及信息合作必须与区域经济形成互动,才能实现效益最大化,但在实践中重复建设已成为区域信息产业的通病。一些地方在信息产业建设中或缺乏统筹规划,或规划雷同,不能有效地整合资源,不能将信息化建设与经济社会发展相结合,造成资源、人力、财力的浪费,建成的网站或信息系统也是相互隔离,不能共享。信息产业合作的一个重要目标就是实现信息资源最大限度地共享,否则后发优势则变为后发劣势。

15.4.5.3　保障区域信息化和信息合作的支撑体系有待建立

在现阶段,认识、人才与资金三者可并称为制约区域信息产业合作发展的核心因素。在认识方面,一些地方还不能科学理解信息作为资源的重要性,甚至将信息合作与招商引资人为割裂,将信息产业合作与经济社会发展人为割裂,以致形成所谓"两张皮"的局面。人才和资金也制约着中西部信息产业合作进程。

15.4.5.4　"信息孤岛"影响信息化和信息合作发挥效益

作为区域信息产业合作最重要的一项工程互联互通、资源共享被作为未来的发展重点,但由于各地区发展水平的差异,规范的差异,使各地资源难以实现共享,形成所谓"信息孤岛",极大地影响了信息产业合作效益的发挥。此外,区域信息合作内容单一、手段落后、功能不全,制约着对区域经济的推动作用发挥。

15.4.6　推进区域信息业合作的对策

15.4.6.1　区域合作网站建设必须和区域经济社会发展紧密结合

正确认识区域信息合作网站与区域经济的关系,是网站开展区域信息合作的关键问题。不能将区域信息合作网站建设理解为独立于区域经济社会发展之外的新内容。

区域性合作网站是信息技术应用的一种重要手段,将网站建设同本地区经济和社会发展真正融合在一起,真正应用于各项工作中,

取得实实在在的效益,使之成为本地区经济的推进器。脱离实际需求的网站建设资源开发,不能收到预期效益无论网站水平多高、规模多大、牌子多响,都经不起实践检验,其生命周期均不会长久。从整体上来说,一个地区的信息化水平直接反映这个地区经济和社会发展水平和全民文化素质。从这个意义上来说,区域信息合作水平是一个地区发展水平的重要标志。

15.4.6.2　正确认识区域信息合作网站诸要素的内在联系,把应用合作放在首位

网站建设和运行具有客观规律,区域性合作网站各个要素之间更是存在不能随意改变的内在联系。要注意分析区域合作网站诸要素的关系,最重要的是把应用放在第一位,网站建设、信息资源建设、合作发展,都要围绕应用展开。信息资源开发利用是网站建设的核心环节,但资源建设同样必须紧紧围绕应用。为建网站而盲目上传信息的信息资源开发,将不可避免地出现死站或很少有人点击浏览的尴尬局面。只有创新机制,整合资源,不断开发多元化的信息产品并使之逐步产业化,才能使区域性网站及信息合作具备持续发展的动力。

15.4.6.3　在区域性合作网站建设中,必须逐步扩展应用计划

进入21世纪,网站建设和网络应用成为区域信息产业合作的一个关键问题,也是信息产业合作建设的主流,这是规律,区域信息合作也必须遵循。因此,区域信息合作的重点目标应该是:强化面向政府和社会的双向信息服务,提高政府工作效率、质量和透明度。区域信息合作网站的应用模式应该是:在现有的网站和运作模式基础上,创造适用于本区域不同领域和用户类型的信息获取方法,把各类政务、商务、招商项目以及互动应用等资源通过网站实现合作共享,根据应用的深化,逐步发展新的应用模式,扩大网站受众规模。实现这个目标需要一个配套的制度体系,包括保护信息服务提供者利益的信息上网管理制度、提高政府信息共享程度的政务信息资源管理制度、鼓励创新适合各地实际的网络信息服务模式的创新制度、强化网站建设和应用的监督制度等。

15.4.6.4 重视信息技术应用教育和培训,使网上教育成为学习型社会的助推器

在加快区域信息化和信息合作的过程中,信息化专业人才和社会的信息应用能力是最关键的因素。通过区域合作组织向本地区提供必要的培训和教育是加强信息合作的一个重要课题。培养应用技能的关键是提供应用环境。从构建学习型社会的高度,发挥现代信息技术在终身教育中的基础性的作用,有步骤地丰富网上教育信息资源,有条件的地方和区域,还应提供职业教育的网上实践。

15.4.6.5 区域信息合作要实现可持续发展

区域信息合作实现可持续发展主要包括三个方面:一是结合本地区发展的实际,认真分析信息资源、信息网络、信息技术的推广应用在本地区的优势与劣势,有所选择地进行推动,在重点突破一些要素的同时,带动其他要素的发展。二是区域信息合作要注重为未来的发展提供动力,这就要求将信息合作重点首先放到解决制约区域经济健康发展的瓶颈因素上。三是在努力提高区域信息合作整体水平的同时,更加注重信息合作所取得的效益,以及将来可持续发展的能力,倡导共赢的信息合作机制。

15.5 区域流通业合作

15.5.1 区域流通业合作内涵

流通是指商品从生产领域向消费领域转移的经济过程;流通产业是具有流通功能的各种相关经济活动的总称,包括商流、物流、资金流和信息流。

区域流通合作是不同区域的流通主体,为了追求共同利益而建立的流通产业的横向与纵向的经济联系。横向的协作主要是指流通业企业之间的兼并与合作,纵向合作是按照商品流通的环节在供应商、制造商、批发商、零售商和消费者的纵向价值链上进行的,一般采

取与供应商建立长期合作关系、产供销一体化、动态的供销网络、总代理和总经销等方式开展合作。

近年来,在区域经济合作方面,各级地方政府都表现出了极大的热情,也取得了一定的成效。流通产业由于在经济体系中的地位决定了它在区域经济合作中成为重要的切入点和突破口。

15.5.2　区域流通业合作的特点

从我国近年来区域经济合作发展较快的珠江、长江、环渤海几个经济区域的流通产业合作发展来看,流通产业在区域经济合作中具有这样一些新的特点:

第一,区域流通产业合作范围越来越广泛。区域流通合作的所涵盖的内容和所涉及的领域越来越广泛。区域流通合作的领域不仅仅是在商品流通环节上相互之间的协调,消除壁垒和行政上的障碍,而是逐步扩展到与流通有关的服务流通、流通投资便利化、人力资源开发、中小企业合作、政府采购、电子商务等新的领域,在合作的内容上超越了消除行政障碍,自由流通的范畴,区域流通合作的内容扩大到商品标准制定、服务标准的规范、知识产权保护等范围,以及政府的采购、投资、环境或竞争等政策。

第二,区域流通产业合作的地域空间增大。经济发展水平的差异对区域流通产业合作发展的制约正在弱化。一般观点认为社会文化背景相似,经济发展水平相近或相当的地区,才能进行区域流通合作组织。经济发展水平存在较大差异的之间,由于彼此的利益不同,难以达成一致。近年来,区域流通合作的发展却突破了这一观念,很多经济发展水平相差悬殊的地区在区域流通合作中发展较快,并取得了一定成效。一些重要经济区域都开始了新一轮战略运筹,扩展区域流通合作的空间范围,例如:粤港澳"一体化"新格局的庞大城市群,形成泛珠三角的流通合作;京津唐经济带将区域扩展到北京、天津、唐山、保定、廊坊等城市,形成两个三角形地区,构成以北京为中心的"大北京"区域流通体系。

第三,区域流通产业合作中政府的规制作用凸显。从经济学的角度看,流通产业属于天然的低进入壁垒产业。流通产业的规模经济受不同的经营方式、不同的经营业态、不同的营业地点等众多因素的影响,成本构成中的固定成本可大可小,流动资金往往显得更为重要所以其规模弹性较大,规模经济壁垒不明显。因此,中小型企业占有相当的比重,在区域之间很难形成能够引领流通企业发展并影响整个流通业的超大型龙头企业。在区域流通合作中缺乏流通主体的强有力的推动和引领,因此,政府在区域合作中的作用就显得尤为重要。一方面政府可以在政策制定、消除壁垒等外部因素方面对区域流通合作加以引领;另一方面,政府可以运用行政手段直接推动区域流通的合作。由于地方政府的政治权威,政府可以运用"政治企业家"的作用,运用行政的手段建立政府间经济合作联盟,推动区域流通合作,进而引导区域内流通企业的合作。

15.5.3 区域流通业合作的条件

区域流通业合作需要一定的条件,主要包括以下几个方面。

第一,快速发展的经济与区位优势是区域流通业合作的前提条件。区域经济发展最快的地区也是区域流通业合作最好的地区。我国新一轮经济增长正集中到珠江三角洲、长江三角洲和环渤海区域的都市圈。从总体来看,珠三角地区区域合作已趋向成熟,长江三角则基本形成规模,环渤海地区还只是具备雏形,但是环渤海的区位优势明显。区域的经济发展和区位优势为流通合作提供了有利的市场环境。目前长三角、珠三角和环渤海三大经济圈的经济发展水平都比较高。三大区域面积不大,而 GDP 却占了中国经济总量的64.9%。其中,环渤海经济区国土面积、人口、GDP 总量处在三大经济区域之首,财政实力较强,教育体系完善,发展潜力很大,前景广阔。从经济总量的扩张来看,2000 年以后三大区域生产总值总量扩张比较均衡,珠三角、长三角地区和环渤海经济区 2003 年比 2000 年分别扩张依次为 41%、47% 和 41%;从经济增长速度看,改革开放以来珠三角地区以 13.5％ 的平均增速居首位,长三角地区和环渤海经济区分别以 12.1％ 和 10.9％ 的增幅分列二、三位。2000 年以后珠三角地区经济增幅有所减缓,长三角地区经济处于全国经济领跑地位,环渤海经济区与前两者的差距也在日益缩小。

第二,区域间产业发展的互补性是区域流通合作的基础条件。省区间的优势互补,为区域间商品交换与合作提供了可能。分工是商品交换的必备条件,只有互为需求才有交换的可能,也才有在流通领域合作的可能。

以环渤海经济圈的京津两地为例,北京、天津作为环渤海经济圈中的两大中心城市,两地零售企业在发展过程中有着千丝万缕的联系,最为直观的表现是在地缘互补方面。北京企业在向外地扩张中往往先东进天津,如 1999 年 7 月国美电器入津,据说早在 1998 年年底国美已制定了向外埠扩张、在全国建网的发展计划,首站选择天津,是因为它就在北京附近,便于控制。2003 年,在京城站稳脚跟的北京物美大举进军天津,投资 20 亿元在天津开立首批五家便利连锁店。天津的企业如家世界在做好天津的布局后也试水京城。而一些国际零售巨头如麦德龙等则把天津作为进入北京的一座桥头堡。消费是流通经济发展的内在驱动力,京津两地在流通方面的互联、互通实际上是以两地在消费市场方面的差异和补充为基础的。随着以京津城际轨道交通工程为代表的区域基础设施的完善,两地消费者的相互流动与补充将得到空前的加强,京津零售业在两地消费资源的共享方面将进一步深化,从而促进了京津两市流通业的合作与共同发展。

第三,政府的推动与制度规范为区域流通合作提供动力。区域流通合作是在市场机制的作用下才能产生,但是宏观调控对市场化水平的提高能起促进作用,是区域流通合作的外部条件。区域流通合作需要通过政府间协商形成的制度性安排弥补市场配置资源不足,使资源配置的合理性和经济效益达到更高的水平。政府的任务是监控宏观经济走势,拆除市场藩篱,使市场机制充分发挥作用,弥补市场失灵以及提高政府干预的效果。市场居于主导地位,政府铺垫外在环境,起辅助作用。

在农产品流通合作方面"绿色通道"的开通为泛珠江三角地区流通合作提供了制度保证。由于泛珠江三角区域内农业资源各具特色,而且农产品市场、农业产业化、农村劳动力和农业资本等也各具特点,比较优势十分明显,在泛珠江三角省区中,四川、湖南是农业资源大省,广东、福建则是农产品需求大省和农产品深加工和农产品流通的强省,其他省区农业也各具特色,而香港则是农产品国际流通的大买家和超级服务商,彼此间合作潜力巨大。因此开辟九省区农产品"绿色通道",促进各地农产品的有序流通,特别是有利于内陆省份向沿海发达地区输送农产品。开辟农产品"绿色通道"是 2005 年 5 月 26 日,泛珠江三角区域九省区农业厅厅长和香港特别行政区渔农自然护理署、澳门民政总署负责人在广州正式签署的《泛珠江三角农业合作协议》中的重要内容。主要优惠措施有:对运送农产品的受优惠车辆通过省内公路收费站时,减收或免收路桥费;除严重违章、严重超载危及安全的外,对发生一般违章的受优惠车辆,不扣证、不扣车、不卸货,实行登记放行;各类收费站、检查站等站卡,对受优惠车辆优先放行,有条件的收费站设立专用通道。广西、贵州、四川、重庆、福建免收包括高速公路在内的所有路桥费;江西、湖南免收普通路桥费,减半收取高速公路通行费等。

京津冀三地的商务部门积极采取措施,组织协调、研究制定积极有利的市场准入政策,进一步消除地方保护、区域市场封锁与行业垄断,建立统一的质量标准认证体系,通过场厂挂钩、场地挂钩,完善农副产品追溯制度,鼓励河北省优势企业和安全优质农副产品进入京津市场。河北省的商务部门充分发挥地理位置优越、农副产品资源丰富等优势,分析和研究京津市场消费需求,组织适销对路的产品,进入京津市场。同时推动河北省产品安全质量的提高以及农副产品的规模生产。

由此可见,政府在推动流通合作的规则制定和制度安排上可以起到市场自由运作所达不到的效果。

第四,不断完善的交通和通讯设施为区域流通合作提供了保障。发达的交通和通讯设施是实现区域间合理分工和经济一体化的必要条件。交通运输与空间联系之间的相关性可以从两个方面来概括:一方面,交通运输是联系互相分工的不同地区的支撑系统,变化了的运输联系是变化了的空间结构的产物;另一方面,交通运输对地区经济结构、产业布局具有引导作用,运输技术、运输能力和运输网络改善影响经济联系的空间范围和联系强度,运输条件的有利变化会成为经济联系扩散和加强的促进因素。一个成熟的经济区域内不仅内部要有发达的铁路、公路、水运和通讯网络将各个大小城市连为一体,而且城市带还通过现代化的海港、国际航空港和通讯手段与其他地区发生密切联系,参与国际分工,建立合作关系。作为区域经济合作中的流通合作对物流设施的依赖程度更大。商品流通的环节包括商品的购、运、存、销。在流通合作中商品的储存和运输是保证商品正常销售的重要环节,因此物流设施是区域流通合作的物质条件。从几个区域流通合作较好的区域来看,同样是我国交通设施较为完善的地区。

目前,长三角地区90%以上的能源、原材料由区外调进。在长江三角洲,水运承担了90%以上的能源和外贸物资运输;公路是港口的主要集疏运方式,在城际货运、与周边省区的物资往来中发挥了基础性作用。长江三角洲的交通运输已经成为长江中上游地区对外交流与联系的纽带。公路水路交通为长江沿线广大地区提供了能源、铁矿石、粮食、集装箱等物资的转运服务。

环渤海地区和泛珠江三角区域同样也是我国交通运输的发达地区。环渤海地区,海陆空交通发达便捷,拥有多个港口,构成了中国最为密集的港口群;环渤海经济区是中国交通网络最为密集的区域之一,是我国海运、铁路、公路、航空、通讯网络的枢纽地带,交通、通讯连片成网,形成了以港口为中心、陆海空为一体的立体交通网络,成为沟通东北、西北和华北经济和进入国际市场的重要集散地。泛珠江三角地区交通发展也较快。这些都为区域间的流通合作提供了可能。

15.5.4 我国区域流通业合作的制约因素

15.5.4.1 区域产业结构与发展程度对区域流通业合作的制约

在市场经济条件下,由于生产的分工,各个区域内部成员之间,既存在着相互竞争也互为需求,生产者的互为需求是区域流通合作基础条件之一。在我国的泛珠江三角地区、长三角地区和环渤海地区由于资源禀赋的不同在产业结构及发展程度上存在差异。

15.5.4.1.1 泛珠江地区的产业状况

泛珠江三角区域,除粤港澳外的其他地区普遍存在企业"小"、"散"、"乱"低度化的情况。因为这些省区的流通加工企业多是小型民营企业和珠三角地区转移过去的劳动密集型企业,由于低廉的劳动力成本,这些企业在"小"、"散"、"乱"的状态下依然可以生存。但是从区域发展的整体战略和长远战略来看,这些企业对经济带动能力较小,污染问题相对严重,不利于泛珠江三角地区开展大规模的流通合作。当然这些问题不仅仅是泛珠江三角地区的问题,也是困扰长三角地区和环渤海经济区的问题。由于泛珠江三角地区包括省区众多,问题更加复杂,要进行区域调整,利用各自资源优势开展区内流通,构建国内最大的流通平台,各地企业低度化的问题必须优先解决。

15.5.4.1.2 长三角地区的产业状况

近年来,江浙沪地区随着工业化进程的不断加快,工业不仅在总量上绝对地增长,而且在整个地区国民生产总值中所占的比重也始终保持在一个较高的水平上。随着产业结构的调整与产业升级,长江三角洲地区的工业结构也发生了很大的变化,但三地工业结构趋同的问题依然存在。长江三角洲产业结构趋同性现象,已成为长江三角洲区域经济发展中一个显著的、颇具争议的特点。根据公布的资料,长江三角洲各地争相把电子、机械、化工与医药等产业作为本地区未来的主导产业。在长江三角洲地区16个城市中,选择汽车的有11个城市,选择石化的有8个城市,选择通讯产业的有12个城市。不仅如此,长江三角洲地区十余年来所形成的"梯次差异"的引资格局与产业布局,正在三地缺失共同"游戏规则"的争降商务成本中面临重大调整,产业同构问题在长江三角洲区域合作进程中日益恶化。苏、浙、沪二省一市的制造业结构再次出现"往一条道上挤"的趋势。产业同构加剧引资大战,而反过来引资大战又使业已存在的低层次产业同构现象在更高的产业层次上重演,竞争更加激烈。

15.5.4.1.3　环渤海区域经济

环渤海区域经济中,居于核心地位的京津两市,在消费环节上互补性较强。但在产业发展方面却是各自发展,互相竞争。在要素合理流动,特别是在共同利益基础上的项目开发和区域内跨省市资产重组或共同组建大型企业集团方面,进展并不大。甚至各省市与国际经济联系的紧密程度大于区域内省市的联系,因此在对外贸易和招商引资上也存在着竞争关系。

无论是在珠三角、长三角还是环渤海地区,都存在着长期的行政区划对产业结构、组织程度的影响,并在深层次上制约着区域流通合作的进程。

15.5.4.2　以行政区域利益建设的交通通讯设施影响了区域流通合作的效率

区域流通合作要求各地方之间的交通连接顺畅无阻,在区域内形成各个省区之间,各类交通设施之间相互连接的网络,降低流通合作的物流成本。目前流通合作区域内交通通讯等物流设施还不能适应这种要求。

15.5.4.2.1　交通设施相对落后,影响流通合作的效率

从各个流通合作的区域来看虽然区域内已有多种交通运输条件,但仍然不能适应流通区域合作要求。以环渤海经济圈为例,环渤海区域由于缺乏统筹考虑,尚未形成完善的综合交通网络。

15.5.4.2.2 区域流通设施重复建设、使用率低下

首先,不合理的重复建设造成物流资源的浪费。这种重复建设多集中在一些利润潜力较大的领域,像机场、港口、会展等基础设施领域。以珠三角地区的机场建设为例,在珠三角方圆200多公里的面积内就建有香港、广州、深圳、澳门及珠海五个机场,合称"A5",除珠海外,其余均为国际机场,重复建设造成资源浪费。其次,区域内物流设施使用率不高、流通效率低的问题也很明显。统计表明,在珠三角地区,2003年区域内铁路长度、公路长度和水运航道分别占全国的26%、39.5%和44.2%,但其货运量只分别占全国的19%、27%和25.9%,物流设施的利用率明显不高。总体上货物周转水平低于全国货物周转水平。

15.5.4.2.3 区域交通网络衔接不畅

从珠三角、长三角以及环渤海区域来看,至今还没有真正可以称得上综合交通枢纽的交通枢纽点。首先,是交通系统之间的衔接差。大多数城市都将铁路客站、公路客站、航空站等分别建设,使得各个交通系统之间衔接性差。铁路、公路客运站等独立建设,衔接不畅,上海、杭州、南京等城市在轨道交通规划时考虑了铁路与市内轨道交通的换乘问题,但由于铁路站的建设与轨道交通建设在体制上属于两个部门,铁路站的规划与建设由铁路局承担,城市规划部门参与力度较小,因此铁路与轨道交通衔接仍存在较大问题。其次,对外交通与城市内部交通之间交通衔接性差,随着城市扩展,许多城市将机场都迁移至远离中心区的新开发地区,但大多数都仅有一条高速公路与之相连,而未考虑轨道交通与之相衔接。并且,由于机场大多数已经建设完成,即使将来考虑与轨道交通衔接,将会遇到土地利用、建设费用等多方面问题。在长三角地区,枢纽城市的铁路、公路站场与港口布局之间合理衔接问题长期未得到解决,缺乏协调,货物换装环节多,不仅增加运输时间和费用,除上海港外高桥港区已有高等级公路直接进港外,高速公路、铁路、内河航道尚未与港口直接连通。内陆集装箱场站还未形成体系,大量货物由零担运输到港口周边集装

箱场站集拼转运,集装箱门到门运输优势没有得到充分发挥,也增加了城市交通压力。

15.5.4.3　地区本位主义和地方保护主义制约了流通区域合作的进程

地区本位,即地方政府为了实现地方经济发展目标和地方政府的政绩目标。从而追求本行政区域内的经济利益最大化,因而在经济发展中从本位主义的角度出发,采取相应的措施、策略或政策的一种行为原则或行为方式。地方保护主义主要是指各地方政府为了本地的利益,通过行政管制手段,限制外地资源进入本地市场或限制本地资源流向外地的行为。

15.5.4.3.1　地方本位利益与整体利益的协调障碍对区域流通合作的制约

地方政府竞争促进了区域内发展环境的改善,在一定程度上成为倡导区域一体化的重要力量。然而,在中国经济发达的都市密集地区,诸多行政单元各自进行"理性选择"的整体结果却表现为区域发展的无序和恶性近域竞争。

环渤海区域在地缘、人缘、业缘等方面具有天然联系,存在着一定程度的合作,但实现区域流通合作还有相当的差距。由于长期受计划经济和行政区划经济的影响,市场经济意识淡薄,经济社会发展规划仍然限制在行政区范围内,区域之间没有形成合理的产业分工,产业价值链残缺,进而影响流通领域的合作。

15.5.4.3.2　地方本位利益和地方保护主义与区域共同市场的协调障碍对区域流通合作的影响

区域共同市场是区域流通合作的基础。由于地方本位利益和地方保护主义的现实存在和地区之间的市场发展水平差距较大,在我国的区域流通合作中,由于区域市场分割和地方市场垄断对区域流通合作的影响很大。根据有关研究,中国省级行政区域之间的市场封锁程度比欧盟各个国家之间的市场封锁程度还要高,这极大地降低了资源的配置效率。根据巴黎国际研究与发展中心 Sandra Poncet

的一项研究报告,自 20 世纪 80 年代以来,在进口外国产品的贸易壁垒大幅削减的背景下,中国各省之间的贸易壁垒却持续增高。为了维护地方本位利益,各级地方政府经常采取以邻为壑的经济政策,阻碍产品、要素的自由流动,难以形成区域统一市场或共同市场,阻碍了商品的合理流动和资源有效配置。要素不能自由流动,区域间商品流通经济的合作进程就会受制于地方政府的本位利益,地方政府为了保护本地企业,会以政府行为介入市场竞争,阻止资源流出、限制外地商品进入本地市场,从而阻碍统一市场体系的形成和市场在资源配置中基础性作用的有效发挥,地区之间的协调无法正常有序地展开。在环渤海地区,京津冀三省市在流通环节中,同样存在一些阻碍统一市场建立的规章和政策。由于区域内没有形成统一的市场规则和农产品准入标准严重地影响了区域之间的农产品商品流通与合作。在河北经过检测合格的肉类品,到北京和天津之后,还需要再检测一遍。增加了流通的成本。因为相关原因,河北只有少数肉产品进入了京津市场,大部分都是因为准入门槛较高而没能进入京津市场。

15.5.5　促进区域流通合作建议

15.5.5.1　建立统一、开放、高效的区域间流通市场体系

第一,加快构建统一开放、竞争有序的区域市场,要下大力突破地区封锁和市场分割,加快制定统一区域性商品市场法规和标准,创造公开、透明、稳定、和谐的流通环境。如深化"互检互认"合作,以无公害农副产品产销合作为重点,推进农副产品联合检验检疫,加强质量追溯交流,共同完善市场监测体系,双方检测结果联网互认,实现数据库共享等。

第二,要积极采取措施,组织协调、研究制定积极有利的市场准入政策,进一步消除地方保护、区域市场封锁与行业垄断,建立统一的质量标准认证体系,通过场企挂钩、场地挂钩,完善农副产品追溯制度,鼓励优势企业和安全优质的产品进入,能够顺畅地在区域内外

流通。充分发挥区位优势,形成区域间商品资源的互补,增加适销对路的产品,提高产品安全质量,促进规模生产。

第三,推动区域统一市场的形成。各主要城市可实行工商联手,互设商场、市场、连锁店、专卖店,定期或不定期召开各种类型的交易会和订货会,加大商品交流的广度和深度。要进一步加强信息、质检、仓储物流、包装运输、金融和经济基础设施等市场配套基础设施建设和互联互通,提升区域内流通市场体系的综合功能。促进跨区域间流通企业的并购重组,加速发展流通新兴业态。鼓励具备技术先进、管理成熟、营销能力强、品牌美誉度高的优势生产企业、流通企业通过资本输出、品牌输出、管理模式输出,到其他地区开展企业并购和重组或建立生产基地或将部分生产环节和生产能力扩散到其他地区,充分发挥各地在成本、自然资源、劳动力、市场掌控能力、品牌、管理、技术等各类生产要素禀赋之间的各自优势并加以高效集成。要大力推进市场的集群化发展,使分散的流通经营主体相互连接、连锁经营,把众多产权分散的各地区同类经营商户通过网络纽带连接起来,采用物流技术及网络信息技术,统一采购、配送,实行集中管理,减少中间环节。大力扶持拍卖制、期货、代理制、配送、网上交易等新兴流通业态的发展。

15.5.5.2 构建区域高效的现代交通、通讯网络体系

在区域内形成流畅的物流圈,可以为资金、技术等要素的流动提供更为便捷的通道,根据各个区域内经济发展不平衡的特点,可以依照"点—轴"理论,构建区域快捷高效的物流网络体系。建成以铁路主干线、公路主骨架、水运主通道、港站主枢纽、国家信息高速公路及其支持保障系统为主轴,干支衔接覆盖全区城乡,网络布局合理、各种运输方式和通讯方式协调发展的现代化的立体交通运输体系和综合通讯体系,实现能力适应需求并适度超前,主要运输、通讯设施的数量和质量达到或者接近国际先进水平。

在珠三角地区建立由粤港澳所组成的大珠三角地区的"龙头"。以香港作为世界物流中心,澳门作为中国与欧盟国家的商贸平台,加

上广东省沿海发达地区为后盾,最终形成纵横交错、互联畅通、连接华东、华中以及周边国家和地区的泛珠江三角区域一体化的交通运输网络,为泛珠江三角经济区的发展打下坚实基础。在长三角地区构建农产品流通"绿色通道"、加速农产品物流业现代化。基于互惠原则,开辟并增加农产品道路运输的"绿色通道",建立区域间统一的"绿色通道"标志和识别系统,在道路上设立专用快速通道和电子识别系统;整顿和归并收费站点设置、建立统一的电子收费系统,对农产品流通车辆实行减免过路桥费制度,相应允许道路运输企业将其计入经营成本或延长道路经营年限。调整农产品运输车辆结构,提高大吨位柴油车、专用车和厢式货车比例,大幅度降低小吨位普通车比例。加强物流信息服务,大幅度降低空车比例。开行农产品火车快速班列、提高农产品内河航运比例、加速农产品专用码头和临港农产品物流园区建设,进一步降低农产品物流运输成本。加强乡村道路建设、改善高速公路部分路段通行状况,切实降低物流成本。

15.5.5.3 推动政府间流通合作向更高层次发展

第一,进一步加强政府间商品质量安全技术合作信息披露制度及信息平台建设,要通过统一规划、统一技术标准、统一技术支持、统筹资金来源、分别承担模块内容服务和开发等形式对现有各地产品信息平台进行重组和共建。要以现有最好的产品流通信息平台为依托,着力构建可提供产品实时价格信息、产品物流信息、产品电子商务、产业政策、产品展示等综合服务功能的产品流通公共信息平台。

第二,加强产品原产地和质量标识、动植物检验检疫技术合作信息交流制度,加强农产品检测标准及结果互认、农产品商流和物流信息平台建设。将建立和完善信息交流机制放在首位。加强工商和质检部门、卫生防疫等部门的信息交流,一个地方做的检疫证明,其他地方在一定时期是承认的,避免重复检查,以减轻流通企业的负担,加快商品的流通速度。

第三,建立各地政府的信息联系制度。一是建立商务部门高层协商、定期互访制度,交流经验,密切关系;二是建立各地商务主管部门相关政策文件交换制度,并将各部门的政府网站相互链接;三是建立商业信息主管部门的联系会议制度、实现信息联网、交流市场信息资料等多种方式实现各城市信息资源共享;四是鉴于目前公共安全问题和突发事件频繁出现,建议重要地区和城市尽快编制关键商品目录,这些商品应包括:重要农产品、医药产品、重要生活必需品、重要燃料、重要原料等,并对目录中的商品建立总量跟踪机制,确保出现突发事件时,能够尽快恢复商品流通,稳定商品市场。

15.5.5.4 建立政策协调机制

区域政府应在下述领域进行政策协调:(1)研究和制定规范的商业企业地方性法规和政府规章;改进对商品流通相关领域的管理方式,对不适应流通业发展的各类规定和政策进行清理、修改和完善;在招商引资、土地批租、外贸出口、技术开发等方面形成统一法规。(2)放宽商品流通业准入条件,规范流通企业扶持标准,促进各种所有制商品流通企业公平竞争;加大商品流通业招商引资力度,鼓励民营企业投资现代流通业。(3)共同建立解决地区贸易障碍的协调机制。区域内各地方政府共同清理、废止涉及贸易封锁和地方保护的制度和规定,简化和规范行政审批,建立健全商品流通服务规范和价格机制,加强信用制度建设。(4)加强各种商品和服务标准的建设工作,共同开展现代商品流通标准化建设。逐渐消除区域间的市场壁垒,实现"无间隙"合作。

15.5.5.5 大力推动区域内商品流通公共信息平台建设

优先扶持农产品流通信息内容服务商的发展;加快信息网络建设;顺应时代的要求,遵循知识经济和信息化时代的发展规律,进行高起点运作,以信息化带动工业化、城市化和现代化的发展。在这个背景下,物流业可加快信息网建设;整合海关等联检部门及企业的各种资源,构筑统一开放的物流信息平台,实施包括电子预归类、电子预审价和电子查验的全程电子通关;发展电子商务,提高商贸流通业技术水平,加快网络基础设施建设,建立和完善相关的法规、制度,形成网上交易平台,为网络交易、网络结算提供法律保障。

15.5.5.6　扶持流通合作中间性组织间的跨区域合作

深化现行的流通企业合作经济组织改革,自下而上地逐步建立起区域间合作经济组织联盟和专业联盟。大力开展区域间商品运输、销售、生产专业合作组织之间的流通合作,特别是发展产销地互为代理、销售渠道合作、品牌合作等中介组织间的合作。这种专业联盟和中介组织可以克服单纯的企业或市场的一些体制安排方面的不足,获得更加灵活有效的资源组合形式。特别是在专业化分工的产业链条之间的经济合作活动中找到更恰当的形式,延伸产业链条,从而实现企业组织或市场交易所不能达到的资源配置效率。企业可以把一部分异地经济活动交给专业化的市场中间性组织,仅仅保留核心竞争力的部分,实现区域内各个流通主体在经济利益上的协调与合作。

15.6　区域劳务合作

15.6.1　区域劳务合作内涵与背景

劳务,顾名思义即劳动和服务,是指人们为了获取劳动报酬而为他人或单位提供劳动或服务。劳务作为生产要素的一部分,随着世界经济一体化的深化和区域经济合作的发展,劳务的输出与输入不断增加。

区域劳务合作是指在区域各地方政府有关规定允许的范围内,具有劳务合作经营资格的机构或企业法人、中介等通过签订合同,并按合同约定的条件为供需双方提供劳务服务并进行管理的经济活动。

随着经济全球化和区域经济一体化进程的加深,区域内各主体之间生产要素的流动速度不断加快,各类要素流动壁垒逐渐降低,优化资源配置,实现区域内各经济主体的共同繁荣越来越受到国家和区域政府部门的重视。区域劳务合作作为区域经济合作的内容之一,伴随着区域经济合作的深入,劳务合作的发展步伐也在日益加快。

15.6.1.1　区域经济发展不平衡是促使区域劳务合作的动力

改革开放以来中国经济保持了快速的增长,但区域之间、欠发达和发达地区之间经济发展很不平衡。随着区域经济的发展、城市化进程的加快以及政府对居民迁移的管制逐渐放松,大量劳动力、科技人员从欠发达地区向发达地区转移。对于发达地区,这种劳动力生产要素的流入,缓解了劳动力供给不足的矛盾,对经济发展起到了很大的推动作用;对于欠发达地区,劳动力生产要素的流出,减少了就业竞争的压力,为富余劳动力提供了就业机会。Braun(1993)运用新古典经济增长模型讨论了劳动力迁移对地区差距的影响,根据新古典经济理论,人口增长速度加快将导致人均产出增长速度降低,这样对欠发达地区来说,由于劳动力外迁降低了人口和劳动力增长速度,因此人均产出增长速度加快;而对于发达地区来说,由于人口增长速度加快,劳动的边际产出降低,因此,人均产出增长速度下降。由此可以推出区域间劳动力流动有利于促进地区经济的收敛。①

15.6.1.2　经济结构的变化客观要求区域劳务合作

经济结构是指国民经济总系统中各子系统、各组成部分的排列、组合和结合方式,主要包括产业结构、行业结构、技术结构和区域结构。经济结构的状态反映了社会经济的发展水平。产业结构调整的目的就是希望生产要素优化配置,劳动力的迁移、人才流动、技术进步随着经济结构的改变而变化。不同的产业结构需要不同比例的劳动力要素;生产要素的流动可使不同区域人力资源结构优势互补。例如香港的金融业产业发达,具有金融人才优势;大陆农业强省劳动力密集,具有劳动力输出优势;区域经济一体化不仅是商品、资本、生产区域一体化,还需要劳动力要素的流动区域化,这种区域化趋势要通过区域劳务合作来实现。

---

① 许召元:《区域间劳动力迁移对经济增长和地区差距的影响》,载《北京大学学报》2007 年第 6 期。

15.6.1.3 人口和就业压力的增加为区域劳务合作提供了条件

中国是世界上人口最多、劳动力资源最丰富的发展中国家。人口众多、资源相对不足,中国也是世界上就业压力最大的国家之一。按最严格的劳动力统计标准计,中国劳动力供大于求的状况也要持续 30 余年,其中最严重的时间是 2000～2005 年,过剩劳动力达 1.54 亿人,年均剩余 3000 余万人。① 中国依然处于工业化和劳动力配置的过程,到目前为止,非农部门只吸收了全部劳动力的 55%,若要实现工业化过程中的完全就业,需要创造出 2 亿甚至更多的工作岗位。② 在国内就业形势日益严峻的映衬下,劳动力要素流动成为解决中国富余劳动力出路的重要途径之一。

15.6.2 区域劳务合作的类型

根据劳动力在国内异地参加就业的方式,将区域劳务合作的类型分为:

15.6.2.1 工程项目性劳务输出

工程项目性劳务输出是指承包商承包工程项目后,根据承包合同派遣劳动力(包括:工人、管理人员、技术人员等)到工程项目所在地执行承包任务的劳务输出方式。这里的劳务合作是有组织进行的经济活动。

15.6.2.2 对外投资性劳务合作

对外投资性劳务合作是指通过对外投资开办独资、合资企业或在异地建立分公司等,并由此派遣工人、管理人员和技术人员进行生产经营活动。这种劳务合作称为对外投资性劳务合作,其特点是劳务合作的长期性和稳定性。

---

① 《人口与就业》,中国文化网,http://www.chinaculture.org/gb/cn_zggk/2004 - 06/28/content_56020.htm,2008 年 3 月 29 日。

② 《关于人口与就业》,中国经济研究中心,http://www.ccer.org.cn/cn/ReadNews.asp? NewsID = 6086,2006 年 1 月 2 日。

15. 6. 2. 3 培训指导性劳务合作

培训指导性劳务合作是指具有某种专业技术、知识或技能者的一方通过签订劳务合同或其他协定,为需求者提供培训或指导服务的劳务合作。

15. 6. 2. 4 招工机构或雇主招募性劳务合作

劳务提供者通过招工机构或雇主招募应聘,签订劳务合同或协议而进行的劳务合作。国内这种形式的劳务合作起步早,对早期农村剩余劳动力的转移起了很大作用。目前也是学生就业的主要渠道之一。

15. 6. 3 区域劳务合作的模式

在市场机制的作用下,通过生产要素在区域之间的流动,会缩小区域之间的差距,这是一个漫长的过程,随着经济一体化的发展,不仅生产要素的流动速度加快,流动数量、流动模式也不断变化。这里我们将区域劳务合作模式归纳如下四种。

15. 6. 3. 1 梯度式区域劳务合作模式

改革开放以来,我国区域经济布局由内地向沿海逐步转移。尽管内陆经济得到了尽快发展,但与沿海地区相比,仍然存在差距。由于沿海地区社会、经济基础优越,劳动力的素质高,经济发展速度仍高于全国发展水平。国内经济发展水平呈现出由东、中、西梯度下降的规律。改革开放后,生产要素在市场机制作用下,由欠发达地区向发达地区流动,这种流动也呈现出梯度转移的规律性,我们将这种区域劳务合作模式称为梯度式区域劳务合作模式。这一模式的起因是由于经济发展不平衡,该模式适合于经济发展初始阶段。

15. 6. 3. 2 反梯度式区域劳务合作模式

反梯度发展理论认为:梯度理论阻碍了落后地区的开发和建设,也是同实现区域均衡发展的目标背道而驰的。而经济要素中的知识、技术等要素,其开发和引进并非按经济发展梯度的高低顺序来进行的,现有生产力水平梯度的顺序不一定代表着经济开发和引进先进技术的顺序,这种顺序只能是经济发展的需要和可能决定的。只要具备经济发展需要和条件,哪个梯度都可能率先发展。①

中国区域经济发展和生产力水平处于不平衡的状态,若区域经济发展差距太大,落后地区经济状况会影响整个区域经济的快速发展。出于全局考虑,为促进落后地区经济的发展,国家或地方政府调整发展战略,对落后地区增加投资、派遣人才或通过优惠政策吸引人才、招商引资等。这种方式的区域劳务合作呈现出发达地区生产要素流向欠发达地区的现象,我们称这种劳务合作模式为反梯度式区域劳务合作模式。该模式适合于区域经济发展到一定阶段,区域经济发展不平衡,落后地区与发达地区经济差距较大时期。

15.6.3.3 跳跃式区域劳务合作模式

跳跃式区域劳务合作模式是指随着生产力的发展,特别是交通、通讯、信息流通等手段的现代化,生产要素流动的数量、空间、速度增大,区域劳务合作打破原有反梯度合作模式,出现跳跃式推移合作,我们将这种合作模式称为跳跃式区域劳务合作模式。这种模式适用于区域劳务合作发展到一定阶段后,在反梯度合作基础上,随着区域劳务合作规模扩大而进行的劳务合作。

15.6.3.4 混合式区域劳务合作模式

混合式区域劳务合作模式是指劳务合作过程中,上述三种合作模式同时进行或交叉进行的区域劳务合作模式。这种合作模式通常是在政府的引导和推动下进行的劳务合作模式。

15.6.4 影响区域劳务合作的主要因素

15.6.4.1 经济因素

经济因素包括经济贸易关系因素、产业结构差异因素等,其中最主要的是收入因素。区域经济主体之间的收入差距会引起经济收

---

① 陈欣欣:《农业劳动力的就地转移与迁移——理论、实证与政策分析》,载《浙江大学学报》2001年第5期。

入水平较低地区的劳动力向经济收入水平较高地区流动或迁移。收入水平差距越大,劳动力流动愿望越高;高收入地区对劳动力的吸引越强。通过劳动力的流动,可缓解收入差距压力,平衡区域经济。

15.6.4.2　利益保障因素

生产要素中劳动力要素是特殊生产要素,劳务合作中的双方利益能否保障,是区域劳务合作的关键因素之一。在市场机制作用下,初期的劳务合作中,由于利益保障制度的不完善,拖欠劳务费、中途脱岗等现象曾较严重,使劳务提供者或被提供者的利益不能够得到保障,影响了劳务合作的发展。随着区域经济合作的深入,国家的法律法规不断健全,外来务工人员的工作、生活条件也得到改善,促进了区域劳务合作的发展。

15.6.4.3　自然因素

自然因素主要包括:地理位置、资源、气候和环境条件。自然资源丰富、气候环境好是吸引劳务提供者的条件之一。环境条件恶劣的地区劳动力要素的流出远远大于流入,例如,我国西部地区与东部沿海地区相比,东部沿海地区经济发展速度快,人均收入高,吸引了众多的劳务提供者。西部开发需要各种人才和劳务合作,但西部不具有劳动力要素流动的吸引力,必须依靠政府的力量扶持发展,依靠国家优惠用人政策留住、吸引技术人才和投资者到西部来共同开发,促进西部经济发展。

15.6.4.4　社会文化因素

相同的文化、风俗、道德规范、语言等是区域劳务合作的基础,中国具有很强的社会文化传统,社会文化因素影响着劳动力的流动方向。初期劳动力迁移多数是通过家里人、亲戚朋友、同村人的介绍,或从他们那里获取有关信息才得以迁移的。劳动力迁移是初期劳务合作的主要方式。相同的社会文化,增强了人们信息交流渠道,减少了劳务合作风险,这对以后的劳务合作产生很深的影响。

15.6.5　中国国内区域劳务合作实践

15.6.5.1　泛珠三角地区区域劳务合作演进

泛珠三角地区包括广东、福建、江西、湖南、广西、海南、四川、贵州、云南等九省(区)和香港、澳门特别行政区(即"9+2")。

2004年7月,泛珠三角地区区域劳务合作第一次联席会议在广州召开。会议审议通过的《泛珠三角九省区劳务合作协议》和《泛珠三角区域劳务合作联席会议章程》,确立了泛珠三角九省区的人才服务合作机制。此次会议标志着泛珠三角区域劳务合作全面启动。

2004年10月,泛珠三角地区区域劳务合作第二次联席会议在成都召开。泛珠三角地区区域(9+2)的劳动保障行政部门和香港特别行政区劳工处、澳门特别行政区劳工事务局行政首长参加了会议。会议审议通过了《泛珠三角区域劳务合作计划》,签署了《泛珠三角区域维护跨省区务工人员合法权益联动协议》和《泛珠三角区域九省区劳动力市场联网合作意向书》。会议紧紧围绕"流动就业环境与区域劳务合作"这个主题,强调要认真实施具体项目落实工作。

2005年6月,泛珠三角地区区域劳务合作第三次联席会议在湖南长沙召开,会议通过了《泛珠三角区域九省区人才服务合作联席会议章程》,签署了《泛珠三角区域九省区人才网站服务合作协议》。此次会议提出了比较规范的合作章程,并对联席会议具体的做法从程序上进行了规范。

2005年10月,泛珠三角地区区域劳务合作第四次联席会议在江西南昌召开。会议落实了《泛珠三角区域九省区人才服务合作联席会议会旗方案》,审议通过了《泛珠三角区域九省区人才服务合作联席会议成员单位标牌方案》。南昌会议还通过了《关于成立"共建九省区人才网站项目小组"的方案》。

2006年7月,泛珠三角地区区域劳务合作第五次联席会议在广西南宁召开,此次会议启动了泛珠三角地区九省区网联系统,并签订了《泛珠三角区域九省区人才市场网站信息共享与合作协议》。信息网络合作使区域劳务合作实现了实质性的突破。依据该协议精神，本区域内九省区人才网站将建立一个信息贯通、资源共享以及技术合作的有效机制。加快构筑统一、高效、便捷的区域性人才资源网上配置平台，形成合作互动、共建共享格局，积极推动本区域内人才网站之间的合作，以实现本区域内人才网站的优势互补、共同发展。①

综上所述，泛珠三角地区区域劳务合作得到了各地方政府的大力支持和高度重视，区域内人才网站的建设将使信息贯通、资源共享。为加快区域劳务合作，实现本区域内劳动力要素优化配置搭建平台。

15.6.5.2　环渤海区域劳务合作

1992 年 10 月党的十四大报告中提出要加快环渤海地区的开发、开放，将这一地区列为全国开放开发的重点区域之一，国家有关部门对"环渤海经济区"进行了单独的区域规划。正式确立了环渤海区域间的经济合作，横向联合，优势互补，为环渤海地区经济发展开拓了广阔的发展空间。

1994 年，中国北方人才市场在天津诞生，这是全国第一家国家级区域性人才市场。

1997 年 2 月，中国北方人才市场与河北省人才服务中心及环渤海地区经济合作市长（专员）联席办公会联合，举办了首届环渤海地区人才智力交流洽谈会，以人才交流为平台，开展包括科技成果转让、项目合作在内的系列合作活动。② 此活动旨在大力促进环渤海地区人才交流工作，推进环渤海地区人才一体化进程。

---

① 陈坤、黄萍:《九省区签约建人才市场网络平台　郭声琨、陈存根出席》，http://www. gxnews. com. cn/channel/2006/bbw/article. php? articleid = 652354，2006 年 7 月 17 日。

② 2008 年环渤海地区人才智力交流洽谈会，http://61. 136. 61. 46:8080/dw/shiweizp/hbh. htm，2008 年 2 月。

　　"环渤海地区人才智力交流洽谈会"活动一直持续至今。据不完全统计,截至2008年参加环渤海地区人才智力交流洽谈会的招聘单位已达两万多家,各类求职人员40多万人次。这一活动为更好地促进区域经济和社会和谐发展,加强环渤海地区人才服务机构的密切合作,奠定了良好的劳务市场基础,通过供需双方交流洽谈,充分展现了区域人才交流合作整体发展态势。

　　随着天津滨海新区开发开放步伐加快,众多国内外大型企业集团相继落户此地,引起劳动力需求数量骤增。吸引了来自北京、黑龙江、河北、山东、甘肃等省市的大批应聘者。许多劳动力要素流入天津滨海新区。类似的流入京津等地的劳动力要素,对于流出地来说,这种流动是一种无序流动,当地无法控制,在发生劳务冲突时,劳动者的权益难以保障。

　　虽然环渤海区域经济合作起步早,但发展速度缓慢。区域劳务合作进展落后于长三角、泛珠三角地区。区域劳务合作存在局限性:首先,劳动力要素的流动方向明显,高素质劳动力流入北京和天津,特别是京津周边地区高素质人才流出多,流入少,区域经济发展不平衡趋势更加加剧;其次,区域经济主体之间的经济关系受到行政区域的限制,行政界限、体制障碍、行政区地方保护主义、条块分割等严重阻碍了合作进程。

15.6.6　推进我国区域劳务合作若干建议

15.6.6.1　建立区域政府劳务合作机制

　　区域政府劳务合作机制,就是指在区域政府合作政策引导下,依靠区域内地方政府间对区域劳务合作整体利益达成的共识,设立区域劳务组织机构,由此机构通过建立区域劳务合作制度,推动区域劳务合作发展,从而形成区域劳务合作整体优势。

　　根据目前我国区域劳务合作现状,目前区域劳务合作的目标机制不够明确具体,例如,环渤海区域劳务合作渠道主要是人才招聘会,少部分渠道为通过劳务中介机构,劳务提供者与需求者均是盲目来到市场,对结果完全未知,能否有合适劳务提供者或需求者,事先未知,因此盲目性大;泛珠三角地区,有富余劳动力的地区采用劳务培训(如四川厨师等),这为需求者提供了单方信息,即某地区有这样的劳务提供者,若需要可以联系。但若不需要时,这种培训出来的劳务提供者仍然不能就业。因此,区域劳务合作必须明确具体目标,减少盲目性和不必要的投资,政府为供需双方提供指导,如有针对性的订单式培训,不仅可以降低合作成本,还可以提高劳务合作效率。

15.6.6.2　建立区域劳务合作保障机制

为了保障区域合作的稳定、顺利进行,必须建立一套明确的区域劳务合作保障体系。主要包括:工作条件、工资待遇、学习条件、保险、生活居住条件等。劳务合作中劳务提供者在多数情况下是弱势群体,弱势群体的利益如何保证,区域劳务合作保障体系中应有明确的制度或专门的机构制定相关政策,落实并监督实施,无论劳务提供者是谁,竞争有多激烈,都应得到劳务合作利益保障,包括签订合同,合同落实等。

15.6.6.3　制定科学产业政策,推动产业结构的调整

环渤海地区各省市之间产业结构趋同问题阻碍了区域劳务合作的发展,解决此问题的关键就是要取消区域行政壁垒,首要解决的问题是淡化该区域的行政区划色彩,强化经济区域功能,打破部门、地域界限,本着"互惠互利、优势互补、结构优化、效益优先"的原则联合起来,推动城市间、地区间的规划联动、产业联动、市场联动、交通联动和政策法规联动,通过整合区域资源,调整区域产业结构,壮大跨区域的龙头产业,以较低的成本促进产业优势的形成。①

建立由五省两市共同参与的区域合作机构,强化区域管理的政府职能,完善区域协调机制,逐步建立起区域政府间一体化的治理机制,打破部门、地域界限,将区域内各省、市产业联合起来,统一协商,

---

① 何添锦:《我国区域经济发展存在问题及对策》,载《经济问题探索》2004 年第 9 期。

对区域现有的资源进行整合,对趋同的产业进行聚集调整,提高产业集中度,形成区域产业规模效益,以提高区域综合竞争力。随着区域经济的壮大和企业的发展,必将促进区域劳动力要素的流动和区域劳务合作的进展。

15.6.6.4 建立劳务提供者和劳务接受者公平合作机制

随着社会主义市场经济的深入发展和区域劳务合作的发展,合作中的利益主体呈现多元化趋势,人口增加、就业压力加大等因素都导致利益差别扩大化的现实,公平合作问题成为人们普遍关注的问题。经济公平即社会经济关系的公平,是在"产品的生产、分配、交换、消费领域所直接体现出来的主体的付出与回报之间的物质对应关系"①的公平。区域劳务合作的公平主要体现在主体的付出与回报之间的物质对应关系。我国《劳动法》和《劳动合同法》等一系列法律都体现了保护劳动者合法权益,但劳务合作中仍然存在许多劳动者合法权益遭到侵犯,合作者的付出与回报之间的物质对应关系不平等等问题,影响了区域劳务合作发展。区域经济主体之间建立公平劳务合作机制,形成一种公平与劳务效率良性互动运行的机制,充分发挥劳动者主动性,促进区域劳务合作快速健康发展。

15.6.6.5 建立区域劳务合作行政调控机制

政府对劳动关系的干预力和影响力,主要是体现在运用行政、经济和法律的手段,通过立法、执法和法律监督,以及制定政策,依法行政,发挥其各种职能,对劳动关系的确立和运行进行必要的指导、监督和调整。② 建立区域行政调控机制,可以降低劳务合作过程中的争议与冲突,降低区域劳务合作的运行成本。我国目前正处于经济和社会体制的转型时期,政府的职能也应在随之改变,政府对劳动关系的职能由原来的通过行政控制手段管理劳动关系转变为依靠法

---

① 刘文斌:《收入差距对消费需求的制约》,载《经济学动态》2000年第5期。

② 吕景春:《和谐劳动关系的"合作因素"及其实现机制——基于"合作主义"的视角》,载《经济学研究》2007年第9期。

律、经济等手段,调控劳动关系双方的行为。促进劳动关系双方在平等自愿基础上实现各自的利益。

15.6.6.6　建立具有中国特色的"三方合作机制"

三方合作机制是劳工组织、雇主组织和政府及其相关部门就劳工标准等劳资关系问题进行协商、谈判,进而达成某种社会契约的一种制度安排,它是第二次世界大战后几乎所有西方发达国家确立福利社会的制度基础。① 建立具有中国特色的"三方合作机制"是借鉴其经验,区域劳务合作三方是指劳务提供者组织、劳务接受者组织、区域行政管理组织。目前,由于我国区域劳务合作市场尚不规范,合作机制不健全,区域劳务合作进展缓慢,劳务提供者、劳务接受者顾虑重重,区域行政管理组织不健全,其领导、监督、调控能力差,遇到冲突不能及时化解,究其原因是区域劳务合作体制及其协调机制与制度框架不够健全和完善,因此,建立具有中国特色的"三方合作机制"值得探索。

在区域劳务合作中,成立劳务提供者组织、劳务接受者组织、区域行政管理组织,三方分别代表不同的利益,劳务提供者组织、劳务接受者组织其行政级别相同,职能基本相同,服务对象相反。通过组织协商使劳动者的权益、雇佣者的权益有专门组织来维护,防止劳动者在各种压力下被迫接受不平等利益等现象。

15.7　区域旅游业合作

旅游产业作为以资源依存度较高和产业关联带动性较强为基本特征的新兴产业,其发展离不开区域合作。目前,中国国内旅游区域合作浪潮渐起并呈加速发展之势,成为区域发展热点问题和影响旅游业竞争力的重点领域。

---

① 吕景春:《和谐劳动关系的"合作因素"及其实现机制——基于"合作主义"的视角》,载《经济学研究》2007 年第 9 期。

15.7.1　区域旅游合作的一般方式

区域旅游合作是一个动态的、复杂的过程,不同区域之间旅游合作的类型不尽相同。一般有以下三种方式。

政府与政府间:主要是相互投资兴建基础设施、共同开发跨区域的旅游资源、相互支持和援助,就共同的环境、生态和安全问题采取联合行动;各自制定适合于本国、本地区情况的旅游发展政策和标准并使之逐步国际化,鼓励并支持本国、本地区旅游企业和民间组织进行跨区域合作与交流;组织本国有关旅游组织进行对外宣传、促销、与国外政府联合成立高层次旅游发展协调机构,定期召开有关会议就重大问题进行磋商解决。

企业与企业之间:是世界旅游业跨区域联合发展的最主要、最普遍形式和体现。主要模式:特许经营、管理合同、合资公司、独资、长期租赁、兼并和收购、战略联盟。中国加入 WTO 后,为我国旅游产业的突破性发展创造了重要机遇,进一步加速了旅游相关各业的对外开放步伐,有利于建立起更加符合国际规则的运行机制。外国旅行社通过合资和独资方式逐步进入中国市场,直接带来入境客源的增长,外国投资者进入中国的机会增多,也为发展商务旅游带来广阔的市场。近年来,充分利用外资、民资开发旅游资源,推动区域旅游合作成为一大热点。典型例子是 2006 年,四川九寨沟风景名胜区管理局启动全新的入境游总代理制,由美国可可假期、中国假期旅游集团新西兰分公司、澳大利亚中国假期旅游集团作为入境游客总代理,将九寨沟美景推向世界。①

民间组织之间的交流:除了政府、企业层面的合作外,各类旅游协会、中介机构以及其他民间组织,也积极开展多层次、形式多样的区域合作。四川省是全国农家乐发展最快的省份之一。四川成立了省级农家乐协会,利用自身的优势把景区景点和农家乐组织联系起

---

① 《九寨沟首签国际代理商》,载《四川日报》2006 年 8 月 29 日。

来,更好地整合全省农家乐资源,不断地提升四川农家乐的档次和品牌,促进乡村旅游发展。由无锡、江阴、宁波、郑州、徐州、南京、南通、芜湖等城市旅游爱好者发起组织的"中国旅游霞客联盟",作为一个民间旅游组织,已经得到 30 个城市的响应。这批徐霞客当年走过的城市的代表,以"重走霞客路"为宗旨,相聚霞客故里,围绕联手打响"霞客"牌为主线的旅游产品、线路,联手推广"霞客"为特色的旅游城市形象,构建中国新的区域旅游合作平台和品牌。[①] 尤其值得注意的是,在当前海峡两岸"三通"不能全面实现常态化的现实条件下,中国旅游协会和台湾"海峡两岸观光旅游协会"等民间组织成为拓宽两岸人员交流渠道,促进两岸旅游真正开通的重要平台。

15.7.2　旅游业区域合作发展模式

从国内区域旅游合作实践看,地理位置临近,旅游资源类型和结构相似且分布密集,交通联系便利,经济基础较好,客源相对丰富的地方,区域合作率先发展起来,而且成效显著。

合作主体有旅游企业、景点、城市,但更多的是行政区域之间。合作模式主要有:(1)以旅游资源和景区(点)为中心:黄山旅游圈、三峡旅游区;(2)以旅游城市为核心聚集周边旅游资源和要素形成城市旅游区域:桂林旅游圈、北海旅游圈;(3)以旅游资源和产品按某种形式组合起来而形成的旅游区域:丝绸之路旅游带、京九线路沿线旅游带、环太湖旅游圈;(4)由若干行政区域彼此相邻而构成的行政旅游区域,以几个行政区域交接处的"边界区域"为旅游区域核心:湘鄂赣、陕甘宁、粤港澳;(5)范围更大,结构更松散的:西南旅游区、青藏旅游区、东北旅游区、环渤海旅游区。

---

① 《"中国旅游霞客联盟"将于 4 月 23 日在江苏江阴霞客故里成立》,载《华东旅游报》2007 年 4 月 19 日。

15.7.3 我国旅游区域合作特征

15.7.3.1 国家产业政策支持

《国务院关于加快发展服务业的若干意见》（国发〔2007〕7号）文件提出："大力发展旅游、文化、体育和休闲娱乐等服务业，优化服务消费结构，丰富人民群众精神文化生活。"①旅游业作为服务业的重要部分，综合性强、关联度高、成长性好，是极具发展潜力的朝阳产业。当前，各级地方政府依据国家产业政策，都把旅游业作为服务业的龙头和地方经济的主导产业加以培育和发展，国家层面的制度性安排、地方政府的协同是加快区域旅游一体化进程的重要保障。

15.7.3.2 合作区域广泛

旅游区域合作是区域经济的重要内容的，目前很多省区都将旅游业作为支柱和特色产业来抓，认识到旅游产业"合则共赢、分则共损"。长三角地区，泛珠三角地区，粤港澳之间，中部六省，陕西、甘肃、青海、宁夏、新疆五省区和新疆生产建设兵团，环渤海区域，东北"4+1"城市，京津冀地区，鄂渝两地，粤黔两地，冀晋陕京，长江中下游沿线十三个省市等都不断有合作事件发生，可谓是花开遍地，全国都呈现出积极的状态。

15.7.3.3 合作地域类型、形式、层次多样化

实施合作机制的区域有多种类型，有些是旅游资源相似，可以走整合提高的路子；有的是旅游目标市场一致，可以整合营销；有的是某些重要的旅游资源涉及多个区域，必须合作才能成功开发，如陕西、甘肃、青海、宁夏、新疆五省区联合打造丝绸之路旅游产品；有些是旅游资源、市场、人才互补，可以联合做大，如京津冀牵手中国港澳台地区。各地合作形式和内容层次也非常多样化，有的联合成立无障碍旅游区，全面合作；有的就发展某类旅游产品达成合作，如冀晋陕京在发展红色旅游方面的合作；有的是联手整顿旅游市场，比如鄂

---

① 中央政府门户网站,http://www.gov.cn,2007年3月27日。

渝两地9月初联手整顿三峡旅游市场。

15.7.3.4　合作内容重实践,重可操作性,重效果

近年来,各地都在积极探索积极有效的合作机制,以促进难得的合作取得实质性效果。以上海为龙头的长三角旅游协作区,率先实现了旅游资源的重新整合和旅游功能要素的配套,一跃成为中国旅游业最大的经济产出地。2001年上海、江苏和浙江三省市,以建立"大上海"旅游集散中心的方式,铸造长三角旅游圈,随后3年旅游收入达到2300亿元。广东省则利用珠三角的城市集群品牌优势和港澳市场的辐射作用,同样获得了1260.83亿元的丰厚回报。从2005年5月起,广东、江西联手建立东江流域旅游"无障碍区";10月,环渤海港口城市旅游合作组织成立;11月,在广州举行了2005年广东国际旅游展览会暨泛珠旅游大促销、泛珠三角城市旅游发展高峰论坛等活动,会议各方达成共识:长期举办泛珠三角旅游展销和论坛、成立联席会议制度,推动泛珠旅游合作新平台的建立。多年来京津冀三地旅游界早就达成共识:打造大船联合出海,才能获得更多的发展机遇和更广阔的发展空间。但是在实际操作中效果并不明显。2005年8月,"京津冀—港澳台(3+3)旅游合作大会"在河北廊坊举行。三方达成共识:京津冀旅游圈迟迟不能"落地"的根本原因是,这一区域旅游经济体现了强烈的行政区域性质,而不是资源要素的市场特点,打破区域瓶颈,进行资源整合才是根本出路。凭借"京津冀—港澳台(3+3)旅游合作大会"这个平台,京津冀旅游圈合作迈出了重要一步。

15.7.4　泛珠三角区域旅游合作的方式

15.7.4.1　港、穗、深三大中心城市带动

泛珠地区是一个多核心发展的区域,此区域包括各自不同功能的核心城市,主要有香港、广州、深圳及澳门等。区域旅游合作必须依托于发展强劲的中心城市的带动,才能形成区域旅游区发展的增长极效应。香港有着世界最自由的经济,国际上广泛的联系,有着较

为完备的法制和经济管理人才的优势。香港国际金融中心以至航运中心、贸易中心地位,是其他地区不可替代的,也自然形成了香港是泛珠区域外源型经济中心和龙头的地位。广州在历史上为本区最大的中心城市,是珠江三角洲大都市密集区的核心,背靠广阔的内陆腹地,与港澳呈三足鼎立之势,构成本区城市体系的主要构架,也是泛珠区域政治、经济、文化中心。深圳是香港连接内地的枢纽城市,区域副中心和桥头堡,区域性国际性城市,也是中国对外开放竞争力最强的城市。港、穗、深三大中心城市的相错和非同构,形成优势互补,将十分有利于共同发展旅游产业,增强区域旅游经济竞争力。

15.7.4.2　东、中、西部纵横兼顾

泛珠三角地区地域广阔,旅游合作具有广泛的基础,这种基础主要来源于区域间的巨大资源差异。区域旅游合作既有龙头城市香港的带动,又有广州、深圳作为连接内地的枢纽,还有云南、广西与东南亚接壤,更有福建、江西、四川等经济地理、自然生态、地质地貌各有特色的地区作为辽阔的腹地。更重要的是,泛珠三角区域的旅游合作既是东、中、西部的合作,也是欠发达地区之间的联合。从地理位置来看,这种合作既是纵向的,也是横向的,纵向合作主要是指内地8 省区与粤、港、澳等发达地区的合作,横向合作主要是指8 省区之间的联合。纵向合作,主要强调市场、互动、经验共享;横向合作,主要强调产品组合、线路连接、形象宣传。强调纵向合作与横向联合,应该重点推动省(区)界旅游联合营销模式,探索大跨度合作新途径。如利用在香港、澳门举行的国际盛事和大型活动,开展泛珠区域的旅游宣传推介,向欧洲和东南亚等国开展整体性的宣传促销活动。再如,云南和海南在争夺客源上必然是相互竞争的,但是如果双方在旅游服务设施建设、人员培训、市场组织等方面开展合作,共同提高其旅游服务质量,则这种在合作中的竞争,必然是双赢的。

15.7.4.3　依托多元文化,构建泛珠文化旅游网

旅游是休闲文化,旅游是文化的载体,文化是旅游的灵魂,泛珠区域本身具有特色浓郁多元文化,注重文化与旅游相结合,打造出富

有特色的旅游文化产品,应成为这一区域强势品牌。香港旅游业发展基础较好,应立足于"动感之都"、"最佳东方"国际旅游中心的定位,既开发本土旅游资源,又发展区域合作、交流等方面的多功能旅游产品。深圳的"精彩深圳,欢乐之都"表现了深圳这座年轻城市的活力、激情,"一街两制"是其文化形象中最重要的组成部分。广东和广西毗邻,有一定程度的区域文化共生现象,其主流文化——岭南粤文化代表了开放、兼容、务实、奋斗和进取。此外,厦门独有的南音、高甲戏、歌仔戏、漆画、石文化等浓厚的闽南文化底蕴,"成都——东方伊甸园,一座来了就不想走的城市","五彩云南"多姿多彩的民族风情和美丽如画的自然风光,都有着明显的南派文化风格。在旅游品牌主题上应加重点突出沿珠江南进,打造串联近代文化、古代文化、现代文化和泛珠三角多元文化的"珠江文化长廊",搭建泛珠三角文化旅游网。总之,文化艺术和自然美景的交融是旅游体验的最高境界,创造文化的多样性,增强旅游的文化内涵,丰富旅游者的文化差异体验,提高泛珠三角旅游的休闲文化价值,是泛珠三角区域各省区从竞争走向合作,逐步形成集聚吸引力、竞争力的"泛珠文化圈"的重要途径。

15.7.4.4　发挥地缘优势,以合作促开放

"泛珠三角"位处中国和东南亚的交界处,地理上具有沿边、沿海的区位优势,例如,云南有 26 个县市分别与老挝、越南、缅甸接壤,还与南亚的印度、孟加拉国相近,广西与越南接界。随着中国旅游国际地位的不断提升,作为世界上最安全的旅游目的地国家之一,我国这一区域凭借地理优势和发展势头,可望成为未来"中国—东盟自由贸易区"的核心,吸引越来越多的境外游客。香港、澳门应积极发挥平台功能,把泛珠成员"请进来",并连同泛珠成员一起"走出去",形成全方位开放、合作互动的旅游发展格局。其余各省区应加强与东盟各国的旅游线路组织和旅游活动的合作举办,推进建设国际区域性政府旅游协调机制,共建"大湄公河旅游圈"、"泛珠—东盟大旅游圈",进一步将"中国—东盟大旅游圈"建设成为亚洲最具魅力的

无障碍旅游休闲带。泛珠区域旅游合作还有一个重要方面是实现与台湾的观光旅游资源对接。福建与台湾地缘相近、语言相通、血缘相亲、联系密切,应充分利用闽台之间的地缘人缘以及丰富的旅游资源,创造有竞争力的海峡旅游产品。当前可利用"金马游"开通,推动闽台旅游交流与合作。

15.7.5　长三角与京津冀区域旅游合作成效比较

长三角地区旅游合作成效明显强于京津冀地区。长三角是当前中国经济最为活跃的地区,也有着中国旅游"金三角"之称。长三角旅游经济圈以上海为中心,以独具江南特色、兼具现代都市风貌和历史文化底蕴的丰富的旅游资源为依托,以良好的旅游服务和方便的旅游交通为基础,构筑了中国最具吸引力、发展潜力最大的旅游经济圈,率先实现了旅游资源的重新整合和旅游功能要素的配套,一跃成为中国旅游业最大的经济产出地,在中国首批优秀旅游城市中,长三角占25%,拥有48个4A级旅游景点,几乎占了全国4A级旅游景点数的50%。长三角旅游景区、星级饭店也占到了全国的半壁江山。面积占全国1%的长三角,每年接待的海外旅游者占到了全国接待总数的25%左右;长三角旅游创汇占全国的比例也达到了20%;长三角接待国内旅游者占全国各地接待国内旅游者总数的近30%。①

京津冀地区旅游合作较为滞后。虽然区域合作的概念已经提出数年,但直到2004年的"5·18""中国三大旅游圈论坛"上,京津冀才初步达成了"京津冀无障碍旅游共识"。"共识"的内容包括:在区域间、政府间、企业间建立无障碍旅游合作机制,力求资源共享;为发挥各自优势,不断加强合作,建立旅游磋商机制,每年定期不定期就大家共同关注的旅游发展问题进行磋商;逐步打破旅游市场中的种种壁垒等,但是其合作还主要是重形式、重研讨,许多观念还停留在

---

① 《打造新年旅游菜单　长三角全力迎接春节旅游黄金周》,新华网,http://news. xinhuanet. com,2006年1月25日。

地区旅游行政管理层面上,缺乏具体的、可操作性的政策、措施和手段。京津冀各地区旅游发展仍存在着较大的差距,形成区域内北京旅游独大的现象,三地旅游产业发展尚未融合成一个整体。

以上比较分析的结论是:经过 20 年的合作,长三角旅游发展走向了良性循环,京津冀旅游圈虽然具有得天独厚的旅游资源优势,但区域合作存在基础性缺陷,旅游经济发展明显滞后于长三角。统计数据表明,2004 年长三角地区接待境外游客的数量是京津冀地区的 1.8 倍,接待国内游客人数是珠三角的 1.6 倍;创造的旅游收入则是珠三角的 1.3 倍,京津冀地区的 3 倍。

15.7.6 京津冀区域旅游合作的对策

合作关系形成的前提是优势互补,推动合作关系发展的动力是合作主体能在合作中实现共赢。区域旅游合作是一种特殊的合作关系,它是以区域优势互补为基础、解决旅游资源的不可移动性和旅游者选择性之间矛盾的一种区域旅游发展格局。为加快京津冀区域旅游合作的步伐,需要采取以下对策。

15.7.6.1 确立"共赢互融"的合作理念

京津冀旅游经济发达,客源市场充足,旅游资源丰富,有得天独厚的合作基础和潜力,这为京津冀地区区域旅游合作奠定了良好基础。在科学发展、和谐发展的理念下,有序竞争、主动合作应是一种积极的选择,以达到良性竞争、共赢的目的。因此,要建立动态的既有良性竞争又有高效合作的新机制,只有在这一"共赢"理念的指导下,才能"破壁互融",抛弃狭隘的地方保护及恶性竞争,达到"双赢"与"多赢"的目的。

15.7.6.2 建立多层次、多形式"合作共生"协调机制

目前,京津冀区域合作的机制是两省一市最高行政首长联席会议制度、各区域政府秘书长协调制度及政府部门协调制度三个层次的区域协调机制。在这个机制框架内,可由京津冀两省一市旅游行政主管部门磋商,对应地建立两省一市旅游局长联席会议制度、局长

办公室主任协调制度、旅游行业各部门衔接落实制度三个层次的旅游协调机构;充分发挥京津冀区域内各旅游企业及各类非政府组织的协调作用。可考虑有选择性地成立京津冀区域旅游行业协会,包括旅游饭店协会、旅游景区协会、旅行社协会、旅游交通运输协会、旅游人才与教育协会、旅游者协会、京津冀旅游合作基金会等。

15.7.6.3 通过高效的市场平台,实现旅游要素的合理分配

京津冀旅游圈发展规划要以旅游资源的同源性、整体性、互补性为基础,以市场需求、社会需求为导向,要能体现足够的融合度,三地旅游业也要在建设京津冀旅游圈的战略指导下重新定位。要在深刻理解"1+1+1>3"的基础上整合规划,使京津冀旅游区成为亚洲具有竞争力、能代表亚洲参与全球旅游区域分工、世界各国游客对之产生明显偏好并成为出游选择的重要旅游区域,成为世界知名的旅游目的地和重要的旅游客源地。要加大对京津冀世界文化遗产的整体宣传促销,尤其是对北京和北京以外的世界遗产的整体宣传,进行京津冀世界遗产精品游系列的线路策划与组织;从宣传和线路组织等方面来扩大京津冀世界遗产的整体知名度和影响力。对清西陵、清东陵、承德避暑山庄和外八庙等世界遗产,通过对文物的不断修缮和开放来释放旅游空间容量,提高游客承载力,与北京市的皇家宫殿、古建筑和园林类遗产构筑成一体化的旅游线路。通过整合,打造区域优势;通过联合,塑造强势品牌;通过合作,实现互利共赢。

15.7.6.4 对旅游产业要素进行整合,打造京津冀国际旅游圈

对旅游产业要素进行整合,该联合则联合,该错位则错位。旅游资源开发整合是旅游产业发展的中心环节,是资源优势转化为经济优势的关键所在,也是形成大旅游、大产业、大市场的鲜明标志。京津冀应加大旅游资源开发整合力度,首先必须统一整合旅游产品、编排旅游线路,资源开发要避免定位雷同,力求在区域内形成各具特色、协调发展的整体优势。一个明显的例子就是,本来河北承德、张家口等地的滑雪、滑沙吸引了大批京津游客,但近年来,密云、房山等北京京郊县也冒出不少滑雪场,由于自驾车距离近,抢走了河北不少

的客源。在京津冀旅游圈的大背景下,这就属于定位"撞车",结果是北京地区一些滑雪场被迫关闭。整合资源的另一个要义就是定位的对接。河北所有区域中心城市都处于以北京为圆心的、国际公认的 200 公里黄金旅游带内,河北无疑是北京发展远郊休闲度假最经济的辐射范围。要承接北京这一定位,就必须进一步完善休闲景区、景点的硬件设施,充分挖掘景区文化内涵,增加具有文化观赏性、参与性的内容。总之,借助北京对于河北具有巨大的传播效应,但河北也恰恰容易被这种效应所吞没。事实上,从宣传角度看,北京和河北乃至天津以及环渤海其他城市,不可同日而语——北京已经无须为扩大自己的知名度而耗费大量资本和人力,但是河北所能做和必须做的恰恰集中在"扩大知名度"上。现在甚至还有许多南方游客认为:避暑山庄是北京的,北戴河也是北京的。由此也可以看出,搞好京津冀都市圈内部的分工合作,处理好各自的定位,共同协调,统一规划,整体宣传,对于提升整个区域旅游竞争能力和发展水平,有着至关重要的意义。

16 我国区域服务业合作存在的问题

目前我国区域服务业合作过程中或多或少地存在一些问题,这些问题势必会影响我国区域服务业合作模式的完善,因此有必要对服务业合作过程中存在的问题进行分析,避免在今后的合作过程中重蹈覆辙。在对目前我国区域服务业合作的实践进行研究之后,发现受现行的行政区划等因素的影响,目前主要在区域内地方政府间的协调、区域内的基础设施建设、区域内企业间的竞合以及可持续发展几个方面存在着问题。这些问题在对重点服务业区域合作的分析中有所涉及,本章将在总体上对上述几个问题进行分析,主要包括地方政府间的地方利益倾向、企业间的利益协调、生态环境的保护等。

16.1 区域内地方政府间的协调问题

现行的行政区划带来的最严重、最直接的后果是使得区域内各省市难以进行统一的经济发展规划,同时,地方政府之间存在着地方利益倾向,难以建立一个良好的、有效的协调发展机制。

16.1.1 缺乏总体规划

以京津冀地区为例,不同于珠三角及长三角地区,京津冀地区包括北京、天津两大直辖市和河北省,区域内部自行协调的难度较大。只有国家出台统一规划,加强统筹协调,才能对不同行政区域利益主体具有约束力,突破行政区划的障碍,克服无序竞争、重复建设。国家未能适时出台统一规划,这是造成京津冀地区无章可循、出现无序竞争、重复建设的原因之一。

整体发展规划的空缺使区域内部的协调发展受到影响。例如,北京、天津相继提出要成为北方金融中心的目标;天津非常明确地宣称,争取建立离岸金融市场,要打造中国北方的金融中心。毋庸置疑,面对面的交锋难以避免。从国内外经济的发展规律来看,一个地区内出现多个区域性的金融中心是不可能的,那么,京津竞争最后的结果必然是其中之一的大规模投入得不到回报,甚至两败俱伤,造成大量人力物力的无谓浪费。

16.1.2　过度的地方利益倾向

一般而言,地方政府的权力主要由两部分构成:一是经济决策权,即辖区内可支配资源如何分配;二是人事任免权,即地方行政领导产生、罢免及监督的有关权力,这在相当程度上决定了该地区领导向谁负责的问题。在成熟的市场经济国家,企业和消费者是市场运行的真正主体,中央政府负责宏观调控的职能,地方政府以提供区域公共产品为主要职能,它不能干预企业的经营活动,其经济决策权与人事任免权受到法律的严格控制,法律制定的目的不仅仅是为了惩罚犯罪,还是为了限制政府的权力,防止政府滥用权力对民众造成伤害。

显然,这一市场运作系统与我国经济转轨时期的市场运作有很大的差别。中国在渐进式改革过程中将中央对国有经济的控制权与剩余价值索取权转移给地方政府(而不是企业本身),同时中央保留了对地方政府组织制度的控制权。这样,中央与地方形成了一种经济分权与行政集权的特殊制度。这种制度安排强化了地方政府干预经济的意愿,激励地方政府谋求任期内良好的政绩和声誉,即"为官一任,造福一方"。由于信息不对称,地方政府比中央政府更了解本地区经济的具体情况,地方政府能够从地方利益出发,制定更合理的地方政策,谋求地方利益最大化。例如,为增加税收和扩大就业,盲目投资,抑制兼并,采取变通措施反宏观调控,保护和维护地方利益等。由于我国的监管体系由政府本身执行,因而会出现"谁来监督监管者"的问题。

由于各地方政府具有过度的地方利益取向,其行为又不受法律的约束,在区域服务业合作中,各地方政府必然采取谋求自身利益最大化的不合作的竞争策略。即使有的地方政府愿意合作,如果其他地方政府的不合作行为能够被观察到,必然会产生双方不合作的结果,从而模糊区域服务业合作的目标,损害区域整体利益。

16.1.3　协调机制尚不完善

第一,缺乏整体合作的理念和合力。区域合作不仅对区域内各省市的服务业发展有着巨大的促进作用,而且对区域整体的发展也产生了重要影响。但是,各省市对如何共同争取国家对区域经济发展的支持、如何在国际国内的经济活动中树立区域整体形象等区域性的重大问题考虑不够,共荣共赢、统筹规划的整体合作理念尚未形成,因而合作的合力不足、合作步伐缓慢。

第二,区域内各省市在产品市场、生产要素市场、服务市场等多个层面还不够统一;不规范竞争、各自为政的问题还比较普遍。随着市场经济的发展,要进一步推进区域内各省市的经济技术合作,实现区域内的产业布局合理化,应进一步转变观念,培育市场机制,发挥市场在合作过程中的基础性作用,同时发挥政府宏观调控和在合作中的推动作用。

第三,市场机制为主,辅以政府宏观调控的合作机制有待加强。在市场经济条件下,市场调节配置资源是一个基本方向,但在一些地区,国有资本占绝对优势,多数民营企业规模还比较小。这种客观现实一方面决定了企业包袱重,调整难度大,活力不足,有跨地区扩张欲望和辐射能力的企业比较少;另一方面也决定了政府对企业控制能力强、行政干预多,企业进行跨地区生产要素流动受到制约,市场配置资源的机制作用并不充分。

16.2 区域内基础设施的问题

服务业资本在不同地区之间的相对位移是区域内服务业发展合作的重要表现形式,而基础设施的相应完善是外源性资本与本地产业紧密聚合的必要前提,基础设施建设的相对落后长期以来就是制约区域经济发展的重要因素。

16.2.1 基础设施投资中的"囚徒困境"

这里所指的基础设施主要包括交通设施、信息交换平台以及统一市场的建立。区域服务业协作的实现有赖于区域内部人流、物流、信息流、资金流的充分自由流动。完善合理的基础交通设施(主要包括公路、铁路、机场、港口等),会大大促进现代化物流系统的形成,反之,则会阻碍现代化物流系统的形成,进而影响区域经济合作的发展。在一定区域内,产业链就像是骨架,而交通网络就是血管,是把产销联系起来的脉络。要想形成有竞争力的产业带,就离不开区域内便捷的路网及物流系统。

要实现区域服务业的合作,就必须从区域交通衔接开始,在这一过程中,就有可能出现"囚徒困境"的状况。下面以两个地区 A 与 B 为例,计划重新修建一条高速铁路,短期内其投资—收益矩阵如图 16.1 所示。

地区 B

地区 A		投资	不投资
	投资	$(-a, -a)$	$(-b, 1)$
	不投资	$(1, -b)$	$(0, 0)$

图 16.1 地区投资的"囚徒困境"博弈

矩阵中的每个元素都是由两个数字组成的数组,表示所处列代表的两博弈方所选策略的组合下双方各自的收益,其中第一个数字为地区 A 的收益,第二个数字为地区 B 的收益。这是一个对称的单阶段完全信息非合作博弈。这里,$a>0,b>1$ 且 $b>2a$。对该博弈中的两个博弈方来讲,各自都有两种可选择的策略,但各方的收益不仅取决于自己的策略选择,也取决于另一方的对应选择。

通过博弈论的方法,可以解得其"纳什均衡"为(不投资,不投资),结果两个地区的收益为(0,0)。对其来讲的最佳结果不是同时选择投资,结果导致双方都不投资,并没有达到区域服务业合作发展需要的投资建设,同时还可以从图 16.1 的地区投资的博弈模型中得出:投资存在着投机现象,不投资的地区会从其他进行投资的地区的投资行为中获得利益;单个区域进行投资的资金投入比两个地区合作进行投资所需的资金量大。

16.2.2 京津冀地区的基础设施分析

以京津冀地区为例,北京、天津相距仅百余公里,但两地的物流、人流、信息流成本很高,区域内生产要素流动阻力较大,高技术人才的相互流动较少。而且,京津冀区域交通网总体布局存在缺陷,铁路与公路网络都以核心城市为中心向外辐射,以致关内外交流(东北、内蒙古与黄河、长江流域以及东南沿海的客货交流)必须通过北京枢纽或天津枢纽,为两市带来了大量的过境运输,干扰核心城市交通。另外,京津冀许多重要城市之间、城市重要交通枢纽之间的联系仍然不便。尤其值得注意的是,京、津到冀南地区的交通状况远远滞后于其经济关联度,大大阻碍了它们合作的进程。

16.3 区域内企业间的竞合问题

在我国区域服务业合作过程中,企业之间存在着竞合问题,这一问题也会影响我国区域服务业合作进程。

16.3.1　外部环境的威胁

目前我国企业面临着许多外部环境的威胁,主要有:(1)全球化经营使企业面临国际竞争者的竞争,企业必须满足全球不同市场的顾客需求。全球化不可避免地要求企业开发新的技术,构建新的组织结构和商业流程。(2)无序的竞争严重地威胁着行业的健康发展和企业的生死存亡。在我国的很多行业中,价格战早已是白热化状态,最终受伤害的是整个行业和消费者的利益。(3)不断改革的社会、政治、文化等将改变已经建立的世界秩序,商业活动面临着更多的环境不确定性带来的威胁。

16.3.2　面临的挑战

我国企业还面临的许多挑战,主要有:(1)从价值链低端向高端转移的挑战。中国企业在国际分工中处于价值链的低端,仍然处于配角和打工者的地位。以制造加工业为例,中国实际上最主要的优势还仅仅是目前还算低廉的劳动力成本优势。(2)产业结构优化的挑战。如2006年我国第三产业的比重占GDP的比重为39.4%[①],而2004年世界经济第三产业占GDP的比重就已达到68.5%,且这一比重呈现出不断上升的趋势[②],这说明我国第三产业占GDP的比重远远低于世界水平。中国企业过度集中于第二产业,加重了就业压力,不利于资源配置,易于在狭窄的空间中过度恶性竞争。(3)资源约束与社会和谐的挑战。传统的不惜代价的那种高投入、高消耗、高污染、不协调、低效率、掠夺式的增长方式现在已经难以为继。履行社会责任,创建新型集约型企业,突破资源瓶颈,是未来中国企业

---

① 　《中国统计年鉴》(2007)。

② 　《五大因素主导外资加快进入我国服务业》,四川省人民政府门户网站,http://www.sc.gov.cn/zwgk/swzc/gzyj/200706/t20070626_188511.shtml,2007年6月26日。

发展的长期宏观挑战。

上述威胁与挑战表明,市场经济条件下,竞争越激烈,企业生存发展的难度越大。并且,现代竞争空间已日渐扩展为全球范围,时效性更快,艰巨性加重,单打独斗已很难长期独立生存。企业战略的重点是不让竞争对手成为对手,而不是打败竞争对手。合作竞争的方式能够更大范围内整合资源,进一步扩大各方的品牌效应,扩大资金来源。

16.4　行业协会发展中存在的问题

我国行业协会发展比较迅速,但与西方国家相比,仍处于起步发展阶段,在发展过程中还存在种种亟待解决的问题。

16.4.1　外部环境问题

(1)政会不分。我国行业协会中有相当一部分是由政府行业主管部门转变而来或是由政府部门直接或间接组建而来,即体制内途径生成的行业协会,它们在经费来源、人员编制、组织功能上都有着强烈的政府气息。也有一部分行业协会虽不是由官方力量发起组建,但协会领导职务由政府部门领导兼任或由其控制领导人选。这些行业协会由于与政府有着千丝万缕的联系,官办色彩浓厚,导致政会不分,协会的独立性及自主性难以保障,并造成行业协会的官僚化倾向。

(2)双重管理体制。按照《社团登记管理条例》规定,我国对社会团体实行业务主管单位和登记管理机关双重审批、双重负责的管理体制,行业协会的成立不仅要在登记管理机关即各级民政部门注册登记外,还要事先找到一个与其业务相关的政府部门或政府授权的组织作为其业务主管单位。然而,在我国现行行政管理体制下,一些行业协会可能面临找不到业务主管部门或存在多个业务主管单位的情况。而一些政府机构成为行业协会的业务主管单位后,要么把行业协会看成自己的"下属单位",看成部门权力的延伸,随意干涉协会活动,要么因自身业务繁忙,根本无暇顾及对行业协会的业务指导和监督管理。

(3)政府职能转变不到位。我国多数行业协会是伴随着国家行业管理职能的改革自上而下产生的,因而,从一定意义上说,政府机构改革的深度与进程特别是政府职能的转变是决定行业协会发育程度的一个重要参数。但由于政府职能转变需要一个过程,且职能转变往往涉及部门利益,导致行业组织应有的管理职能一部分仍被行政管理部门牢牢抓在手中,企业要办事只能去找政府,使得行业协会作为一种民间中介组织被架空。一些行业协会不得不依赖政府开展活动,甚至和政府合署办公,政会不分,严重影响协会功能的发挥。

(4)法律制度不完善。我国目前还没有一部专门针对行业协会的单行法律。现有的社团管理法规将行业协会与其他社团组织混同管理,忽略了行业协会对建立新的市场秩序的独特作用,同时也延缓了有关行业协会的专门立法进程。同时,针对行业协会的监督管理制度及考核评估制度也不够完善,对于能够促进行业协会发展的相应配套优惠政策,如税收减免、社会保障等相关政策也未能及时出台。所有这些,不仅使行业协会的法律地位得不到有效保障,无法充分发挥其功能,而且行业协会组织自身存在的问题,如内部管理混乱、社会信誉差、自律水平低等也难以有效解决。

16.4.2　行业协会自身的问题

(1)资金、人才匮乏。行业协会发展过程中,普遍面临资金、人才的瓶颈制约。除东南沿海一些经济相对发达地区,由于行业协会发展较早、覆盖面较广,且会员中拥有相当规模和实力的企业占有一定比例,因而资金方面基本能够满足协会生存和发展所需之外,其余大部分行业协会都是最近几年成立的,覆盖面和影响力都较小,对企业缺乏足够的吸引力,因而会费收入甚微,加上国家财政补贴有限,从而陷入资金匮乏的困境。没有足够的资金,行业协会就难以提供企业所需的各种服务、难以开展集体性协调活动,也就无法吸引更多企业加入其中,由此形成一种恶性循环。而人才方面,行业协会人员普遍学历水平偏低、年龄偏高,且专职工作人员少。

(2)内部治理结构不健全。行业协会属于自治组织,因而也就必须通过自主治理实现行业整体利益。自主治理的关键在于民主治理,通过行业内民主选举、民主决策、民主监督的方式以增强行业协会自身的合法性和公信力,进而引导会员企业实现自我管理和自我约束。但是,目前相当部分行业协会内部民主治理结构不够完善,表现在组织机构不健全、领导人民主选举机制不完善、理事会制度及会员代表大会制度等民主决策和民主管理制度不健全、人事及财务管理制度混乱等。

(3)能力不足。由于尚处于起步发展阶段,而且发展并不均衡,行业协会在发挥其应有功能上总体显得软弱无力。当前,许多行业协会的作用仅限于办理政府委托的一些行政性事宜。一些行业协会在取得合法地位后,由于有了"一业一会"的保障,便养尊处优,不积极开展工作,导致作为行业利益代言人所应该发挥的倡导行业集体行动、维护行业企业合法权益、为企业提供各类服务、处理企业间争议和纠纷、规范行业市场秩序等功能方面显得能力不足,由此也造成协会社会合法性(行业内企业对其的支持、认可和拥护)的不足,阻碍其进一步的发展。

17 推进我国区域服务业合作建议

前文对我国区域服务业合作模式及我国区域服务业合作发展存在的问题进行了深入分析,那么,究竟如何完善我国区域服务业合作的三种模式,这将是本章要解决的问题。

17.1 完善"政府主导型"服务业合作模式的建议

要参照"政府主导型"模式进行区域服务业合作,必须要有以下几点措施与之相配套,这样才能尽可能地发挥这种模式的优势,避免其不足之处。

17.1.1 明确政府职能

进行区域服务业合作过程中,主要应当发挥政府以下几方面的作用:

一是制定区域服务业合作的指导思想和基本原则。由于区域服务业合作时会涉及不同的行政区划,尤其当该区域中某些省市之间的服务业发展水平存在一定差距时,合作中就不可避免地会产生较大的认识上的不一致,此时,合作中的指导思想和基本原则就显得尤为重要。只有各省市在认识上取得一致,才可能在行动上保持协调。因此,区域服务业合作要坚持以市场为基础,在自愿互利的基础上,充分利用各方的资源条件,做到优势互补、各展所长、互惠互利、共同发展。

二是制定和实施专项规划。区域服务业合作中不可避免地要涉及一些重大的区域合作项目,这些合作项目所带来的利益分配未必均等,如果仅让其在自愿合作的基础上来规划和实施这些项目往往难以实现,而且有可能不符合国家的整体发展规划。因此,这就需要政府对重大的项目制定专项规划,并对这些项目的实施进行推动、协调,从而达到促进区域服务业合作发展的目的。

三是制定区域优惠政策,重点鼓励区域内发达地区与落后地区间展开合作。我国地域辽阔,区域服务业发展存在不平衡性,这就决定了只有区域内落后地区的服务业取得更快的发展,整个区域才可能进入良性合作的轨道。因此,为了促进区域服务业合作,政府有必要制定相关的优惠政策,重点鼓励区域内发达地区与区域内落后地区的合作,从而带动这些地区的服务业发展。

17.1.2　制度创新:构建统一、规范的制度平台

重点是要构建区域内资源配置的市场运行规则与机制。首先,要深化国有企业改革,推动企业成为市场经济的真正主体。目前,我国大中型服务企业大多是国有企业,同时很多服务业部门如金融、保险等由于属于国民经济命脉部门而受到严格管制,它们拥有较强的资金实力和技术开发能力,但往往受到政府的各种行政干预而未能成为自主决策、独立经营的实体。一般的中小型服务企业又受资金、技术等限制,难以实现规模经营。推动服务企业成为自主决策、自主经营、自负盈亏、自我发展的市场经济主体是区域服务业合作取得实效的必要前提。其次,推进政府行政体制改革,正确发挥政府的调节作用。在经济转轨时期政府仍掌握着较多的社会经济资源,利用是否得当对社会资源的配置有着重要影响。深化政府体制改革,调整政府的考核指标,规范政府行为是市场体系的完善的关键环节。只有同时从企业、政府两个层面推进体制改革,统一、规范的市场经济运行机制才能够得以建立,区域经济合作才有可能取得实效。

17.1.3　突破行政壁垒，加强政府合作

在全球经济一体化、区域经济一体化日趋向纵深发展的今天，人为地阻碍生产要素在区域之间的自由流动只会带来经济运行的低效率。打破自然、人为障碍而整合市场可以收到多赢效果。各级政府应以开阔、开放的视野来创造要素自由流动和优化配置的环境，制定符合要素区域流动需要的产业政策和社会保障政策，使市场经济中的生产要素自由流动，经济在空间上的扩张完全按照市场规律操作。国家在宏观调控上可以辅之以必要的行政手段以减少各地区相互间交易谈判的成本，促进政府合作以实现资源合理配置。

17.1.4　建立区域利益协调机制

在我国区域服务业合作过程中，不可避免地存在着一些冲突和障碍，因此必须建立区域利益协调机制。在区域服务业合作中要着力解决以下三方面的问题：一是互联互通问题，区域内必须加大基础设施的建设，在通讯、交通方面做到沟通无障碍，这是区域服务业合作的最根本条件；二是差别如何弥补，如何使不同省区的优势实现互补，从而为共同发展创造最好的条件；三是建立统一开放、平等竞争的市场环境和机制，建立大家共同遵守的规则，共同促进发展。目前，各省区也都采取了一系列的措施正在解决和改善。

要建立利益协调机制，必须包括建立"利益分享"和"利益补偿"机制两个方面。"利益分享"就是通过产业政策的调整，使同一产业的利益差别在不同地区间合理的分布，尽可能照顾到各地区的经济利益。"利益补偿"就是在地方短期利益与区域长期利益不一致时，为了长远的利益而放弃眼前利益，对于这样的情况予以补偿。例如，建立区域共同发展基金制度，为扶持落后地区的发展、区域共享的公共服务设施、环境设施、基础设施等提供资金。

17.1.5 树立无限期合作和连续博弈的观念

区域内各行政主体之间地理位置相邻,具有相近的文化渊源,有天然的合作基础。区域服务业合作的目标就是整合各地方拥有的比较优势,实现优势互补。各地方政府是整个区域经济体的发展极,地区之间具有"一荣俱荣,一损俱损"的经济关联效应。因此,区域内各地方政府应有意识地创造合作的条件和氛围,力求实现"集体理性",避免陷入"囚徒困境"。各方应从长远(无限次博弈)的角度看待区域合作和资源的配置,避免自利决策和各自行事,形成统一的协调机制,才能实现长期合作的动态均衡,实现区域资源配置的帕累托最优。

17.2 完善"企业主导型"服务业合作模式的建议

采取"企业主导型"模式进行区域服务业合作,需要有以下几点措施与之相配套,这样才能尽可能地发挥这种模式的优势,避免其不足之处。

17.2.1 发挥企业的主力军作用

以往由于企业实力较弱,加之交通不畅、信息不灵,企业往往局限于本地经营,活动范围十分狭窄。但随着企业规模不断扩大,交通设施不断改进,加之信息时代、知识经济时代的来临,企业对市场空间的需求越来越大,它们必将突出重围,寻找新的发展空间。尽管当前我国大中型服务企业中国有企业所占比重较多,但是国有企业同样应该突破地区封锁,扩大经营范围。政府应打破地区封锁,破除行政垄断,为国有企业和民营企业的跨地区并购、控股、统一经营创造平等通畅的竞争环境,使企业能在区域整合中发挥主力军作用。

17.2.2　加强企业间的合作

推进"企业主导型"服务业合作模式,就必须注意加强企业间的合作,避免企业间的恶性竞争。加强企业间的合作,要注意以下几点:

一是要坚持政府推动企业主导。在区域服务业合作发展的大潮中,要排除地方保护主义的束缚,认识到合作的主体还包括企业。区域服务业合作的目的主要是利用各自的资源,这些资源有一些受地方政府的控制,这些需要各地政府的协调,但更多的资源并没有被什么部门控制,可以通过市场行为获得,就看企业有没有眼光去发现、去利用、去促进。

二是应该按照先易后难的原则,迅速展开。从产业协作的角度,企业合作可以也应当从服务业的合作开始,比如旅游、会展、餐饮、娱乐、交通、科技、教育、文化、商贸、物流、金融、贸易等产业,因为属于第三产业,有服务半径的制约,容易产生规模激增的效应,能够逐步将区域合作推向全产业。

三是更多地采取项目合作的方式,重点推进。如利用类似于上海世博会、杭州西湖博览会、南京全运会等影响较大的项目,彼此协调,互相配合,采取合作行动。除此以外,还可以增加区域内的合作项目,合作经营开放规划,合作进行观光、旅游、会展项目建设,合作进行小区建设,合作建立跨区域的开发机构等。

四是充分考虑三个基本要素:利益、关系、规则。服务业的合作,重要的是获得某些利益的期望,为了避免竞争的风险和损失,政府和企业都必须寻求合作利益的共同点,优势互补,减少重复和浪费,创新契机,在降低市场风险的同时,也相应提高了生产链。其次是关系,各方能否更深层次的信赖,保持亲密关系,坚持相互的信赖,信息共享,将决定合作的成败。通过企业之间的亲密合作,特别是彼此之间对于发展的动向上达成共识,可实现能力的有效整合和协同。服务企业间的合作,结合了市场机制具有的弹性和公司具有的计划与协调能力。最后是规则,合作各方在合作前,要建立各方共同认同的合作规则,通过建立合作规则,寻求各方整体利益的最大化,合作规则是对自己约束,也是对合作方的约束,可以首先借鉴吸收港澳台地区在发展服务业合作方面的经验。

17.2.3 建立行业协会

由于行业协会服务的第一对象是企业,因此,它要向政府反映企业的利益与要求,影响政府的决策,为参加协会(也包括未参加协会)的企业提供周到的和从政府及其他社会部门所得不到的服务(如为企业提供信息、技术、对外合作、职业培训等方面的服务);同时,行业协会又与政府保持着密切关系,它将政府的决策传达给企业,保证中央政策的贯彻执行和落实。因而行业协会既可以反映企业的要求,又可以传达政府政策,能够及时畅通准确地做到上情下达,下情上达,彼此沟通,互相理解。可见,行业协会在政府与企业之间架起了一座互动的桥梁,并在很大程度上促进了我国企业的发展。

改革开放以来,我国行业协会获得了快速发展,在贯彻党和国家的方针政策、协助政府加强行业管理、推动行业发展、为政府和企业服务等方面发挥着越来越重要的作用。例如,行业协会能够在经济管理的诸多方面接替政府的职能,搞好协调和公共服务;行业协会的发展还可以降低管理成本,加速政府职能的转变;行业协会的发展还有利于扩大国际交往,提高我国企业的国际竞争力。

因此,推进"企业主导型"服务业合作模式的发展,必须倡导建立服务业行业协会,并充分发挥行业协会的作用,为区域服务企业的协调发展搭建有效的组织平台。通过各地行业协会等组织的协调机制营造区域服务业协调发展的良好环境,促进区域相关产业的协调发展。具体途径包括协调企业行为,促进企业跨区域协作和市场开拓,组织开展信息沟通交流与发布等。

17.3 完善"行业协会主导型" 服务业合作模式的建议

完善"行业协会主导型"服务业合作模式,同样需要有以下几点措施与之相配套,这样才能尽可能地发挥这种模式的优势,避免其不足之处。

17.3.1 完善法律法规,行业管理体制

加快建立健全有关行业协会的法律法规。首先,对《社会团体登记管理条例》进行修订。目前执行的《社会团体登记管理条例》基本上属于程序性法规,应当增加相应的实体性内容,明确培育发展的方针政策。其次,加强对行业协会实行单性立法、分类管理的研究,争取将行业协会立法工作列入国家立法规划,尽早制定出一部专门针对行业协会或经济类社团的法律,对它们的性质、地位、功能及其实现方式、组织机制和结构、政府对它们的授权范围以及对它们违法行为的处理等加以法定明确。

加快制定相关配套政策和制度。首先,进一步深化政府职能转变,完善行业协会的职能。政府必须将行业统计、行业规划、质量认证、行业标准制定、行业资格审查及职称评审、市场准入资格认定、许可证发放等行业管理和部分社会服务职能回归给行业协会。其次,建立政府购买行业协会服务的制度。政府部门委托行业协会承担有关管理职责或提供某些服务,应实行付费"购买"。最后,完善行业协会税收政策。行业协会具有非营利性,政府应加快制定相应的税收政策和具体监管办法。如对会费、社会捐赠、政府资助收入应当实行免税;对行业协会开展章程中允许的服务所获收入,在税收上应当给予优惠。

完善管理体制。要理顺政会关系,实行政会分开。首先,要做到人、财、物脱钩,国家公务员一律不得在行业协会任职,任职的必须辞去公职,行业协会与行政机关必须做到产权清晰,不得与行政机关会

计合账或实行财务集中管理。其次,要职能脱钩,行业协会一律不承担任何行政职能。最后,要编制脱钩,原属事业编制的行业协会要退出事业编制,暂按社会团体统一管理。

17.3.2　加强行业协会自身组织与能力建设

组织建设方面。第一,要建立职业化的工作队伍,要把行业中的专家、学者、工程技术人员吸收到协会里来,切实做到既有代表性又有权威性。同时,借鉴国内外发达行业协会的经验,会长、理事长等协会领导人要由企业家担任,协会的常设机构要配备既有较强专业技术水平。第二,加强分会和专业委员会的发展。要根据行业特点、地域特点、人才特点加强分会和专业委员会的发展,逐步形成一个分工协作、优势互补、规范有序的服务网络体系。第三,健全内部治理结构,提高自律水平。行业协会应建立和健全选举制度、民主决策制度、财务管理制度、财务审计制度等内部激励和约束机制,使协会的一切活动真正做到有章可循、有法可依,不断提高协会的自律水平。第四,积极发展新会员,不断扩大影响力。行业协会要扩大工作面和社会影响,要多与企业沟通,增进协会之间纵向与横向的联系,吸收尽可能多的会员单位。

能力建设方面。首先,协会要努力提升自身的服务能力,尤其要做好那些单个企业无法或无力承担的工作。如开展行业调查,掌握行业动态,为企业提供国际国内市场信息;开展法律法规、政策、技术、管理等信息咨询服务;组织人才、技术、职业、管理等培训,指导和协助会员企业改善经营管理;代表和组织会员企业开展反倾销、反垄断、反补贴和保障措施等调查、诉讼和应诉,开展贸易救济的申诉等服务。其次,协会应不断提升影响政府决策的能力。行业协会作为行业利益的代言人,要尽可能参与到政府与本行业有关的决策活动当中,及时向政府和有关部门反映企业与行业的需求,并提出合理化的建议。比如,西方国家的各类反倾销诉讼,都是行业协会首先提出来的,目的就是要影响政府的有关决策;美国的很多协会在首都华盛顿设有代表处,以便于同国会、政府之间的沟通,影响政府决策。再次,协会还须不断提升内外部的协调能力。一方面,在协会内部,要维护会员之间公平竞争的权利,对会员进行必要的协调,或通过制定行规或公约进行集体自我约束保证正常的生产和销售秩序;另一方面,在协会外部,代表本行业协调与其他行业、商会、协会及国外有关方面之间的经济利益关系。

17.3.3　定期举办论坛、洽谈会、博览会等

区域内各省市之间要定期举办论坛、洽谈会、博览会等,展会前要组织进行区域统一宣传,将只在几个发达城市的零星的公众注意力、会展的城市范围扩展到全区域范围。各个参展企业要有各自的企业宣传,落实全面宣传工作,使全社会形成一种对会展的充分认知和良好的会展氛围。全面的会展前宣传更是吸引参与者和投资者的有效途径。通过定期举办会展,探讨当前区域合作中存在的问题及解决办法,密切各区域之间的联系。同时,可以将该行业中的具有一定规模及实力的企业会聚一堂,促进各企业之间的信息交流及合作。此外,应充分利用会展活动,为地区特色产品、特色资源提供一个展示的平台,为各省市提供更多的发展机会,打造区域性品牌,从而推进区域服务业合作的进一步发展。

17.3.4　加强服务业各行业的信息交流与共享

我国区域内部要实现良好的、灵活的互动,以区域为整体,在运作过程中可以统一计划、控制、领导和评估,做到方向一致、要求一致、手段一致,这些都有利于资源的有效配置、相互借鉴和学习。可以建立固定的信息沟通渠道,在区域内部建立统一的信息网络和营销网络,各地方政府部门、企业等的网站要相互实现无缝链接。同时,建立信息互通平台,及时发布区域内各省市服务业各行业的政策法规、办事信息及动态信息,以各城市门户网站的形式面向企业和公众提供一站式的信息服务,实现跨省区的信息互动与合作。逐步建立全方位的、统一的服务业及各行业的服务平台和电子商务应用平台。

参考文献

[1]《国务院关于加快发展服务业的若干意见》,2007 年 3 月 19 日。

[2]曾培炎:《贯彻党的十七大精神　促进服务业加快发展》,《人民日报》2008 年 2 月 24 日。

[3]李京文:《转变经济发展方式,大力发展现代服务业》,《经济研究参考》2008 年第 9 期。

[4]李京文:《现代化服务业的发展要与城市化互动共进》,《理论与现代化》2005 年第 4 期。

[5]江小涓主编:《中国经济运行与政策报告——中国服务业的增长与结构》,社会科学文献出版社 2004 年版。

[6]江小涓、李辉:《服务业与中国经济:相关性和加快增长的潜力》,《经济研究》2004 年第 1 期。

[7]裴长洪主编:《中国服务业发展报告 No.4》,社会科学文献出版社 2005 年版。

[8]裴长洪、彭磊:《中国服务业与服务贸易》,社会科学文献出版社 2008 年版。

[9]何德旭主编:《中国服务业发展报告 No.5:中国服务业体制改革与创新》,社会科学文献出版社 2007 年版。

[10]夏杰长:《大力发展生产性服务业是推动我国服务业结构升级的重要途径》,《经济研究参考》2008 年第 45 期。

[11]夏杰长等:《高新技术与现代服务业融合发展研究》,经济管理出版社 2008 年版。

[12]刘伟、杨云龙:《工业化与市场化:中国第三次产业发展的双重历史使命》,《经济研究》1992 年第 12 期。

[13]刘伟主笔:《工业化进程中的产业结构研究》,中国人民大学出版社 1995 年版。

[14]李悦:《产业经济学》(第二版),中国人民大学出版社 2004 年版。

[15]史忠良:《产业经济学》,经济管理出版社 2005 年版。

[16]周起业:《区域经济学》,中国人民大学出版社 1989 年版。

[17]张秀生、卫鹏鹏主编:《区域经济理论》,武汉大学出版社 2005 年版。

[18]陈秀山、张可云:《区域经济理论》,商务印书馆 2003 年版。

[19]王建廷:《区域经济发展动力与动力机制》,上海人民出版社、格致出版社 2007 年版。

[20]金丽国:《区域主体与空间经济自组织》,上海人民出版社、格致出版社 2007 年版。

[21]孙兵:《区域协调组织与区域治理》,上海人民出版社、格致出版社 2007 年版。

[22]许宪春:《中国服务业核算及其存在的问题研究》,《经济研究》2004 年第 3 期。

[23]岳希明、张曙光:《我国服务业增加值的核算问题》,《经济研究》2002 年第 12 期。

[24]黄少军:《服务业与经济增长》,经济科学出版社 2000 年版。

[25]欧新黔主编:《中国服务业发展报告》,中国经济出版社 2004 年版。

[26]欧新黔:《服务业将是中国的主导产业》,《中外管理》2008 年第 1 期。

[27]李善同、华而诚主编:《21 世纪初的中国服务业》,经济科学出版社 2002 年版。

[28]李江帆主编:《中国第三产业发展研究》,人民出版社2005年版。

[29]李江帆:《中国第三产业经济分析》,广东人民出版社2004年版。

[30]李江帆、曾国军:《中国第三产业的战略地位与发展方向》,《财贸经济》2004年第1期。

[31]李江帆:《新型工业化与第三产业的发展》,《经济学动态》2004年第1期。

[32]任旺兵:《我国服务业发展的国际比较与实证研究》,中国计划出版社2005年版。

[33]任旺兵主编:《我国服务业的发展与创新》,中国计划出版社2004年版。

[34]任旺兵主编:《中国服务业发展现状、问题、思路》,中国经济出版社2007年版。

[35]郑吉昌:《服务经济论》,中国商务出版社2005年版。

[36]郑吉昌、夏晴:《服务业、服务贸易与区域竞争力》,浙江大学出版社2004年版。

[37]郑吉昌、夏晴:《服务业与城市化互动关系研究》,《经济学动态》2004年第12期。

[38]郑吉昌:《服务业革命:对工业发展的影响与前景》,《工业工程与管理》2004年第2期。

[39]郭克莎、王延中主编:《中国产业结构变动趋势及政策研究》,经济管理出版社1999年版。

[40]钟若愚主编:《走向现代服务业》,上海三联书店2006年版。

[41]程大中:《中国服务业的增长、技术进步与国际竞争力》,经济管理出版社2006年版。

[42]程大中:《生产者服务论》,上海文汇出版社2006年版。

[43]陈宪、程大中主编:《中国服务经济报告2005》,经济管理

出版社 2006 年版。

[44]黄维兵:《现代服务经济理论与中国服务业发展》,西南财经大学出版社 2003 年版。

[45]俞梅珍:《服务业与当代国际经济竞争》,中国物资出版社 2002 年版。

[46]李冠霖:《第三产业投入产出分析》,中国物价出版社 2002 年版。

[47]孙晓峰:《现代服务业发展的动力机制及制度环境》,《兰州学刊》2004 年第 3 期。

[48]周振华主编:《现代服务业发展研究》,上海社会科学院出版社 2005 年版。

[49]袁奇、刘崇仪:《美国产业结构变动与服务业的发展》,《世界经济研究》2007 年第 2 期。

[50]魏锋、曹中:《我国服务业发展与经济增长的因果关系研究——基于东、中、西部面板数据的实证研究》,《统计研究》2007 年第 2 期。

[51]郭怀英:《注重以信息化促进服务业现代化》,《宏观经济管理》2007 年第 3 期。

[52]张秋生主编:《面向 2020 年的"十一五"期间我国现代服务业发展纲要研究报告》,中国经济出版社 2007 年版。

[53]陈柳钦:《京津冀三省市产业发展比较》,《中国创业投资与高科技》2004 年第 9 期。

[54]邓丽姝:《京津冀经济圈服务业协调发展研究》,《经济论坛》2006 年第 6 期。

[55]刘重:《京津冀服务业区域发展现状与趋势分析》,《2005—2006 年中国区域经济发展报告》,社会科学文献出版社 2006 年版。

[56]魏敏、李国平:《基于区域经济差异的梯度推移黏性研究》,《经济地理》2005 年第 1 期。

[57]刘秉镰、支燕:《论工业化与服务业发展的互动性》,《天津

社会科学》2003 年第 6 期。

[58]顾乃华:《我国服务业对工业发展外溢效应的理论和实证分析》,《统计研究》2005 年第 12 期。

[59]曹慧彬:《现代服务业集群竞争优势研究》,《合作经济与科技》2008 年第 2 期。

[60]朱新艳、代文:《浅析现代服务业集群的成长机制与识别方法》,《华东经济管理》2007 年第 7 期。

[61]代文:《现代服务业集群的形成和发展研究》,武汉理工大学 2007 年学位论文。

[62]夏智伦:《区域经济竞争力研究》,湖南大学出版社 2006 年版。

[63]张军洲:《中国区域金融分析》,中国经济出版社 1995 年版。

[64]刘仁伍:《区域金融结构和金融发展理论与实证研究》,中国社会科学院 2000 年学位论文。

[65]赵长峰:《国际金融合作中的权力与利益研究》,华中师范大学 2006 年学位论文。

[66]余永定、何帆等:《亚洲金融合作:背景、最新进展与发展前景》,《国际金融研究》2002 年第 2 期。

[67]齐丽娟:《中部金融合作区创建研究》,武汉理工大学 2005 年学位论文。

[68]侯家营:《增长极理论及其运用》,《审计与经济研究》2000 年第 6 期。

[69]吴丽:《泛珠三角区域金融合作问题研究》,湖南大学 2007 年学位论文。

[70]丁萌:《长三角区域金融合作机制研究》,南京理工大学 2007 年学位论文。

[71]王伟藩:《长三角地区金融合作优势与前景探讨》,《国际经济合作》2006 年第 12 期。

［72］卢迪:《长江三角洲经济增长中的金融对策研究》,南京航空航天大学2006年学位论文。

［73］中国人民银行广州分行课题组:《粤港澳新一轮经济融合下的金融合作思考》,《南方金融》2006年第3期。

［74］郭庆平:《关于推动环渤海区域金融合作发展的几点看法》,《华北金融》2005年第12期。

［75］刘春江:《长三角金融合作须突破银政壁垒》,《银行家》2004年第4期。

［76］叶立新:《开放型经济体系中区域银行业的发展问题》,《广东经济管理学院学报》2004年第2期。

［77］中国人民银行上海分行课题组:《长三角金融合作研究》,《上海金融》2005年第3期。

［78］李金辉:《环渤海三大港口群的竞争与合作问题探讨》,《港口经济》2005年第5期。

［79］王国华:《港口物流发展与区域经济一体化》,《现代物流报》2006年11月10日。

［80］陈章喜、周芮仪:《机遇与挑战:泛珠江三角流通产业合作及对策探讨》,《商业经济文荟》2005年第6期。

［81］付永:《中国区域经济合作的制度分析》,《改革与战略》2006年第2期。

［82］曹鑫、覃扬彬:《泛珠三角经济合作及其产业政策问题研究》,《特区经济》2006年第1期。

［83］赵萍:《论流通产业集群与区域经济发展》,《财贸经济》2007年第2期。

［84］江波:《中间性组织市场拓展与区域经济合作》,《华南师范大学学报(社会科学版)》2006年第1期。

［85］张小建:《为区域经济协调发展作出更大贡献——在第二届泛珠三角区域劳务合作联席会议上的讲话》,《四川劳动保障》2005年第10期。

［86］金锐：《顺应行业发展潮流推进劳务合作业务》，《国际经济合作》2005 年第 9 期。

［87］丁妍妍：《深港人力资源合作的思考》，《特区经济》2006 年第 11 期。

［88］罗明忠、张炳申：《强化粤澳劳务合作，实现互利双赢》，《国际经贸探索》2005 年第 3 期。

［89］高建华：《劳务经济合作在中原崛起中的地位和作用》，《经济论坛》2007 年第 17 期。

［90］曾坤生、肖小平：《区域协调发展中人力资源开发与合作的矛盾与冲突》，《国际经贸探索》2007 年第 3 期。

［91］吕景春：《和谐劳动关系的"合作因素"及其实现机制——基于"合作主义"的视角》，《南京社会科学》2007 年第 9 期。

［92］刘新荣：《泛珠三角区域人力资源合作开发研究》，《暨南学报（哲学社会科学版）》2007 年第 7 期。

［93］李文增、鹿英姿等：《关于加快环渤海区域金融合作问题的研究》，《环渤海经济瞭望》2007 年第 5 期。

［94］何添锦：《我国区域经济发展存在问题及对策》，《经济问题探索》2004 年第 9 期。

［95］李平生：《京津冀区域旅游发展寻求突破》，《北京社会科学》2007 年第 2 期。

［96］陈爱宣：《长三角区域旅游合作的障碍与对策》，《经济纵横》2007 年第 5 期。

［97］薛莹：《20 世纪 80 年代以来我国区域旅游合作研究综述》，《人文地理》2003 年第 1 期。

［98］曹扬：《进一步完善我国区域旅游合作机制》，《商业时代》2006 年第 1 期。

［99］罗文斌：《试论跨行政区域旅游经济合作》，《北京第二外国语学院学报》2004 年第 3 期。

［100］殷柏慧：《长三角与环渤海区域旅游合作条件对比研

究——兼论环渤海次区域旅游合作道路选择》，《旅游学刊》2004 年第 6 期。

[101]景体华等：《2005～2006 年：中国区域经济发展报告》，社会科学文献出版社 2006 年版。

[102]张秀利：《泛珠三角区域旅游合作探讨》，《全国商情·经济理论研究》2006 年第 9 期。

[103]陈丽红等：《京津冀都市圈旅游空间发展结构研究》，《集团经济研究》2007 年第 20 期。

[104]陈泽明：《区域合作通论：理论　战略　行动》，复旦大学出版社 2005 年版。

[105]梁庆寅：《2006 年：泛珠三角区域合作与发展研究报告》，社会科学文献出版社 2006 年版。

[106]洪银兴、刘志彪：《长江三角洲地区经济发展的模式和机制》，清华大学出版社 2003 年版。

[107]毕斗斗：《泛珠三角生产服务业区域合作展望》，《当代经济管理》2005 年第 1 期。

[108]刘书安、林刚、王平：《"泛珠三角"区域旅游合作模式及其利益均衡机制探讨》，《乐山师范学院学报》2005 年第 10 期。

[109]杨荣斌、郑建瑜、程金龙：《区域旅游合作结构模式研究》，《地理与地理信息科学》2005 年第 9 期。

[110]顾珺：《沪港服务业合作探讨》，《北方经贸》2004 年第 7 期。

[111]陈祥麟：《融入长三角，加快上海现代服务业发展》，《上海企业》2006 年第 2 期。

[112]宋军：《长三角区域银行合作创新模式探讨》，《上海金融》2005 年第 6 期。

[113]秦学：《旅游业区域合作的一般模式与原理探讨——兼论粤港澳地区旅游业合作的模式》，《商业经济文荟》2004 年第 5 期。

[114]刘重：《京津冀经济区服务业发展的非均衡性与协调发

展》,《天津行政学院学报》2006 年第 5 期。

[115]邓丽姝:《京津冀经济圈服务业协调发展研究》,《经济论坛》2006 年第 6 期。

[116]邓丽姝:《京津冀制造业和服务业的互动发展》,《经济管理》2006 年第 23 期。

[117]王宪明、王立平:《京津冀都市圈经济研究综述》,《商场现代化》2006 年 9 月中旬刊。

[118]王景武:《加强京津冀金融合作,构建环渤海区域金融体系》,《港口经济》2006 年第 1 期。

[119]王雯霏:《论长三角一体化进程中区域政府合作机制的构建》,《安徽科技学院学报》2006 年第 5 期。

[120]郝晓兰:《内蒙古与周边省市区域旅游合作模式研究》,《内蒙古社会科学》2006 年第 6 期。

[121]韩平:《加强区域协作 积极推进环渤海地区经济金融发展》,《港口经济》2006 年第 1 期。

[122]杨文选、宋开元:《地缘优势型区域经济合作研究》,《商场现代化》2007 年第 11 期。

[123]朱秋媛、王莹:《长江三角洲区域旅游发展新思考》,《改革与战略》2007 年第 2 期。

[124]陶田、傅蓉:《从海尔与国美的合作看厂商新型战略联盟》,《经营与管理》2007 年第 10 期。

[125]陈玲、杨倩、潘璐、陈丹纯:《"泛珠三角"区域会展业的合作与发展》,《改革与战略》2006 年第 10 期。

[126]高伟生、许培源:《区域内地方政府合作与竞争的博弈分析》,《企业经济》2007 年第 5 期。

[127]张本波:《对我国服务业就业形势的几点认识》,《中国经贸导刊》2008 年第 4 期。

[128]郭怀英:《以信息化促进服务业现代化研究》,《经济研究参考》2008 年第 10 期。

[129]卢立伟:《长三角主要城市现代服务业发展状况的层次分析》,《上海企业》2006 年第 12 期。

[130]董保民、王运通、郭桂霞:《合作博弈论》,中国市场出版社 2008 年版。

[131]谢识予:《经济博弈论》(第三版),复旦大学出版社 2007 年版。

[132]刘志彪等:《服务业驱动长三角》,中国人民大学出版社 2008 年版。

[133]于刃刚、戴宏伟等:《京津冀区域经济协作与发展》,中国市场出版社 2006 年版。

[134]于刃刚等:《主导产业论》,人民出版社 2003 年版。

[135]纪良纲、陈晓永、陈永国:《京津冀产业转移应注意的几个问题》,《河北日报》2005 年 2 月 22 日。

[136]纪良纲、陈晓永、陈永国等:《城市化与产业集聚互动发展研究》,冶金工业出版社 2005 年版。

[137]武义青、高钟庭等:《中国区域工业化研究》,经济管理出版社 2001 年版。

[138]武义青、程桂荣、陈永国:《我国第三产业发展态势及政策取向分析》,《数量经济技术经济研究》1999 年第 6 期。

[139]薛维君:《河北省区域经济发展战略》,《财经界》2006 年第 8 期。

[140]颜廷标:《服务业发展比较研究》,中国社会科学出版社 2005 年版。

[141]陈永国:《京津冀第三产业的梯度比较与优化建议》,《中国经贸导刊》2003 年第 1 期。

[142]陈永国等:《关于京津冀服务业的梯度分析及建议》,《经济工作导刊》2002 年第 7 期。

[143]戴宏伟、田学斌、陈永国:《区域产业转移研究》,中国物价出版社 2003 年版。

[144]戴宏伟、陈永国:《京津冀三次对经济增长的贡献与产业梯度分析》,《河北经贸大学学报》2002 年第 4 期。

[145]高钟庭:《论工业化的性质》,《河北学刊》2004 年第 4 期。

[146]陈晓永:《京津冀产业聚合与河北错位发展》,中国科学技术出版社 2005 年版。

[147]陈晓永:《京津冀产业发展功能定位与产业集群空间分布》,《河北经贸大学学报》2005 年第 6 期。

[148]陈晓永等:《京津冀存量资源能否整合》,《光明日报》2004 年 12 月 7 日。

[149]陈晓永等:《京津冀产业梯度转移与河北错位发展》,《河北学刊》2004 年第 6 期。

[150]王小平:《服务业竞争力》,经济管理出版社 2003 年版。

[151]王小平:《结构调整与提升服务企业竞争力》,《经济与管理》2003 年第 12 期。

[152]王小平:《中国服务贸易的特征与竞争力分析》,《财贸经济》2004 年第 8 期。

[153]王小平:《中国服务业利用外资的实证分析》,《财贸经济》2005 年第 9 期。

[154]王小平、杜玲枝:《进一步完善河北省农村市场服务体系研究》,《经济与管理》2005 年第 11 期。

[155]王小平:《中国服务贸易周期波动的实证分析》,《财贸经济》2006 年第 7 期。

[156]王小平:《改革创新　提升河北零售业竞争力》,《经济与管理》2005 年第 12 期。

[157]王小平等:《进一步完善农村市场中介组织的思路》,《商业时代》2005 年第 33 期。

[158]王小平、陈永国等:《河北省服务业发展政策建议》,《河北研究(论文集)》,河北教育出版社 2007 年版。

[159]王小平、陈永国等:《论构建京津冀生产性服务业协作机

制》,《河北研究(论文集)》,河北教育出版社 2007 年版。

[160]王小平、张登耀:《对我国第三方物流发展中的问题分析及政策建议》,《时代经贸》2007 年第 7 期。

[161]王小平、李素喜:《京津冀服务业竞合发展分析》,《商业时代》2007 年第 27 期。

[162]王小平、李素喜等:《区域服务业竞争力与政策环境研究》,光明日报出版社 2008 年版。

[163]王小平、谢宁:《区域差异背景下服务业协同发展的理论分析》,《中小企业管理与科技》2008 年第 10 期。

[164]王小平、董燕:《我国零售企业市场集中度偏低的原因分析》,《黑龙江对外经贸》2007 年第 10 期。

[165]王小平:《区域生产性服务业协作机制探讨》,《商业时代》2007 年第 25 期。

[166]王小平、宋羽:《我国服务价格波动的实证分析与启示》,《价格理论与实践》2007 年第 12 期。

[167]李素喜、王小平:《京津冀服务业竞合发展分析》,《商业时代》2007 年 9 月。

[168]孟华兴、王小平:《如何建设商品交易市场现代物流体系》,《中国市场》2007 年第 12 期。

[169]王小平、陈永国:《基于大梯度极差理论的生产性服务业协作政策》,《经济与管理》2008 年第 1 期。

[170]李素喜、王小平:《京津冀服务业合作博弈分析与机制设计》,《商业研究》2008 年第 1 期。

[171]王小平、高钟庭:《京津冀生产性服务业区域协作发展思考》,《河北经济日报》2008 年 2 月 16 日。

[172]王小平、陈永国:《区域生产性服务业梯度与协作发展研究》,《河北经贸大学学报》2008 年第 2 期。

[173]李素喜、王小平、曾珍香:《对区域服务业竞争相关问题的探讨》,《河北学刊》2008 年第 2 期。

［174］哈特韦尔:《服务业革命:现代经济中服务业的革命》,《欧洲经济史》,商务印书馆 1989 年版。

［175］H. 钱纳里等:《工业化和经济增长的比较研究》,上海三联书店、上海人民出版社 1995 年版。

［176］维克托·富克斯:《服务经济学》,商务印书馆 1987 年版。

［177］格鲁伯、沃克:《服务业的增长:原因与影响》,上海三联书店 1993 年版。

［178］迈克尔·波特:《国家竞争优势》,华夏出版社 2002 年版。

［179］熊彼特:《经济发展理论》,商务印书馆 1990 年版。

［180］埃德加·M. 胡佛:《区域经济学导论》,商务印书馆 1990年版。

［181］保罗·克鲁格曼:《地理和贸易》,北京大学出版社 2000年版。

［182］罗伯特·基欧汉:《霸权之后:世界政治经济中的合作与纷争》,上海人民出版社 2001 年版。

［183］R. Coase, "The Institutional Structure of Production", *American Economic Review*, 1992, 5.

［184］J. Key, J. Vickers, "Regulation Reform in Britain", *Economics Policy*, 1990, 5.

［185］Kjell Hausken, "Coopetition and Between Group Competition", *Journal of Economic Behavior & Organization*, 2000, 42.

［186］Marc W., Athony Z., "Farming and Coopetition in Public Games: An Experiment with an Interior Solution", *Economic Letters*, 1999, 65.

［187］Deutsch M., *The Relation of Conflict*, New Haven, CT: Yale University Press, 1973.

［188］Hardwick, Philip, Don, Wen, "The Competitiveness of EU Insurance Industries", *Service Industries Journal*, Vol. 18, No. 1, Jan..

［189］Windrum, Paul, Tomlinson, Mark, "Knowledge – intensive

Services and International Competitiveness: A Four Country Comparison", *Technology Analysis & Strategic Management*, Vol. 11, No. 3, Sep. .

[190] Anton Meyer, Richard Chase, Aleda Roth, Chris Voss, Klaus – Ulrich Sperl, Larry Menor, Kate Blackmon, "Service Comptitiveness – An International Benchmarking Comparion of Service Practice and Performance in Germany, UK and USA", *International Journal of Service Industry Management*, Vol. 10, No. 4.

[191] Pubalcaba, Luis, Gago, David, "Relationship between Services and Competitiveness: The Case of Spanish Trade", *Service Industries Journal*, Vol. 21, No. 1, Jan. .

后　记

　　服务业在国民经济、产业经济和区域经济发展中的地位越来越重要。2006 年,王小平主持申请的关于区域服务业合作的课题(河北省哲学社会科学规划研究项目,编号:200606005)和李素喜主持申请的关于区域服务业竞争的课题(河北省科学技术研究与发展计划软科学项目,编号:064072223D - 7)都获得了立项资助。研究过程中我们公开发表了一系列阶段性论文成果,并完成研究报告。由于区域服务业竞争与区域服务业合作是区域经济发展中两个紧密相连的重大问题,完全可以整合在一个理论体系中,而这样一个理论体系必须放在工业化与服务业发展这一主题背景下,因此我们以《工业化与服务业发展——区域服务业竞争与合作发展研究》为题进行了整合。本书正是这一整合研究的成果。

　　本书由王小平、李素喜、高钟庭、冯凤玲、何焱、陈晓永、董燕共同撰写完成;其中第 1 章由王小平撰写,第 2 章由高钟庭撰写,第 3 章、第 4 章、第 5 章、第 6 章由王小平撰写,第 7 章、第 8 章、第 9 章、第 10 章、第 11 章由李素喜撰写,第 12 章、第 13 章由王小平、董燕撰写,第 14 章由董燕撰写,第 15 章第 1 节由冯凤玲撰写,第 15 章第 2 节由李素喜撰写,第 15 章第 3 节由陈晓永撰写,第 15 章第 4 节由李素喜撰写,第 15 章第 5 节由何焱撰写,第 15 章第 6 节由冯凤玲撰写,第 15 章第 7 节由陈晓永撰写,第 16 章、第 17 章由董燕、王小平撰写。最后由王小平、李素喜修改定稿。

　　在课题研究和著作撰写过程中,我们得到了河北省社科规划办、河北省科技厅、河北省发展和改革委员会、河北省政府研究室、河北省社会科学院、河北省统计局、河北经贸大学等有关部门和专家的支持和帮助;本书的出版得到了河北省教育厅学术书出版基金、河北经贸大学学术著作出版基金、河北省优秀重点学科产业经济学科建设基金的出版资助;人民出版社吴炤东编辑为本书的出版付出了辛勤劳动;同时在写作中参考了大量相关文献,不能一一列出。在此一并表示感谢。

特别感谢著名经济学家、中国社会科学院财贸经济研究所所长、博士生导师裴长洪研究员为本书作序! 多年来,由财贸经济研究所主办的《财贸经济》期刊和每年出版的《中国服务业发展报告》对提升我国服务经济理论水平贡献巨大,本书作者从中受益良多,深表谢意!

有关服务业发展的一些问题目前仍处于研究之中,加之我们水平有限,书中不妥之处,敬请各位同人和读者批评指正。

王小平

2008 年 10 月

策划编辑:吴焰东
责任编辑:吴焰东等
封面设计:肖　辉

图书在版编目(CIP)数据

工业化与服务业发展——区域服务业竞争与合作发展研究/
王小平　李素喜　等著.
-北京:人民出版社,2008.12
ISBN 978－7－01－007503－7

Ⅰ.工…　Ⅱ.王…　Ⅲ.服务业-经济发展-研究-华北地区
Ⅳ.F719

中国版本图书馆 CIP 数据核字(2008)第 177955 号

工业化与服务业发展
GONGYEHUA YU FUWUYE FAZHAN
——区域服务业竞争与合作发展研究

王小平　李素喜　等著

人民出版社 出版发行
(100706　北京朝阳门内大街 166 号)

北京集惠印刷有限责任公司印刷　新华书店经销

2008 年 12 月第 1 版　2008 年 12 月北京第 1 次印刷
开本:880 毫米×1230 毫米 1/32　印张:10
字数:270 千字　印数:0,001－5,000 册

ISBN 978－7－01－007503－7　定价:22.50 元

邮购地址 100706　北京朝阳门内大街 166 号
人民东方图书销售中心　电话 (010)65250042　65289539